培养最棒男孩的给力秘籍

廖以容◎编著

Peiyang zuibangnanhaide geilimiji

90条秘籍
360条教子秘诀

这是一部充满着魔力的经典秘籍

这本书的任何一页都是破译男孩成长的密码
任何一节都是让男孩成为精英的典范
任何一章都会使男孩成为最棒的秘籍宝典

中国人口出版社
China Population Publishing House
全国百佳出版单位

图书在版编目（CIP）数据

培养最棒男孩的给力秘籍/廖以容编著.—北京：中国人口出版社，2012.5

ISBN 978-7-5101-1088-7

Ⅰ.①培… Ⅱ.①廖… Ⅲ.①男性—家庭教育
Ⅳ.①G78

中国版本图书馆CIP数据核字（2012）第030636号

培养最棒男孩的给力秘籍

廖以容 编著

出版发行	中国人口出版社
印　　刷	北京佳明伟业印务有限公司
开　　本	710毫米×1000毫米　1／16
印　　张	16
字　　数	250千
版　　次	2012年7月第1版
印　　次	2012年7月第1次印刷
书　　号	ISBN 978-7-5101-1088-7
定　　价	29.80元
社　　长	陶庆军
网　　址	www.rkcbs.net
电子邮箱	rkcbs@126.com
电　　话	(010)83519390
传　　真	(010)83519401
地　　址	北京市宣武区广安门南街80号中加大厦
邮　　编	100054

前 言
Preface

鲜花要想美丽需要园丁的辛勤栽培，美玉要想成器需要工匠的精心打磨。而男孩要想成为精英，就需要父母的精心培育。如果说家庭是男孩的第一所学校，那么父母就是男孩的第一任老师。如何把自己的男孩培养成有理想、有智慧、有能力、有活力的男子汉是父母的最大心愿，也是父母不可回避的责任。

但是，生活中为什么只有1%的男孩可能成就伟业，而99%的男孩却注定平凡一生。这是因为父母还没有了解男孩的特性，没有寻找到对男孩最好、最适合的教育方法。那么，父母如何才能把男孩培养成出类拔萃的才子呢?

首先，要从男孩的特性入手。男孩常常表现为：爱冒险，总是把自己弄得伤痕累累；很固执、叛逆，总是想方设法和你对着干；很顽劣，即使是火烧眉毛，依然我行我素；好胜易冲动，常大打出手而不计后果……其实，这些是男孩们的共性，很多有男孩的父母都有这样的经历。男孩的这种特性与其生理特征有关，男孩体内荷尔蒙睾丸素的分泌远远大于女孩，而荷尔蒙睾丸素正是雄性特征的体现，它直接导致了男孩比女孩更加叛逆与好动。

所以常常会听到很多父母抱怨，现在的男孩难“养”，明明为他们付出了很多，但是收获的却不尽人意，有的父母甚至有些茫然。如果出现这种情况，父母不要盲目的指责和抱怨男孩，而是要从自身找原因。试问：你了解你的男孩的个性和特点吗？你为男孩的成长做了怎样的付出和努力？如果你从来没有考虑过这个问题，或者说你从来没有付诸于实践过，可以说，你在男孩的教育上没有发言权，是一个不合格的家长。

其次，要从教育男孩的方法入手。想要开锁，必须要有钥匙来帮忙。同样，要想把男孩培养成精英，将来能在社会上有一席之地，就

少不了科学的教育方法。如果父母的方法选择不当，不但不能很好的教育男孩，还会使男孩变成“问题男孩”，这样对男孩的健康成长是百弊而无一利的。父母们可以试问一下：你溺爱你的儿子吗？你经常责罚打骂你的儿子吗？你怎样严格要求你的儿子？你对儿子的爱是怎样表达的？……很多父母可能只有做自我检讨的份了。

可怜天下父母心，望子成龙是每个父母的心愿。只是有的父母找不到最适合、最成功，最能让男孩成才的教育方法罢了。那也不要着急，你不妨打开书，学习一下，相信阅读后，一定会有意想不到的收获。

《培养最棒男孩的给力秘籍》是一本完全针对中国父母设计和打造的教育圣经，本书是一本家庭教育经典。全书采用众多教育事例，紧紧围绕男孩的生理、心理个性特征以及科学的教育方法展开，全面而深刻的揭示了男孩从男孩到男人转变过程中所要面临的种种关键的问题，对父母进行具体的教育指导，有很强的现实意义。

本书共九章，九十个秘籍故事，主要告诉父母如何培养男孩的良好品性，独立自主的能力，人际交往的能力，理财生活的能力，自主学习的能力，以及男孩情感教育的缺失和生活中所要面临的误区等，为父母提供了培养男孩的有效策略，具有很强的指导性和实用性。

男孩将来要成为家庭的支柱和社会的脊梁，所以男孩能否健康茁壮地成长，对男孩的将来有着十分重大的意义。从另一个角度来说，培养男孩的过程，也是父母重新认识自己，塑造自我的过程。所以，希望男孩的父母们能从本书中汲取营养，为你把男孩培养成最优秀、最杰出的男子汉助一臂之力。

目 录
Contents

第一章

品质塑造——男孩开启生命之门的钥匙

第二章

良好习惯——让男孩彰显本色光彩

第三章

独立自主——自己当家作主的男孩最帅

第四章

广泛交往——教给男孩广结人脉网的捷径

第五章

善于学习——有出息的男孩必备的能力

第八章

情感教育——男孩成长的巨大财富

第九章

远离误区——“问题男孩”冲关的攻略

第一章

品质塑造——男孩开启生命之门的钥匙

罗曼·罗兰说，“没有伟大的品格，就没有伟大的人，甚至也没有伟大的艺术家，伟大的行动者。”所以说，好的品质是促使人拥有“正向积极”能力的催化剂；而坏的品质则会使人在“反向道路”上越走越远。所以塑造好人性中最基本的品格，对一个人的一生尤为重要。

秘籍1.坚强：培养男孩战胜困难的武器

坚强是一种可贵的品质，它能让男孩幼小的心灵变得强大，能让男孩不惧困难，在困难面前誓不低头，并且坚韧不拔地朝着自己的理想和目标努力拼搏。

但是在现实中，由于父母的过分溺爱，很多男孩离“坚强”越来越远，不仅在困难面前临阵脱逃，而且非常爱哭鼻子。以这种心态，这些未来的社会支柱将如何去应对学习和生活中的困难？如何应对激烈的社会竞争？又如何战胜生活的艰辛，承担起家庭的重任？所以，“坚强教育”应该成为培养男子汉的重要内容之一。

教子秘诀一：“坚强”是男孩一堂必修课

在幼儿园里，达达显得比别的孩子都脆弱：班上评选小红花，只有5个孩子能评上，达达落选了，全班25个没被评上的小孩只有达达一个人哭了；早上玩玩具，达达想去拿小熊，却被皓皓先拿走了，老师马上给他拿了个小兔子，但达达还是哭了；午餐有达达喜欢的鱼丸，这时调皮的鹏鹏抢了他一个鱼丸，他不敢抢回来又哭了；六一儿童节搞游园活动，达达捞金鱼怎么也捞不上来，一急还是哭了……

达达在这些小事上的表现，让老师觉得他的性格有些软弱，别的小朋友都不放在心上的事情，达达都特别在乎。经过调查，老师才知道，达达在家里一直倍受宠爱，他每次遇到什么事情，只要一哭，父母准会帮他完成，于是渐渐地达达也就养成了爱哭的习惯，有事情就哭，因为哭成了他解决问题的“敲门砖”，致使达达到现在还不会自己穿衣服，不肯一个人睡觉，不敢和别的小朋友打闹等。

美国心理学家威蒙曾对150名有成就的智力优秀者做过研究，人的智力发展与三种性格品质有关：一是坚持力；二是善于为实现目标不断积累成果；三是有自信。可见，坚强的品质对人生十分重要。

但是，男孩的成长阶段是无法独立处世的时期，做父母的给予关怀是情理之中的事，但绝不能溺爱和纵容，不能使他们产生依赖心理，对父母过于依赖的男孩是培养不出坚强品质的，就像案例中的达达，大部分父母看到男孩摔倒在地上时，都会过去扶他们，甚至会安慰他们，或者用物品来奖励他们，这样做完全代替了男孩的行动能力，会影响男孩的健康成长。也有些父母认识到男孩遇到困难时，父母不能帮办，想着应该让男孩独自去克服困难，也不提供指导，真正的袖手旁观，甚至常常呵斥男孩的无能。这样做的结果会使男孩失去战胜困难的信心，以后一遇到困难就紧张焦虑、烦躁不安，也就永远无法战胜困难。

教子秘诀二：父母要培养男孩坚强的意志

如果父母能够在男孩遇到困难时，鼓励男孩用自己的能力去战胜困难，而不是越俎代庖，替男孩去克服困难，就会真正帮助男孩解决困难。

所以父母应意识到，坚强的意志对男孩的成长是非常重要的，要在慈爱中赋予男孩坚强的品质。如果过分顺从男孩的意愿，对男孩的缺点过分牵就，替男孩包办力所能及的事情，就会让男孩在心理上形成依赖性，行为上滋生软弱性。

人的性格主要由四方面构成：即态度、意志、情绪、理智，它们形成了一个统一的整体，即性格。人的自身特点不同，自然有优劣之分。正所谓“性格决定命运。”这其中意志的作用是不可小视的，它既能调控态度，又能调控情绪，并且能促进和保证理智的充分发挥。因此，培养男孩的坚强品质是非常重要的。性格是人对现实的稳定态度以及与之相适应的习惯性行为方式，是人格的一个重要方面。所以坚强的性格有利于调动人的积极性、主动性和强化脑细胞活动，使智力活动呈现积极状态。

在现实生活中，人的性格具有多样性，最优秀的性格即坚强，具有独立坚强性格的男孩具有坚持力、自制力，能不怕困难，勇往直前，在学习和生活中不断进取。很多具体事例都说明当一个难题出现时需要人们果断地做出决定，性格坚强者遇到问题能沉得住气，冷静分析；而性格软弱者往往思前想后、优柔寡断，以致把事情搞砸。

可见，坚强独立的品性对男孩的成长是非常重要的，既然老师和

父母为了男孩能健康成长不惜工夫，多方培养，努力提高男孩素质，就千万不要忽视了这个重要方面 。只有这样，他才能体会到克服困难后成功的喜悦，从而增强自信心，变得坚强起来。

父母如何培养男孩坚强的品质？

第一，正确评价自己。要让男孩懂得如实地看待自己的长处和短处，坚信自己并不比别人差，使懦弱与自卑远离自己；

第二，正确表现自己。要让男孩学会在适当的场合表露自己，增强男孩的自信和勇气，要不断的寻找机会表露自己，逐渐克服懦弱的性格；

第三，不断充实与提高自己。让男孩明确自己存在的不足，以最大的决心和顽强的毅力去克服这些不足，充实并提高自己。

秘籍2.感恩：男孩善良本性的标识

感恩是一种美德，它来自于对生活的爱与希望。让男孩学会感恩，就是让他们懂得尊重别人，对别人的给予心存感激。因此，父母应该让男孩从知恩、懂恩开始，学会感恩、报恩。

很多父母抱怨男孩很不懂得感恩，不理解父母的苦心，不会领情。这让我想起一个故事。

一位老华侨想资助一些贫困地区的学生，可是他却没有直接给孩子汇钱，而是给每个学生寄去一本书，并将自己的电话号码、联系地址以及邮箱等一同寄出。这让很多人不理解老华侨的做法。随后，老人焦急地等待着什么，或守在电话旁、或每天几次去看信报箱、或是上网打开邮箱查看。终于有一天，老人收到了一位学生寄来的祝贺节日的卡片，老人高兴极了，当日给这位学生汇出了第一笔可观的助学资金，同时毅然放弃了对没有反馈消息的学生的资助。

可见，现在的孩子不懂得感恩，已经是一个不争的事实，他们在贪婪的接受着各种“恩赐”：父母的养育、师长的教诲、朋友的友善、大自然的慷慨赐予……然而，对于这些恩惠，有很多男孩似乎觉得都是理所当然，没有丝毫的感恩意识。所以为人父母要特别注意，除了教会男孩勤读书、有礼貌、守秩序外，还要培养男孩感恩的心。因为懂得感恩的人，才懂得爱，而在爱中成长的男孩一定会健康快乐。所以要让男孩学会“感恩”，对帮助过自己的人都应该怀有感激之心。

教子秘诀一：要树立男孩的感恩意识

意识支配着行动，没有感恩的意识，就不会有感恩的行动。所以对于现在缺乏感恩意识的男孩来说，进行感恩教育，唤醒感恩情怀，让男孩学会感恩势在必行。

小龙的生日，妈妈为了给他一个惊喜，给他办了一个盛大的生日派对。妈妈着实费了不少心思，但是出乎意料的是，小龙并没有对妈妈的行为表现出惊喜，反而挑剔妈妈这里没弄好，那里不喜欢。让妈妈很伤心。妈妈觉得自己这么辛苦，却遭到儿子的埋怨，很是委屈。妈妈说：“你这孩子怎么没有感恩的心？”

小龙却说：“你办得好，我当然会感恩，但是你没有办好，我为什么要感恩。”听了小龙的回答，妈妈语塞，哭了起来。

生活中，很多男孩认为，接受父母的给予是理所当然的。尽管如此，有些父母也会不遗余力地爱自己的孩子，甚至超出了他们的能力，尽管这样非但没有得到男孩的感激，甚至还会受到他们的抱怨。其实这主要是父母们忽视了对男孩感恩意识地树立的结果。

感恩是中华民族的传统美德，是一种处世哲学，感恩也是一种责任，一种情感，更是一种人生境界。培养男孩学会感恩，不仅是一种美德的要求，更是生命的一个基本要素。只有让男孩知道了感恩，他们的内心才会充实，世界也才会变得美丽。因此，父母要想把男孩培养成一个强者，就必须培养他们的感恩意识。

教子秘诀二：男孩感恩要从父母开始

父母应该让男孩理解自己的艰辛。如今不少男孩聚在一起吹嘘自

己的父母地位是怎样显赫，是怎样日进斗金，事实上他们根本不知道父母工作的辛苦，更不知道父母的钱是何等的来之不易。

据资料显示70%的小学生认为父母的付出是天经地义。在这种情况下，父母应该有意识地把男孩带到自己的工作现场，让男孩一起参与劳动，亲身感受父母工作的艰辛，挣钱的不易。耳濡目染的熏陶要比传统的说教更有说服力。所以父母要想让男孩在成长过程中学会接受爱心，懂得感恩，知恩图报，就要让男孩先从感恩父母开始。

教子秘诀三：教男孩感恩父母要以身作则

父母是男孩的第一任教师，父母的一言一行，一举一动都将对男孩产生潜移默化的影响。因此，作为父母，我们应该常怀一颗感恩之心，尊老敬老，善待身边的人和事，无论是对领导，还是亲戚朋友，只要对别人的善举都应心存感激。

有一个农夫，很不孝顺，让老父亲用一小木槽吃饭，而且还不让他上餐桌。一天，农夫不经意的看到儿子在摆弄一些小木块，于是就问儿子在干什么？儿子说：“我在做小木槽，以后给爸爸妈妈用。”农夫听到儿子的回答，深感自己的行为很不妥，于是，老父亲重新回到了餐桌上。

所以在生活中，父母和子女间要相互尊重、关爱和体贴，既要共同承担家庭的责任和义务，又要共同分享家庭的利益，相互间要多用“谢谢”“对不起”等文明语言。只要父母坚持做到：以身作则，言行一致，让男孩感到榜样就在身边，那么感恩教育就有希望了。

怎样让男孩养成感恩的良好品性？

第一，不要对男孩付出太多，干预太多，不要为男孩打理一切事务；

第二，不要让男孩吃“独食”，要给男孩“回报”的空间；

第三，不要“有求必应”，更不要“无求先应”，不要让男孩想要拥有的东西来得太容易；

第四，父母还可以经常给男孩讲一讲自己的工作艰辛；

第五，父母要为男孩做出榜样。

秘籍3.爱心：培养男孩的生命质感

爱是一种伟大而高尚的情感，是我们人类维持自身发展和繁衍的基本力量。爱是人类最光辉的品质，所以父母从小就要教育男孩要有仁爱之心。

曾经有人做过一项调查：今天的男孩缺什么？调查结果中一致认同的一项就是缺少爱心。其实，善良和同情是男孩与生俱来的天性，但是不当的后天的家庭教育会使男孩中毒很深。

很多男孩从出生开始，家里所有好吃的、好用的、好玩的，就都是他们优先；父母宁愿自己多吃苦也不让自己的孩子受一点罪，男孩的生活被照顾得尽善尽美；父母们整日对男孩有求必应，很少教育他们做人不能总是索取而不回报。长此下去男孩自然就失去了爱心，养成了任性、自私、孤独、易发脾气，只知索取，不懂付出的品性。那么父母将如何培养男孩从小就要具有爱心的品格呢？

教子秘诀一：为男孩做好表率作用

俗话说：身教胜于言教，对于男孩爱心的教育更不是说说就可以了事的。爱心对于一个男孩的个性发展而言是非常重要的，因为爱心是男孩将来亲和社会的基础和前提。无论做什么事都要有一颗爱心，其它的品质都是爱心的延伸。只有爱，才能感受到生活的乐趣；只有爱，才能创造和谐的人际关系；只有爱，才能享受到人生的真谛；只有爱，才能感受到人类的伟大。

所以父母在对男孩给予爱的同时，也要不失时机地对他们进行“爱心教育”，努力让男孩的个性品质得到全面的发展。

智勋生活在一个平凡的家庭中，父母都是普通的劳动者，条件一般，智勋的奶奶常年卧病在床，所以家里的生活显得平凡而简单。

智勋的妈妈每天下班后就是先照顾老人，再做饭等爸爸下班，然

后三个人便匆匆吃晚饭。饭后爸爸和妈妈又忙着给老人擦身，换洗衣服。耳濡目染，智勋从小就比同龄的孩子懂事，尽可能的帮父母做一些力所能及的事情，因为智勋记住了妈妈的一句话："一个家可以没有多少钱，但是不可以缺少爱。"母亲节快到了，智勋是一个心细的男孩，他很想送妈妈一份礼物，可是因为平时没什么零用钱，没法买份像样的礼物，于是就自己动手制作了一张卡片，送给了妈妈。妈妈看到儿子如此懂事，很是感动。虽然智勋的礼物没有任何含金量，但是他对母亲的爱是任何礼物也无法取代的。

由此可见，榜样的力量是无穷的，也是最有效的。只有父母做好榜样，男孩才会去模仿，进而转化为自发的行为。父母的行为举止，都会给男孩留下深刻的印象。所以要想男孩有爱心，父母就应该率先做出有爱心的行动，言传身教无疑是最具说服力的教育方法！

教子秘诀二：让男孩在生活小事中体验爱

只有懂得爱的人才会欣赏爱，理解爱。其实爱也不需要什么惊天壮举，它就蕴含在生活的小事中，哪怕是一个微笑，一个动作、一个眼神都会传达爱的旨意。所以父母要对男孩进行爱心教育，通过让他们亲身体验被爱的感觉，从而学会付出爱，是一种非常有效的做法。

一位教育专家在一家幼儿园对一件小事调查的结果是这样的：测试的题目是："一个小妹妹发烧了，她冷得直哆嗦，你愿意借给她你的外套吗？"结果孩子们半天都不说话。当老师点名时，第一个孩子说："病是会传染的，她穿了我的衣服，那我也会生病的，我妈妈还得花钱。"第二个孩子说："我妈妈不让，她会打我的。"第三个孩子说："她把我衣服弄脏了怎么办？"第四个孩子说："我怕她给我把衣服丢了。"

从这一件小事中就可以窥见他们的家庭教育情况。男孩的自私、缺乏爱心并不一定是他们的错。父母有着不可推卸的责任。所以，父母应该在小事中，不失时机的对男孩进行爱心教育。

教子秘诀三：让男孩接受释放爱心的训练

对男孩爱心的培养也是要经过训练的，其中移情训练是父母经常采用并行之有效的方法之一，它可以让男孩把自己痛苦状态时的感受与别人在同样情境下的体验加以对比，体会别人的心情，这样可以让男孩学会理解别人、体谅别人。

例如，当某地发生灾情时，父母可引导男孩，“那里的小朋友没有饭吃，没有衣穿，他们一定又冷又饿，我们去捐点衣服、食品送给灾区的小朋友吧！”这样，男孩的爱心品性就会不知不觉的培养起来了。

总之，父母要善于在生活的细节中向男孩渗透积极的情感，在潜移默化中培养男孩的良好行为，久而久之，男孩心中便自然会涌出关心他人、体贴他人的良好情感。

生活中，父母怎样让男孩富有爱心？

第一、通过“手拉手”的活动让男孩了解别人的困难；

第二、支持男孩饲养小动物培养爱心；

第三、以自己的善心感染男孩，对周围人的不幸表现出真挚的同情。

秘籍4.诚信：男孩立足社会的名片

诚信是中国的传统美德，也是人的第二张“身份证”。“诚信”顾名思义就是诚实守信。诚实即不说假话，不歪曲事实，光明磊落，处事实在。守信即讲信誉，重信用，履行自己应承担的义务，从而取得信任。诚信是人们在交往中最起码的道德规范，如果一个人缺少诚信，这个人必将在社会中无法立足，所以诚信也是人的最重要的品质之一。

生活中，哪个父母不望子成龙，那么要想让男孩在将来的竞争中立于不败之地，成为一个受欢迎的人，从小就应该培养男孩讲诚信的良好品质。因为一个从小讲信誉的男孩，长大以后也一定会成为对自己、对家庭、对社会都能承担起责任的人。在当今瞬息万变的经济社会，诚信的力量更是重中之重，那么，父母应该如何对男孩进行诚信教育呢？

教子秘诀一：让男孩从小事中感同身受诚信的力量

培养男孩诚信的品质，需要父母有长期坚持的耐心，与时俱进的细心，又要深深扎根渗透于琐碎小事中，贯穿于家庭生活和亲子成长的全过程。

诚信最基本的就是要诚实而讲信用。所以父母对男孩的诚信教育应该从敢于说真话；做错事时勇于承认自己的错误并能及时改正；不偷东西，有借必还；做到言必信，行必果等小事入手。

针对电视上，生活中的那些坑蒙拐骗的行为，父母要态度鲜明地进行批判，让男孩在心中对事件有一个客观正确地评价，让男孩明白这种弄虚作假的行为是必将受到惩罚的。只有这样，男孩长大以后才能成为一个光明磊落的人。

陈诚是一个很有主观见解的小男孩。一天，写完作业后，全家在看新闻，播出一则“地沟油上餐桌”的报道，父亲问陈诚有何感想？陈诚思索了一下：“我要是警察就好了，一定要抓住这些黑心人，绳之以法。他们太黑心了。”父亲拍拍陈诚的头，“好孩子，那你就努力学习，当一位帅气的警察，惩罚这些坏人。”

陈诚对这些黑心商人的做法有了自己的见解，这对于他诚信品格的培养有着很大的作用。所以父母要与男孩共同阅读一些有关诚信的图书，讨论有关诚信的话题；鼓励男孩多与人交往，在交往中感受诚信，思考诚信。总之，父母要从点滴小事做起，塑造男孩的诚信之心。

教子秘诀二：父母要以身作则为男孩树立诚信榜样

父母是男孩的一面镜子，父母的行为直接影响着男孩。如果父母能以诚待人，以身作则，做诚信的表率，男孩在潜意识中也会对诚信有着自己的认识，所以父母的行动对男孩来说是无声的语言，有形的榜样。

洪亮喜欢吃肯德基。一天，妈妈上街，让洪亮在家好好写作业，并答应他给他买肯德基。洪亮非常开心，高高兴兴地把妈妈送走，并告诉妈妈一定会好好写作业的。妈妈回来时，洪亮高高兴兴的迎了出来，问妈妈“给我买肯德基了吗？”“哎呀，对不起，我真的忘了。

明天再给你买吧。”洪亮听了之后很伤心地离开了，没有了想要的热情。

“人无信不立”，为了培养男孩的诚信习惯，在生活中，父母一定要为男孩做诚信地表率，不要言而无信。如果都像洪亮妈妈的做法，男孩们自然就会走向诚信的另一个极端。所以，父母在向男孩许诺之前一定要三思，不能言而无信，答应男孩的事情，就一定要言出必行；如果不能兑现，应及时向男孩解释，并做自我批评，让男孩从内心理解和原谅父母。如果父母的言而无信，一而再，再而三，自然就会丧失了男孩对你的信任，也就很难培养男孩的诚信品格。

教子秘诀三：父母要满足男孩的合理要求

很多男孩没有诚信，甚至经常说谎，父母有着很大的责任。有位学者到监狱去调查犯罪的原因结果发现很多犯罪是从撒谎开始的。就像很多父母都会有的经历，男孩某次考试明明考了60分，因为怕父母的责备打骂，把60分改成了90分，对父母撒了谎，还有的男孩因为成绩不好，竟然雇人来代替父母去开家长会。

当然，每个父母都希望自己的男孩诚实守信，不喜欢撒谎的孩子。其实撒谎坏习惯的养成很大的成分是由于后天的某种需要引起的，比如为了满足吃的、玩的需要甚至是为了逃避受批评、受惩罚的灾难，这些都助长了男孩撒谎恶习的滋生。作为父母要及时认真分析男孩的需要，尽量满足其合理的部分。并且要认真倾听男孩的心声，再让男孩明白哪些是合理的、正确的需要；对于不合理的要求，父母则要对男孩讲明道理。千万不要觉得男孩还小，就顺着他来，长此以往，男孩就会不断地强化不良行为，形成不良的品格，最终影响到他的人生。

父母如何引导男孩养成诚信的品德？

第一、榜样法：让男孩看到父母的诚信行为；

第二、强化法：强化男孩对诚信精神的自我认识；

第三、理论法：对男孩进行正确的诚信教育。

秘籍5.责任：男孩最本质的品行流露

责任心是一种高尚的道德情操，也是每个人必备的人格品质，因为责任心是一个人立足社会、获得事业成功的关键所在。

现在的父母在男孩的智力和身体的发育上投入了过多的精力，对男孩责任心的培养却不大重视，其实这种做法，对男孩的成长是很不利的。责任心是男孩健全人格的基础，是能力发展的催化剂。在教育飞速发展的今天，父母更应该用自己的爱心、耐心和智慧去培养男孩的责任心。

有一位企业家开车送儿子上学，但是到了校门口，儿子却哭着不下车，央求父亲陪着进教室。原来，儿子没有完成作业，怕老师批评。儿子想父亲是有名的企业家，老师看在老爸的面子上，也许就会网开一面，但是儿子的苦肉计在爸爸面前并没有奏效，最后父亲给儿子两个选择：一是自己进教室，另一个是立即回家。父亲说："要知道，你今天不想面对的，明天还是要必须去面对。"最终，儿子还是自己走进了教室。

自己的事自己做，自己的责任自己担，这种观念的树立对于男孩的成长有重要影响。不要老惦记着父母的社会关系、家庭的资产等可利用的资源，不要依赖父母，要坦诚面对自己的所作所为，男孩的责任心培养具体可以从以下几方面入手。

教子秘诀一：让男孩勇于承担自己的过失

人非圣贤，孰能无过。男孩犯错误是正常现象，但是允许犯错不代表可以推卸责任，对于男孩犯错误的行为，父母更不应帮助男孩寻找逃避责任的理由。而是要要求男孩勇于对自己的言行负责，不论男孩有什么样的过失，只要他具备承担责任的能力，就要让他去勇敢地面对。

马良是一个足球迷。一次在踢球时，他不小心打碎了邻居家的玻璃，正想逃跑时却被邻居抓了个正着。邻居让他包赔，要50元钱。可是马良没有钱，就说回家管父母要钱。闯了祸的马良回家向父亲主动承认了错误，但是父亲却说：“自己做错的事，要自己负责。”“可是我没有钱”，马良低声地说。父亲给了他50元，不过条件是要做一个月的家务作为代价。其实父亲只是想通过这件事让马良明白责任的力量，要有为自己的所作所为负责的精神。

教子秘诀二：父母要为男孩创造承担责任的机会

责任心的培养需要相应的能力和情感，而且必须在一定情境中通过亲身的活动来进行，让男孩承担实际的责任，让男孩在参与中培养责任心。

妈妈决定带双双去游乐场，双双今年13岁了，在出家门的时候，父亲嘱咐双双：“儿子，你已经是一个小男子汉了，帮爸爸照顾好妈妈，安全回家。”一路上，双双一直紧紧牵着妈妈的手，还时不时地问妈妈是否口渴，累了就坐下来休息一会儿。双双认为这是他的责任，一定要把妈妈平安带回家，结果双双很出色地完成了爸爸交给他的任务。

男孩的责任感只有在反复的实践中才能形成。作为父母，就要像双双的爸爸一样，对男孩要多放权，要多给机会，并敢于委以“重任”，让他对家庭、父母、社会承担一些责任。父母千万不要认为孩子小，什么都做不了，对男孩力所能及的事，父母要创造条件有意识地锻炼他们，让男孩学着负责任。只有多为男孩提供实践的机会，男孩才能逐渐提高自身的责任意识。

教子秘诀三：要做男孩有责任心的父母

父母是孩子的启蒙老师。所谓近朱者赤，近墨者黑，父母的言行直接影响着男孩行为。宋代思想家张载说过：“勿谓小儿无记性，所历事皆能不忘。”父母对男孩的影响不仅是深刻的，而且是终身的。

一天晚饭后，家明和父亲在公园散步，父亲发现前面不远处有一个被丢弃的饮料瓶，就把瓶子捡了起来，然后扔进了附近的一个垃圾箱里。家明问父亲为什么要这样做？父亲说，“良好的环境需要大家共同来维护，我们每个人都有责任这么做。”听了父亲的话，家明略有所悟。从此以后，每当在公共场所见到别人丢弃的废纸或饮料瓶时，家明都会主动捡起来，扔进垃圾箱内。

可见，父母对男孩来说是一面镜子，父母的责任心水平可以折射出男孩的责任心。一个对家庭、社会毫无责任感的父母，不可能培养出有责任心的男孩。所以说，父母只有在生活中严以律己，给男孩做好表率作用，才能更好地去影响和教育男孩。

父母应当如何提升男孩的责任感？

第一、让男孩意识到责任心的重要性；

第二、强化男孩在家庭生活中的责任；

第三、引导男孩正视自己应负的责任。

秘籍6.孝顺：男孩必备的做人之本

孝敬父母是中国的传统美德，古语就有“百善孝为先”的说法。但是随着时间的冲刷，当代的男孩对于孝顺的观念淡化了很多。其实这是一种情感的缺失，必须及时医治，才会“亡羊补牢。”问病还是要寻“根”，现在的男孩出现了孝顺观念淡薄的现象。父母应该及时帮助寻找原因。其实主要是由于大多数家庭都是独生子女，父母过于溺爱，过于细致入微的照顾，这才导致他们产生了理所当然的心理，对父母的关爱行为没有感恩、歉疚之意。。如吃饭时，只要是男孩爱吃的，全家人都不准吃，只能由“小皇帝”自己品尝，独自独享；饭后，男孩放下碗筷就万事大吉了，收尾工作全都留给了父母。久而久之就会养成男孩不孝的不良品质。

其实孝顺父母也不是一件难事，它就在生活中的点点滴滴，但就是从点滴小事中就可以看出一个人的品质的好与坏，如果一个男孩对他人冷漠视之，不能设身处地地为他人着想。我想每个父母都会有几分担忧，因为一个人连自己的父母都做不到孝顺的人，是很难在社会上立足的。所以父母的首要任务就是要从小培养男孩孝敬父母的良好品行。那么如何培养男孩的孝心？我们总结出以下几点，希望对您有所帮助。

教子秘诀一： 要让男孩有孝敬父母的意识

父母在教育子女的问题上存在着很大的误区，父母与子女的关系并没有处在一个合理的平衡点上：或是溺爱过度，或是过于严厉，不左就右，很难权衡。

父母要想培养男孩孝敬父母的良好品质，首先应该从尊重男孩这个平衡点入手，只有将这个平衡点维持在最好的位置上，父母与男孩的关系才能平稳地发展。父母只有尊重男孩，给男孩适当的、独立的空间，男孩才会有思考的余地。让男孩在潜意识里自动形成孝顺的理念，而不是父母强加给他。如果男孩完全掌控在父母的手掌心，就会变成父母跟男孩要孝敬，这种处于被动状态下的孝敬是不堪一击的，所以父母只有让男孩在心理上主动形成孝顺的动机才会激发着他们的行为，这样的孝顺才是发自内心的。

教子秘诀二：让男孩体会父母的艰辛与不易

现在的男孩大多不知道父母钱来的不容易，伸手索取已经成了一种习惯；另一方面，父母们觉得男孩还小，还是要宠爱多一点，所以双方之间就会无形中形成了一道鸿沟，给父母与男孩之间的交流带来麻烦。所以明智的父母为了让男孩合理地消费和体会自己的艰辛与不易，可以经常提一些工作上的辛苦，让他们知道钱来的不易，理解父母的辛劳，这样才会在他们心中升起对父母的孝敬之感。

伊国今年6岁了。一天，妈妈拖着疲惫的身体结束了一天的工作。刚到家，伊国就嚷嚷让妈妈给做饭。可是很疲惫的妈妈并没有做声，只是轻轻的说了一句："儿子，帮妈妈捶捶背好吗？"伊国虽有些不情愿，但还是过来了，小伊国捶了几下发现妈妈头上有好多的白头发。于是就说了一句"妈妈，您工作一天一定很累吧，您都有白头发了。"

其实，伊国的妈妈就是想通过这件小事，让儿子体会自己的辛苦，让儿子懂得爱，这样自然会激起伊国的孝敬之心。

教子秘诀三：从生活小事入手培养男孩孝敬理念

父母培养男孩孝敬父母的理念，就是希望男孩能做到听从父母教导、关心父母健康、分担父母忧虑、参与家务劳动等。其实这些理论上的说辞运用到生活中，就是一件件小事的串联，所以父母要培养男孩孝顺的良好品质就应当从日常小事抓起。如饭后要求男孩主动收拾碗筷，自己的小衣服可以自己洗涤，自己的房间自己收拾等等男孩力所能及的事情，父母应该给他们发挥的机会。

但是，要男孩一下子从不孝变得孝顺也是不现实的，因为凡事都有一个过程。父母要根据男孩的年龄及个性特点来具体引导、耐心培养、热情鼓励，渐渐地就会培养起男孩的孝顺意识。

教子秘诀四：父母要以身作则，当好榜样作用

男孩是很善于模仿的，他们很快能学到对方的优点，但也会不假思索的将缺点全盘收入囊中。所以父母的言行对男孩的影响很大。父母首先要做到孝敬父母，尊敬长辈，耳濡目染，男孩也会变得有孝心。

于东的奶奶因为偏瘫，瘫痪在床多年，可是于东的妈妈几年如一日的悉心照料奶奶，给于东上了一堂生动的教育课。妈妈每天给奶奶洗脚、擦背、换洗衣服、天气好的时候，还要用轮椅推着奶奶到户外去晒太阳，邻居都对妈妈的行为大加夸奖，这些于东都看在眼里。现在于东完成作业后，又多了一个活，那就是帮着妈妈照顾奶奶。

可见，父母的行为对于男孩来说是多么的重要，父母的榜样作用是万万不可丢弃的。

父母要怎样培养男孩孝顺的良好品质呢？

第一、要给男孩了解父母的机会；

第二、告诉男孩注意细节，从小事做起；

第三、培养男孩孝敬父母的行为习惯。

秘籍7.善良：开启男孩的纯洁天性

三字经上说："人之初，性本善。"可见人的本性是善良的，善良是一种良好品质。善良虽然是一件触摸不到的东西，但是是可以感受得到的，因为善良的人的内心时刻都是温暖的，所以会在言谈举止上给人一种亲切感。但是现在的男孩常常做出很过格的行为，言谈上不仅粗暴，甚至不堪入耳，根本看不到善良本性的存在。那么是谁扼杀了男孩善良的心灵？父母又该如何守护男孩善良的本性呢？具体总结了以下几点秘诀仅供分享。

教子秘诀一：父母要给男孩提供互助、友爱的家庭氛围

俗话说：环境可以摧毁一个人，也可以造就一个人。环境对男孩善良品质的培养尤为重要。所以父母为男孩创造一个什么样的生活环境，就会造就一个什么样的男孩。

姚男成长在一个友爱、互助的大家庭里，所以在生活中姚男也是很善良的。如：有的同学之间产生了摩擦，在姚男的调解下就能大事化小，小事化了；当看到小同学不小心摔倒时，姚男就会主动上前将他扶起，如果遇到下雨天，看到有的同学没有带伞，姚男就主动上前为他遮伞等等。姚男的举止行为让老师和同学们都看在眼里，结果在班干部评选上，姚男全票通过，成了大家心中当之无愧的好干部。

因为家庭是男孩成长的第一个环境，父母是男孩的第一任老师，这两个因素对男孩善良品质的形成有着举足轻重的作用。父母要想把自己的男孩培养成一个善良的男子汉，就要给他一个互助、友好的家庭环境，让男孩自觉的形成善良的品质和关爱他人的行为。

教子秘诀二：父母对男孩的善良行为要及时肯定

男孩善良品性的培养需要父母积极的配合，例如：当男孩对别人表示出关心的问候或者善良的行动时，父母需要进行及时的鼓励与肯

定，来强化男孩善良的行为。

一天，妈妈带着赵军去商场，打算给他买新衣服，可是在地铁口处，赵军看到一位身体残疾的老奶奶跪在地上，向行路人乞讨。赵军看看自己手里握着的两元钱，停住了脚步，其实这两元钱是妈妈给他买冰点的，妈妈只见赵军把那两元钱小心翼翼的放到了老奶奶前面的铁盆里。赵军的妈妈知道那位老奶奶是骗钱的，但是她没有揭穿，而且还夸奖了儿子的行为是有爱心的。并买了一个大的冰点表示对他的奖励。

男孩在对是非还不是很明确的时候，父母要保护男孩善良的本性。有的时候善意的谎言并不是一件坏事，等男孩慢慢长大后就会对是是非非有个准确的认识。

教子秘诀三：让男孩学会设身处地为他人着想

男孩只有学会站在对方的立场、角度上考虑问题，才会将心比心，感同身受，自然会做出善良的举动。所以对那些爱起哄、爱欺负别人的男孩来说，父母要教育男孩学会设身处地地考虑问题，有效控制和制止男孩的这些不良行为。

有一天，程勇在去学校的路上，看见好几个同学跟在一个脚有残疾的同学后面，一边叽叽咕咕，一边学那位残疾同学走路的样子，然后再围攻上来，管这位同学大叫“瘸子”。程勇见到此情景，心里很难受。在程勇的眼里，那个残疾男孩本来就已经很不幸了，现在又遭到别人的嘲笑、欺负，心里肯定很难过。于是，他连忙走到那个残疾男孩面前护着他，对那几个同学说：“谁要是欺负他就是跟我过不去，要想打架，就冲我来。”由于那几个同学个子比程勇矮了一截，平常也都很怕他，看到程勇真的生气了，就撒腿跑了。

男孩就像一张白纸，父母可在上面画下美丽的风景，也可留下脏污的痕迹。父母想要男孩学会善良，首先就要严于律己，给男孩多做榜样，耳濡目染的力量是巨大的。每个人都希望别人善待自己，每个人都渴望被施以善举，但是只有善良的人，才会在人际交往中如鱼得水、收获更多。所以父母应该及早给男孩种上善良的种子，让它生根、发芽，与男孩一起茁壮成长。

父母怎样保持男孩善良的本性？

第一、让男孩保护自然环境和动物；

第二、同情并帮助弱者，创造机会让男孩帮助有困难的人；

第三、要让男孩对待他人有宽容心；

第四、唾弃暴力，不给男孩提供暴力玩具，远离暴力镜头，在处理问题时不用暴力行为。

秘籍8.宽容：让男孩拥有兼济天下的胸襟

比陆地辽阔的是大海，比大海辽阔的是天空，比天空辽阔的是人的胸怀。可见，人的胸怀能够承载世间万物，所以要培养男孩从小就要有一个宽广的胸怀。因为善于宽容别人就等于善待自己，宽容是化解矛盾的良药，是利人利己的法宝，是成就事业的基石。培养男孩具有宽容的美德，就意味着为男孩的将来铺石垫路，为男孩明天的成功积聚力量。

宽容是人类的传统美德。具有宽容品格的男孩即使不同意别人的观点和信仰，也有维持同别人彼此尊重的能力。因为 宽容，能帮助男孩排除歧视、偏见、陈规和仇恨，学会更多地尊重别人。

宽容的品德不是与生俱来，一成不变的，它是在生活中，在遭遇中历练的产物。那么，作为父母应该如何培养男孩具有宽广的胸怀呢?

教子秘诀一：父母身体力行的教育更有说服力

一般情况下，父母所具备的品德，在男孩身上都能找到。因此，父母首先要为男孩创造一个良好的家庭氛围。一个整天吵闹不休的家庭，是很难培养出具有宽容心的男孩的。父母对他人的关爱、平等、谦虚等处世原则和行为是对男孩最直接，最有效的教育方式，会在潜

移默化中培养男孩尊重别人、爱护他人的品格，从而让男孩拥有一颗宽容之心。

史须山是一个听话的男孩，个子要比班级其他同学矮，经常告状使他成了办公室的常客。“老师，余跃欺负我，他刚才把我撞倒了”，“老师，圆圆把水彩墨水撒到我的书上了，我的书都没法看了”等。体育课上，同学们都在玩游戏，丹丹不小心踩了史须山一脚。看到新买的白球鞋上有了一个大大的黑脚印，史须山急了，跑到丹丹身旁，狠狠地回了她一脚。但是史须山还满身有理的向老师告状：“丹丹踩我新鞋上了。”当老师质问史须山为什么要回丹丹一脚时，他却理直气壮地告诉老师：“我妈妈说了，别人打我，我就要打别人，千万不能受欺负。

教育家马卡连柯曾指出，父母“在开始教育自己的子女之前，首先应当检点自身行为”。父母让男孩学会宽容的时候，首先你自己就应该具有宽容的品质。如果父母本身就是一个心胸狭窄之人，常常为一点小事争执不休，为一点小利斤斤计较，那么又怎能要求你的男孩学会宽容呢?

教子秘诀二：父母要让男孩明白“金无足赤，人无完人”

生活中常常有这样的人，只要张嘴就是张三的缺点，李四的毛病，从来不会对别人进行肯定，吸取他人之所长为我所用。其实人非圣贤，孰能无过？看待每个人都要一分为二，辩证的去看，既要看到对方的缺点，更要看到对方的长处。只有这样，你才能完善和互补自我，多给别人一分宽容和理解，同时也会为自己带来一个好心境，使自己的个性更加完善。

张猛是一个很调皮的男孩，在班级甚至在学校都是个 “霸王生”。他经常打仗，不守纪律。一天放学正赶上下雨，张猛武装好雨具正要往家走，恰巧看到一位低年级的小弟弟正站在雨中，不知所措的等待着救兵的到来。张猛见此情景，没有更多的思考，趟水跑到小弟弟跟前把自己的雨衣脱了下来，给小弟弟穿上，还把小弟弟送回了家。这个小弟弟的家长非常感激，也对张猛有了另一方面客观的评价。

教子秘诀三：父母要培养男孩善待他人的意识

人与人相处其实是心与心的沟通与交流，你善待别人，别人才会善待你。以礼相待，以诚相还就是这个道理。

汪洋是个很调皮的男孩，经常在班级搞破坏，同学们对他都是"敬而远之"，他说话办事在班级都占上风，没有人敢反驳他。可是因为爸爸的工作调转，汪洋也逼不得已转学，到了新环境，他成了别人手下的兵，别说说话没人听，弄不好还会受到大家的冷遇，为此他很苦恼，像妈妈吐露了心声，妈妈对他说："人与人相处是要将心比心，不要以为别人都怕你，其实不是人家不愿意与你来往，而是因为你没有善待别人的心。"听完妈妈的话，汪洋改变了初衷，拿出真心与人交往，果然获得了好人缘。

可见这位妈妈教会了汪洋怎样待人。其实男孩一旦学会善待他人，就学会了宽容别人，因为此时男孩已经有了一颗友善的心、宽容的心。简言之，父母要培养男孩宽容待人的美德，必须从日常生活、学习中抓起，要善于捕捉每一个细节，不断对男孩进行宽容待人的引导和教育，逐渐使宽容的理念融入他们的品格之中。

父母如何让男孩拥有宽广的胸怀？

第一，父母要做男孩的榜样。在遇到矛盾或冲突时，父母到宽宏大量，不计得失；

第二，父母要为男孩创造机会，让男孩在交往中学会宽容，体谅他人，养成良好性格；

第三，必要时，要让男孩多体验一下心胸狭窄的害处。

秘籍9.自信：男孩成功的一缕阳光

自信是一种动力，它可以将想法转化成实际行动；同时自信也是一剂强心剂，他可以使胆小懦弱的男孩变得自信而充满阳光。自信是一个人的良好品行，父母从小就为男孩播种自信的种子，对男孩的成长是极为重要的。

薛瑞是一个偏科的男孩，其他科目都很好，就是英语成绩很差。一天，薛瑞的英语卷上有两道题不会，就向爸爸请教，爸爸给他讲了一遍，可是他没听明白，又讲了一遍，他还是有些没听懂，于是爸爸有些不耐烦了。这时，妈妈走了过来，耐心的讲了很长时间，薛瑞才终于弄明白了。但是薛瑞在睡觉前，哭着着对妈妈说："妈妈，你说我怎么这么笨呢？那么简单的题我都不会。"听了薛瑞的话，妈妈很是着急，怎样才能让他树立起自信来呢？

其实自信对于每个人都很重要，在逆境的时候需要它，在顺境的时候也会离不开它。所谓自信就是要在认识自己的基础上充分相信自己，在面对困难与挑战的时候将自己最大的潜能释放出来，一步步指引自己迈向成功。那么，父母应该如何培养男孩的自信呢？

教子秘诀一：父母要告诉男孩"你能行"

男孩自信心的树立，就蕴含在生活的小事中。当男孩遇到挫折、困难时，父母的一个微笑，一句安慰的话语，一个鼓励的眼神，都会给男孩莫大的鼓舞，所以越是在这个时候，父母越要抓住时机，告诉男孩"你能行"，让他从失败的阴影中走出来。

小勋是五年级的学生，各科成绩都不错，尤其是英语成绩胜人一筹。一次区里英语竞赛小勋被选上了，但是他告诉老师的答案却是：弃权。老师很不解小勋的行为，就把这一情况告诉了他的妈妈，在妈妈的追问下，小勋道出了自己心声："我如果参加比赛落选了，该多丢人呀！"小勋的妈妈拍拍小勋的头，很肯定地说："妈妈知道你一定能行，妈妈会支持你的，一定要有信心。”在妈妈的鼓励下，小勋参加了比赛，并最终取得了二等奖的好成绩。

可见，男孩自信心的培养与父母的教育是密不可分的。只是父母在生活中往往会忽视男孩缺乏自信的表现。父母如果能在男孩表现出自信的时候及时给予积极的表扬和鼓励，让男孩淡化“我无能”的心理，树立起“我能行”的信念，就会慢慢的培养起男孩的自信心。

教子秘诀二：父母要随时巩固男孩的自信心

男孩是在赞美与批评中渐渐长大的，自信心的树立少不了父母的鼓励，只有这样才能让男孩从挫折中站起来，逐步走向成功。

李明哲是一个害羞的男孩，家里来客人他就一笑而过。父母常常为他的表现头疼，还特意咨询了心理老师。一天，明哲的舅妈来家里做客，明哲见到舅妈依然是一笑。这时，妈妈没有像平常对明哲的行为加以训斥，而是凑到明哲的耳旁说了一句话，明哲高兴地跑开了，一会儿手里拿着自己的水果跑出来，送到客人面前：“舅妈，吃水果。”舅妈好好地夸了明哲一通。渐渐地，明哲变得开朗了，也有了自信心。

巩固男孩的信心是个不间断的过程，当父母看到男孩因不断成功而树立起信心，千万不能以为大功告成，而是要不断鼓励男孩，巩固其自信心。

教子秘诀三：父母的赞美帮助男孩树立自信

男孩的心灵是幼小而脆弱的，是不堪一击的。作为父母，如果选择风霜雨雪的天气，自然会很打击男孩幼小的心灵，但是如果选择的是阳光雨露的教育方式，则会对男孩的成长极为有利。只有一个被关爱着、被欣赏着、被鼓励着的男孩，才有可能获得最健康的人格，而关爱、欣赏、鼓励、赞美 正是一个男孩自信的源头。

孙宏伟是一个讲义气的男孩，热心肠让他有着很好的人缘，但就是学习成绩不好。他的父母把儿子乐于助人的优点当切入点。爸爸说：“儿子，爸爸为你乐于助人的精神感到自豪。”由于爸爸的表扬和鼓励，宏伟在班里表现得更加积极了，后来，竟然被老师和同学们选举为班长。

当了班长的宏伟更加自信了，协助老师把班级管理的井井有条，并决定当好班长，在班级起到带头的作用。可是他的成绩却没有说服力，于是宏伟痛下决心，一定要赶上去，在学习上也能引领班里的同学。功夫不负有心人，宏伟的成绩有了很大的提高，现在虽然不是班里最好的，但是与他以前相比，已经有了很大的进步。

人生之路布满荆棘，一帆风顺只是奢望，所以要想让男孩时刻以饱满的热情面对各种困难，就需要父母从小培养男孩的自信心。

父母该怎样培养和促进男孩的自信心？

第一，善于发现男孩的闪光点，激励男孩树立自信；

第二，用肯定性言语和鼓励性言语促进男孩树立自信；

第三，让男孩做力所能及的事情，增强男孩的自信心。

秘籍10 .谦虚：男孩进步的助力器

谦虚使人进步，骄傲使人落后，这是人人熟知的道理。谦虚是一种美德，是男孩进取和成功的必要前提，即使你再才华横溢也不能忽视这一点。但是很多男孩却离谦虚渐行渐远，而是走向了谦虚的另一面——骄傲。骄傲是人的行为的一种堕落，它会对男孩的健康产生消极影响。骄傲自大的男孩常会与外界形成隔膜，使男孩的心胸变得狭窄。

刘小明是一个骄傲自大的男孩，在他的眼里，别人总是有这样那样的缺点，只有自己才是人才。他有一个梦想就是将来能成为一名画家，因为他很喜欢画画，在这一方面也的确有一些天赋，如果能够继续保持下去，努力刻苦学习，拜访名师，也许会有所成绩。但是他却每天想入非非，幻想着成名成家后熠熠生辉的样子，没有实际的行动，认为自己的天赋就是最大的资本。刚开始，父母及家人对小明有如此远大的理想而感到骄傲和自豪，但是渐渐地就对小明的行为感到了不解。我他总是认为自己的天赋就是资本，不去补习班学习，不需要名师。结果一直停留在花花鸟鸟的初始阶段。而且文化课方面的成绩也是一路下滑，最后刘小明只能是赔了夫人又折兵，父母对他骄傲自满的恶果也只能无语。

其实骄傲自满的形成也是有因可循的：一是父母对男孩的影响。由于条件优越，父母总表现出一副高高在上，目中无人的姿态。只笑人短，勿见他长。长久下去，男孩也会受到感染。二是家庭生活条件优越。优越的家庭极易滋长男孩虚荣自傲的心理，使男孩养成爱炫耀自己、嘲笑别人的毛病。三是对男孩太多的夸奖。男孩经常得到大人们的夸奖，就会认为人不如己，导致男孩看不起别人。父母要让男孩明白“三人行必有我师”的道理。只有谦虚，才会使人进步；骄傲自大，必然阻碍自己的发展。既然大家都知道“谦受益，满招损”的道理，既然大家都知晓了导致骄傲的根源，那么父母该如何做才能做到预防呢?

教子秘诀一：父母要帮助男孩认识到骄傲的危害性

父母应该让男孩认识到骄傲是健康成长的绊脚石，任何成绩的取得都只是暂时的，只能作为一个起点。父母应该给男孩介绍一些生活中和古今中外的名人成功故事，来形象的对男孩进行教育。

李树是个聪明伶俐的小男孩，学习认真，成绩优秀，小提琴也拉得不错，很招人喜爱。也正因此他变得很自负，总是瞧不起别人。同学们冷落他，老师也经常用典型教育他，李树变得有些孤立无援，于是向父母哭诉，父母及时帮他找出原因。结果经过父母的帮助，李树终于甩掉了骄傲的帽子。

教子秘诀二：父母要让男孩学会客观的看待自己

大民是一个很注重形象的大男孩，一切都追求完美，事实也很优秀，因为他总觉得别人在注视着自己。但是一次理发，让他改变了看法。那次理发师把他的头发理成了西瓜头，给大民气坏了，当时就和那位理发师大发脾气，虽然因为失误没有收取理发费，但是头发是长

不上了，这让一向追求完美的大民怎样去上学。第二天，他第一个到的班级，怕被同学们注意到。结果他发现同学们都是陆陆续续地匆匆来到教室，各自忙着自己的任务，准备上课，并没有人对他的头型大加评论。一天下来，他发现自己在别人眼里并不是多么重要。从此，大民学会了客观地评价自己和周围的事物。

所以父母应耐心地教导男孩，让男孩学会正确地评价自己，既认识到自己的优点，又看到自己的不足。并告诉男孩在交友中应该怎样做和不应该怎样做，并加以指导，使其养成良好的行为习惯，这样才会受到大家的欢迎。

教子秘诀三：父母表扬男孩要适度

表扬男孩会唤起男孩的自信心，起到促使男孩积极向上的作用，但是也会滋生骄傲的萌芽。有的父母会说，那就不加以表扬，但如果一次都不表扬还会使男孩产生自卑心理。所以夸奖是需要的，但是要适度。

总之，父母要让男孩知道，骄傲自大是一个可怕的陷阱，而且这个陷阱是自己亲手挖掘的，要想离开这口陷阱，就必须戒骄戒躁。拥有谦虚的品德，对于男孩各项能力的发展都具有正面的帮助。

父母应如何正确引导自负男孩养成谦虚的美德?

第一，要适度夸奖男孩，对男孩赞美过度，会使男孩滋生骄傲的情绪；如果贬低男孩，则会造成男孩自卑情绪；

第二，父母要以身作则，家长如果谦虚就会潜移默化的帮助男孩改掉自负的毛病。

第二章

良好习惯——让男孩彰显本色光彩

泰戈尔曾说，“对我们的习惯不加节制，在我们年轻精力旺盛的时候，不会立即显出它的影响。但是它逐渐消耗这种精力，到衰老时期我们不得不结算账目，并且偿还导致我们破产的债务。”所以，无论好习惯还是坏习惯的养成都要经过一段时间。社会环境、家庭环境、学校环境对人各种习惯的养成都起着非常重要的作用。

秘籍11.节俭，从一分一厘开始

勤俭节约是中华民族的传统美德。爱默生说，“节俭是你一生中食之不完的美筵。”可见，勤俭是人生中不可缺少的品质之一。继承和发扬勤俭节约的优良传统是每个公民的责任。作为父母对男孩从小就要播种勤俭节约的种子，让他们受益终身，成为蕴藏在他们内心深处取之不尽的资本。

教子秘诀一：父母要让男孩从身边小事做起

随着人们生活水平的提高，父母努力为男孩创造最好的生活环境。当然，物质上的满足是不言而喻的。在这种观念的影响下，男孩自然就会滋生这样的想法：觉得自己拥有的一切顺理成章，天经地义，无意识养成贪图享受，奢侈浪费的享乐式生活方式。让男孩变得贪婪、攀比、从众、追求时髦、喜新厌旧等不良习惯。但是总有一天男孩会走上独自生活的道路，要想生活得好，保持有序节制的生活习惯，勤劳节俭就必不可少。其实关于节俭的案例无处不在。

初一学生董某，迷上了电脑游戏，其父发现后，严格控制其零用钱，试图以此来限制其活动，但是他自有生财之道。他找到了若干“哥们”，到小队员寝室一走，发出每周每人向他上贡10元的号令，若有不从就打，并威胁说，“谁敢告诉老师就往死里打”。有的小队员坚决不从，果真被他拳脚相加，第二天就向老师告发了他。

纵观这起事件，我们发现，这些看似琐碎的违纪事件其成因是多方面的：有父母的过度溺爱，有学校的管理缺陷，但是就行为的主体——学生，有这样一个共同点，那就是“过度追求物质享乐，奢侈浪费”——贪吃贪玩，虚荣浪费，大手大脚花钱，不惜违反学校的规章制度，不顾家庭的经济状况，甚至不惜靠借、偷、抢等极端手段来满足自己的物质欲望，不懂得节约、节制，不懂得珍惜资源、珍惜父母的劳动成果。

反观这些男孩对待学习、对待劳动的态度，学习不用功，不勤奋；在校学习怕吃苦，教师稍微多布置一点作业就叫苦不绝，题目略有难度，便懒得动脑，轻易放弃；必须的义务劳动，如教室寝室的环境卫生工作懒得做，换下来的脏衣服，也要等一周后带回家由父母代劳，堪称四体不勤，好逸恶劳。这样的男孩将来怎么能创造出优秀得劳动成果？怎么能肩负起历史赋予的使命？

另外，男孩心智还没有成熟，很容易受外界因素的影响。奢侈的风气让男孩们之间互相攀比，谁花的钱多谁就有威信，这更容易让男孩走上歪路。作为中国的父母，在对男孩的教育方式上也存在着这样的误区，尽管自己兜里没有多少钱，也要给男孩最好的，宁可自己少吃点、少穿点，认为只有这样才能给男孩在同学面前赚足面子。

教子秘诀二：节俭，父母要以身作则

父母要以身作则，因为有什么样的父母，就会有什么样的孩子。家长爱学习，孩子也爱学习；家长爱劳动，孩子也爱劳动；家长乐于助人，孩子也乐于助人。其实，让一个男孩养成某种习惯并非难事，关键看父母怎么教育，而父母的言传身教是最好的教育。

古人云：勤能补拙，俭以养廉。只要能够勤劳，即使是天赋差一些，也会把工作学习搞好，在事业上做出成绩。只要能够节俭，不贪图物质享受，追求奢华生活，保持廉洁的美德，在事业上就会不断追求进取，有所成就。因此，父母要使男孩养成勤俭节约的生活习惯，是父母教育男孩的必修课，也会让男孩受益终生。

培养男孩勤俭节约的习惯，让他们从做一些力所能及的事情开始。如：吃饭时不剩饭，饭菜不随意扔掉；用水时水龙头不要开得太大，用完后要关紧水龙头；不丢弃没写完的作业本和纸张，可以留做草稿纸或他用，养成双面用纸的好习惯；生活中注意节约用电，光线充足时不开灯，充分利用自然光，随手关灯，人走灯灭。当然，父母要示范在先，让男孩在潜移默化中养成勤俭的习惯。

培养男孩勤俭节约的习惯，可以安排男孩多做些家务事。据调查：经常帮父母干家务的孩子不足10%，干家务的男孩更少。父母可以适当地安排男孩做一些力所能及的家务，让他真正体会到劳动的艰辛和不易，从而自觉地养成勤俭节约的习惯。

同时，父母应积极配合学校的工作，正确引导男孩，培养男孩艰

苦朴素、勤俭节约的作风，坚决拒绝男孩提出的不合理的物质要求，向他们解释拒绝的理由，让他们学会珍惜父母的劳动成果。

所以，不勤、不俭、不节约，毁掉的将是我们中华民族的未来，提倡勤俭节约，在今天的德育工作中，非但没有过时，而且非常必要！

父母如何培养男孩勤俭节约的品质？

第一，让男孩了解家庭的经济来源、总收入和各项支出，明确自己该如何使用父母给自己的钱，学会适度消费；

第二，让男孩采访身边的家境比较困难同学或者外地同学，了解他每月的经济支出，将不合理、不必要的开支项目或删去，学会理性消费；

第三，帮助男孩采访学校（或其他单位）的总务部门，了解学校一个月的水、电、煤开支明细，学生在哪些方面可以开源节流，学会珍惜资源。

秘籍12.男孩要抵得住“诱惑”

男孩们生活在幸福的时代，父母们常常这样感叹：现在的孩子，就是比谁吃得好，谁穿得好，谁家老子的官大、钱多，谁家的房子大、谁家的车豪华……其实男孩们有这样的心理只是因为他们不希望自己比别人差，他们有强烈的占有欲和尝试欲，但自制力很差，事后往往对自己的某些行为后悔。于是也就产生了这样一个很严重的问题——男孩往往对“诱惑”的抵抗力很差。

男孩都有爱面子的特点，男孩的虚荣心强也是很重要的一个原因。虚荣心强、不愿输给别人的小男孩喜欢攀比。久而久之，这种攀比的结果是：吹牛、说谎；向父母要求一些更高级的东西；甚至习惯了偷窃……

如果男孩一直攀比就会过分的追求物质享受而轻视劳动、学习、道德，这会严重影响到男孩价值观和道德观的形成。如果男孩的价值观和道德观不正确的话，别说立足社会了，就连最基本的人情世故都不会处理得好。所以做父母的千万不能纵容小男孩对诱惑毫无“免疫力”。

教子秘诀一：要知道男孩“想要”和“需要”的界限

对诱惑“免疫力”比较低的男孩会常常让父母满足他这样那样的要求，对男孩的众多要求，父母要及时而准确的加以区分，哪些要求是值得满足的，哪些要求过分，是必须要予以制止的。

10岁的儿子要求爸爸为他买一个变速车，爸爸问他：“你是‘想要’，还是‘需要’这辆变速车呢？”

“我想要。”

“对不起，你‘想要’但不‘需要’的物品，我不能满足你。”

听爸爸这样一说，儿子马上改口：“我需要。”

“你为什么需要呢？”

“我要锻炼身体”儿子说。

“那你现在骑的自行车就不锻炼身体吗？”爸爸反问男孩。

“……”男孩无言以对。

“儿子，如果你说你学习要用一本字典，或者生活中必须要用某一件物品，爸爸会高兴地去给你买。但是，你想要的物品，往往是你的虚荣心在驱使你这样做。爸爸不能助长你的虚荣心，如果我一味的满足你的要求，会让你养成不良的生活习惯，这其实是在害你。”爸爸一本正经地对儿子说。

儿子虽然很不高兴，但仍然点了点头。

现在家里的孩子少了，钱多了，所以父母满足男孩的要求也不是什么难事。男孩从小虚荣心就强，由于好奇和攀比，他们往往会向父母要求很多。这时，父母一定要分清楚什么是孩子‘想要’什么是孩子‘需要’，并给他讲明这个道理，才能既不伤害男孩的自尊，又不助长他的虚荣心。同时，还能帮助男孩有效地抵抗诱惑，不让他们养成不良的生活习惯。

教子秘诀二：要冷处理男孩的过分要求

男孩："妈妈，你给我买台电脑吧。"

妈妈："现在学习任务重，买电脑会迷恋游戏的。"

男孩："同学家现在都有电脑了，能查好多的东西，我不会玩游戏的。"

……

面对男孩的唠叨，这位妈妈不予理睬，继续忙自己的家务。看妈妈不为自己的要求所动，男孩知道自己在做无用功，果然一会儿就不再提了。

面对男孩的过分要求，做父母的千万不要轻易地满足他，否则就会助长他的虚荣心，降低男孩对诱惑的抵抗力，养成不良的生活习惯。

所以当男孩提出某些要求时，父母首先要了解男孩想购买该物品的动机，如果男孩只是想炫耀自己或与同学攀比，父母就可以对男孩的要求采取冷处理。对他的要求不理不睬，给他几天冷静期；如果是非用不可的东西，他自然会再次引起话题，如果是可有可无的物品，这一章就会从此翻过去了。

此外，父母也可借此机会对男孩进行深入的教育，告诉他们，其实他们花的每一分钱都来之不易。当男孩明白了这些道理时，他对"诱惑"的抵抗力就会提升一大截。

教子秘诀三：给男孩打一支"诱惑"的"预防针"

男孩在与别人攀比时常常都是对自己的家底略知一二，所以父母在男孩面前不要对家底托盘而出，否则只会成为男孩炫耀的资本。

当男孩问父母："爸爸，你每个月的薪水是多少呀？"也许他只是随便问问，但是，父母却要警惕男孩因此去与别的孩子进行攀比。那么，做父母的应该怎样回答呢？有的父母会如实回答，也有的父母会告诉孩子："这不关你的事，别问"，"问别人的薪水是不礼貌的行为"……但是，最聪明的答案应该是什么呢？

你可以这样回答男孩的问题，"在这个世界上，有很多人比我们穷，也有很多人比我们更富。所以我们既不要满足，也不能自卑，只要爸爸妈妈还有你都继续努力工作、努力学习，那样我们就会迈向更富有的生活。”

多么巧妙地回答，这就告诉了男孩：比我们富有的人很多，只有通过努力学习、努力工作才能追上他们。即使男孩问这个问题的目的是去和别人攀比，听了父母的回答，他也就不会再去比了。同时也使男孩树立了责任感，对强者会有种奔头，有敢追的心态，又会很珍惜今天来之不易的生活，很享受现在家庭所赋予的幸福。所以在“诱惑”为男孩面前打一只预防针，对于男孩好习惯的养成是很关键的。

父母如何让男孩在“诱惑”面前说不？

第一，对男孩做出的承诺不能草草了事，要说话算话；

第二，父母不要用承诺去增加男孩的压力，要男孩健康成长。

秘籍13.男孩要做文明礼貌的绅士

西塞罗曾经说过，“习惯比天性更顽固，习惯的力量是巨大的。”虽然礼貌习惯是生活中的细节问题，但一旦养成就会根深蒂固。因为男孩大多具有可塑性，自控能力又很差，如果不适时的培养良好的行为习惯，对男孩的成长将会有很不良的影响。所以培养良好的礼貌习惯应该从娃娃抓起。

公交车上有两个男孩大概十二三岁的样子，穿着一身名牌，在我的前面坐下了。不知道是哪位人士得罪他了，满嘴的脏话连篇，骂个不停，什么“我靠”、“他妈的”……频频迸出，引得所有乘客频频回头，然而两男孩却感觉很酷的样子，声音也越发大了起来。

生活中这样的例子很多，仅仅一个细节，就能暴露出一个人的礼貌修养程度，使你在别人心目中有了定位。像上面两个学生的德行，自然不会被人待见，只有一个有礼貌的人才会被别人认可、接受。学会礼貌，我们会觉得生活是和谐而有趣的，成功也会因此变得

不再遥远。

其实礼貌是一种柔韧的智慧，但遗憾的是，礼貌常常被人们视为小节而忽视。智者应该及早培养自己的礼貌习惯，一方面需要加强内心的修养；另一方面也要从细节做起，使礼貌成为一种习惯，融入我们的日常行为之中，特别是对男孩而言。

文明礼貌是男孩做人的“身份证”，是男孩随身携带的“教养名片”。男孩的文明礼仪必须从小培养，否则就会形成坏习惯，坏习惯一旦养成，再想根治就会难上加难了。所以只有父母从思想上认识到这个问题的严重性，并在生活中给男孩以正确的引导，才能够培养出讲文明、懂礼貌的好男孩。那么父母应该如何才会行之有效的培养男孩的文明礼貌行为呢?

教子秘诀一：父母要做好男孩的榜样作用

父母是男孩成长中的启蒙者，所以在培养男孩习惯的过程中，父母的榜样作用无时不在影响着男孩的成长。男孩的模仿性很强，所以在日常行为中，父母要做到以身作则，为男孩树立良好的榜样，还应与学校和社会教育密切配合，淡化男孩的“两面性”，力争取得教育的最佳状态。

如：在公共汽车上，一位母亲和男孩一起坐在一个座位上。这时，上来一位抱小孩的少妇，这个男孩很懂事，站起来，对那位少妇说：“阿姨，您坐我这儿。”没想到，那位母亲伸出手来，把男孩又按在了座位上。男孩不解地说：“老师说要给抱小孩的人让座的。”

可见，男孩的本性是善良的，几十岁的妈妈还不如一个几岁的孩子，但是如果那位母亲继续这样教育男孩，不久的将来，男孩也会变得不礼貌起来。因为父母的一言一行、一举一动，都在无形中感染和熏陶着男孩。如果父母平常都不用“礼貌”去要求自己的言行，却要求男孩讲礼貌，实在是强人所难。父母礼仪习惯是对男孩最生动、最有效的教育方式。所以，父母要从生活中的点滴小事做起，为男孩树立一个讲文明懂礼貌的好榜样。

教子秘诀二：父母教男孩如何接人待物

每个家庭都会有客人来。这是培养男孩文明礼貌的大好时机，父母可以试着让男孩学会以主人身份招待客人，培养礼貌待客的好习惯。如1.让男孩学会微笑。以微笑示人，会给人以亲切感，这是很有礼貌的表现。2.教男孩学会说文明话。父母要时刻盯住男孩接受了别人的帮助或礼物时，应该说“谢谢”;需要或希望得到别人的帮助，先对人家说“请”;做错事情、惹了麻烦或影响了别人，应该说：“对不起”等等。3.让男孩能主动打招呼。带男孩外出，见到认识的人，教会男孩喊“叔叔好或阿姨好”等。久而久之，男孩见了客人就会自觉地打招呼了。

教子秘诀三：不要让男孩忽略社会公德的重要性

现在社会上经常听到人们对个别青少年学生缺少文明礼貌行为的责备声，如在一些公共场合旁若无人地大声喧哗，随手乱扔废弃物，买东西交款不排队，上公共汽车乱挤等不良行为。长辈们见了会说，“这孩子没有家教。”父母有责任教男孩学习一些社会公共礼仪。如：父母带男孩到公共场合时，可引导男孩学会与人礼貌交往，比如，不要大声喧哗；买东西时要自觉排队，不插队，不乱挤；乘车时遇到老弱病残人士以及孕妇和抱小孩的乘客，要学会主动让座；无意中做了冒犯别人的动作，要及时主动道歉。

孔子说：“不学礼，无以立。”英国著名教育家洛克认为，“礼貌是儿童与青年应特别小心养成习惯的第一件大事。”可见，无论是东方人还是西方人，都把文明礼貌看得很重要。

第一，要帮助男孩确立自尊与尊重他人的意识；
第二，要帮助男孩掌握必要的文明礼貌常识；
第三，要注意引导练习，做好榜样作用；
第四，寓礼貌教育于形象的故事中。

秘籍14.讲究卫生身体棒

良好的卫生习惯是保证男孩身体健康的必要条件。好的卫生习惯不仅会关系到男孩将来的生活，还会直接影响着他们的健康，所以父母应从小培养男孩良好的卫生习惯。

但是在生活中，有很多男孩的卫生意识非常差。特别在男生宿舍中，经常会看到这样的场面：桌子上乱七八糟，有的剩饭剩菜已经长出“霉菌”，床上成了“杂货铺”，被子已经看不出本来的颜色，床下的世界更“精彩”，空瓶子、臭袜子、脏球鞋等横七竖八地堆在一起。简直是惨不忍睹。

常新是个顽皮的男孩，每天和伙伴们打闹玩耍，弄得一身尘土飞扬的回来。到家的第一件事常常是问妈妈是否做好饭。妈妈对常新的行为很是头疼，经常大声斥责常新：“要洗手才可以吃饭，否则就不要吃。”“不洗澡，今天就别睡觉”但是常新的两只手好像从来没有沾过肥皂。看到妈妈生气了就忍不住的说：“好吧，睡觉前我会去洗。”可是常新进浴室还不到20钟就出来了，身上的那股汗臭味依然存在。妈妈生气地问常新：“你洗过澡了吗？”常新很肯定地回答：“当然。”这时常新的父母才意识到，原来不是儿子不讲卫生，而是不会洗澡，于是妈妈决定帮助常新养成讲卫生的好习惯。

妈妈说：“从今天开始，睡前你必须洗澡洗头。洗好后，我会来检查，如果洗得很干净，就会有奖励。如果洗得不干净，当然就要重洗，一直到干净为止。常新答应了妈妈要求。

当晚，常新洗完澡后，让妈妈来检查成果，结果妈妈撩开常新的上衣，搓搓他的肚皮，有一层黏腻的污垢，此次以失败而告终，又重新洗了一回。这次，常新左搓右揉了好一阵子。当他离开浴室时，干干净净，终于得到了妈妈的赞美。第二天，常新也是两次过关，但是第三天就不一样了，常新一次就得到了妈妈的褒奖。

可见，父母要从日常生活的点点滴滴来帮助男孩养成良好的行为习惯。那么父母应该如何培养男孩讲卫生的良好习惯呢?

教子秘诀一：讲究卫生父母要从我做起

父母要想让男孩养成讲究卫生的良好习惯，自身的表率作用不可少。如果父母生活邋遢，不讲卫生，生活一片狼藉，在这种环境下的男孩，自然也不会养成良好的卫生习惯。习惯成自然，每天生活在邋遢的世界，就会对不讲卫生的习惯司空见惯，习以为常。可见父母向男孩示范如何保持干净整齐的仪容；梳洗打扮时允许男孩在一旁观看，学习如何保持仪容的整洁等，对男孩养成良好的卫生习惯是很有利的。

教子秘诀二：父母要教导男孩养成良好的生活规律

自小教导男孩把洗脸、刷牙、洗澡等工作当成生活作息不可缺少的一部分，天长日久，男孩自然就会把习惯当自然。如果允许男孩有时候不用洗澡，他们就会觉得这是件可做可不做的事。所以父母最好制定一份生活作息表。让男孩能对自己该做和不该做的事一目了然，这样就可以替代妈妈的唠叨。生活作息表的内容包括男孩该有的卫生习惯和活动。如：刷牙要早晚各一次；饭前洗手，饭后擦嘴；吃水果要洗净；上厕所要洗手等。

教子秘诀三：父母要教男孩做好整洁工作

好习惯也好，坏习惯也罢，要想养成决非一日之功。所以父母要想培养男孩讲卫生的良好习惯，就要重视每天的点滴积累。父母每天都要让男孩必须了解，有些要求是没有商量余地的。如：如果规定男孩要每天洗澡，那么父母就要做到雷打不动，不管男孩怎么要求、怎么吵闹，都不可以让步；或者可以和他谈条件，给男孩希望，他自然会乖乖的就擒，习惯养成了，就无需再督促了。

教子秘诀四：父母要检查男孩完成整洁工作的情况

有些男孩也是按照父母的规定做的，样样不落，就是效果不明显，遇到这样的情况，父母就要做一个有心人，注意观察他是认真去做了，还是敷衍了事？要知道，男孩的头发湿了并不代表他一定洗了

澡，所以父母的监督作用不可少。

此外，要培养男孩良好的卫生习惯，父母不妨制定一些全家遵守的规则，注意不要用责备的言语，而是要以实际行动来感染和影响男孩的行为。

父母应该从哪些方面培养男孩良好的卫生习惯呢？

第一，要求男孩养成保持个人身体和服装整洁的习惯；

第二，要求男孩养成良好的饮食习惯；

第三，要求男孩养成保持周围环境整洁的良好习惯。

秘籍15.远离挑食、偏食的误区

俄国教育家伊安·凯洛夫说，“挑食偏食对成人的影响大，对孩子的危害更大。避免孩子挑食与偏食，使孩子均衡地摄取各种营养，是孩子身体健康的基础。”可见，挑食、偏食是一种很不好的生活习惯。随着人们生活水平的提高，收入增加了，却对饭桌挑剔了起来，挑食、偏食已经成了男孩们普遍存在的坏习惯。明明是很可口的饭菜，但是到了他们那里却也是美中有瑕，着实让很多父母头疼。

亚斌的家庭条件比较优越，父母对他是有需必应，亚斌从小养成了爱吃零食的坏习惯。每天在三餐的餐桌上都难以找到亚斌的身影，大人吃饭的时候，他却在一边吃零食。以零食代替了食物，从来不喝水，用调和饮料代替。因此亚斌渐渐地肥胖了起来，但他却是贫血，严重时甚至会晕倒。父母带亚斌到医院检查，结果是严重营养不良造成的，所谓的胖也是虚胖，是不健康的。

由此可见，挑食、偏食对于男孩的健康成长是很不利的。可是男孩偏食、挑食的坏习惯一旦形成，就会很难纠正，再加上父母的溺爱，极易造成恶性循环。每天吃饭，父母端着碗，跟在男孩后面追，仿佛一幅生动的“猫和老鼠”的画面。

很多男孩都有挑食、偏食的坏习惯，长此以往就会影响男孩的身体健康，男孩如果不能均衡进食，营养就会不全面，看来虽是小小的饮食问题却不容忽视，如果不及时根治，将会是一个大的祸根，作为父母要尽早纠正男孩饮食上的坏习惯。父母具体应该从以下几点入手。

教子秘诀一：父母要以身作则，不挑食、不偏食

父母要想改掉男孩挑食、偏食的坏习惯，首先父母要以身作则。在饮食上不能挑三拣四，要做到各种主食都吃，各样蔬菜都尝。男孩的模仿天分是很强的，如果父母在餐桌上对某种食物大加评论如何得不好吃，就会在潜意识里给男孩形成不吃这种食物的误区，所以就算父母有不喜欢的食物，也不要在男孩面前表现出来，要引导男孩对各种饭菜都品尝一下，使男孩养成良好的饮食习惯。

当然，人的品味不尽相同，每个人都或多或少的有不喜欢吃的东西，男孩也不例外，如果有这种情况，父母切忌不能进行强迫与威吓，否则只会适得其反。

教子秘诀二：父母要让男孩知道营养缺乏的危害

有的时候，父母的唠叨只会适得其反，不但男孩偏食、挑食的问题没有解决，还会造成逆反心理，越来越讨厌这种食物。

王利明就是一个很好的例子。他是一个典型的挑食、偏食者。天天这不吃那不喝的，因为营养缺乏，身体日渐消瘦，体质也越来越差，父母真是看在眼里，疼在心上。于是父母经过商量给儿子买回来很多营养方面的书，放在书架上，但并没有强迫儿子去读。

一天，王利明在无意中翻出了一本营养学书看了起来，这一看竟看出了兴趣来。现在在餐桌上，儿子对什么菜有什么营养，都能脱口而出，俨然成了膳食营养专家。

而且王利明还做到了学以致用，根据书上所写，知道只有摄入各种食物才会营养均衡，身体发育才能良好，再加上父母的叮嘱，他开始试着品尝各种饭菜。一段时间后，利明挑食的毛病改掉了，身体也随之强壮了起来，跟挑食、偏食的恶习从此拜拜。

教子秘诀三：培养男孩做自己做饭的助手

人们往往对自己的劳动成果都会倍加珍惜，因为里面凝聚着他们的汗水和劳动。大人如此，孩子也不例外。从这一心理特点出发，父母在做饭的时候，可以让男孩帮着择菜、洗菜，炒菜时让男孩帮着拿佐料等。这样，有自己的劳动在其中，男孩也会主动去品尝一下，让男孩品尝胜利的果实，自然会有种美不胜收的感觉，这样做会有利于改掉男孩挑食、偏食的坏习惯。

教子秘诀四：父母要为男孩营造良好的就餐氛围

良好的就餐氛围能够促进全家人的食欲，可以避免男孩形成厌食、挑食的坏习惯。如果父母在吃饭的时候对男孩进行批评、指责，既会影响大人的心情，也抑制了男孩的食欲，容易使男孩养成挑食、偏食的毛病。

教子秘诀五：父母要及时表扬男孩的进步行为

赞美是一剂良药，用在改变挑食、偏食的情况上也同样奏效。所以父母要学会对男孩的正面行为进行强化。比如男孩在父母的教育下能够品尝以前从不吃的饭菜，不管吃得多少，父母都要看到男孩的进步，并且及时表扬，这样能够使男孩感觉到自己的行为受到了关注，可以调动男孩继续进步的积极性。

父母如何帮助男孩改掉挑食、偏食的坏习惯？

第一，父母不可娇惯男孩，不能一见男孩不爱吃什么，以后就不再做什么；

第二，要积极启发男孩对各种食物的兴趣；

第三，在男孩胃口好、心情好的情况下，父母可以引导男孩纠正饮食上的坏习惯；

第四，减少男孩的零食量，让他们少喝冷饮等刺激肠胃的饮料，这样才能增加男孩的食欲；

第五，对于难以纠正坏习惯的男孩，父母要耐心引导，持之以恒。

秘籍16 .多动才会更健康

俄国教育家苏霍姆林斯基说：运动能使人有一个健康的体魄。一个人只要拥有健康的体魄，那么就一切皆有可能。但是现在的男孩，由于学习压力大，父母心疼孩子，就省去了他们做家务的时间，用学习取而代之。久而久之就会把男孩培养成“四体不勤，五谷不分”之辈。人的生命在于运动，因为运动能够促进骨骼发育成长，运动能够保证男孩的身体健康，促进男孩身体的正常发育。

于帅是一个成绩优秀的男孩，在老师眼里，在妈妈心中都是乖孩子的形象，今年就要考高中了，但是于帅体质不是很好，很少参加体育锻炼。可是天公不作美，今年的中考把体育作为必考项目，而且不合格者，没有资格进入重点高中。于帅很苦恼，很不服输的他虽然每天早起跑步，练习必考项目，但是健康的体魄不是几天就可以练就的，最后于帅很无奈的与重点高中擦肩而过，尽管他的文化课比普通高中的分数线高出一百多分。

可见，一个男孩如果没有一个好身体，成绩再好，能力再强，以后的生活和工作也都会因身体的虚弱而受到严重的影响。所以，父母不但要关心男孩的成绩，更要注重男孩的身体。那么父母如何引导男孩热爱运动呢？

教子秘诀一：父母要做好爱运动的榜样

王亮是班级上的体育全才，他无论哪个项目都很强。经常在学校运动会上取得好成绩，还被选拔到省里参加比赛，这成了班级的骄傲，他也成了同学们心中的偶像。

王亮的身体也因此更强壮。其实王亮之所以从小酷爱体育运动，就是因为受到了父母的熏陶。王亮的父母都是老师，他们深知保持健康体魄对工作和生活的重要性，所以每天都要通过锻炼来保持身体强壮。他们天天早起运动，晚上吃过饭后也会出去散步。王亮很小就随

父母一起这样运动，久而久之就养成了良好的运动习惯。

家庭对一个人的熏陶影响着一个人的一生，就像王亮的父母对他运动的影响一样。所以若想让男孩喜欢运动，父母首先要热爱运动。只有这样男孩们才会在潜移默化中受到影响，形成良好的运动习惯，从另一个角度来说这样做更有助于男孩的各方面的健康成长。

教子秘诀二：父母要给男孩提供锻炼的机会

机会需要创造，不会自动走来，锻炼的机会也不会自动降临，而是需要父母给男孩创造机会。但是有的父母，只把注意力集中在男孩的学习成绩上，忽略了男孩身体的锻炼，甚至对男孩去打篮球或者做别的运动的要求进行限制，生怕会耽误了学习，其实这些都是父母的误解，是不可取的。当男孩有锻炼身体的欲望时，父母就应该尽量给男孩提供锻炼身体的各种机会，鼓励男孩去参加各种运动。这样不但能增强男孩的体质，还能提高男孩的智力，改善男孩的不良情绪，使男孩更有效地学习。

教子秘诀三：父母要提高男孩对运动的兴趣

兴趣是一个人做事的动力和前提。没有兴趣的指引，就不会有创作的激情，也就不会有奇迹的诞生，男孩对运动也一样。所以父母要想怎么做才能调动起男孩对运动的兴趣？如：一家人一起做一个有趣的运动，可以规定看谁坚持的时间长，看谁跑得快，或者看谁做得标准、规范等。男孩们都有争强好胜的心态，这样就会调动他们的积极性。如果父母再有意地偶尔输给男孩几次，就更能增加男孩继续锻炼的兴趣。

教子秘诀四：父母要鼓励男孩多参与各种运动

现在的小胖墩是越来越多了，一是不注意饮食，再者就是不喜欢运动造成的。作为父母要让男孩从小积极参加各种运动，这样不但能够尽可能地使男孩得到锻炼，同时还能从中发现哪些运动最适合男孩，因为每项运动都有每项运动的优势和劣势。

王昌明就是一个典型的小胖墩，是超级不喜欢运动的类型，尤其是跑步，但是父母都是体育爱好者，经常参加各种运动，父母谈论的话题都是运动带来的好处和乐趣，王昌明心想：难道运动真的这么有意思吗？于是他也开始跟着父母一起运动起来，甚至连他最不喜欢的跑步也搬上了日程，大胆地进行了尝试。就连他自己也没有想到自己还会在短跑上有如此的天赋。体育课上，王昌明与同学比赛一百米短跑，发现自己的爆发力很强，起步的速度也很快，最终第一个冲到了起跑线。于是王昌明开始喜欢上了短跑，甚至成了校运动会上“胖墩百米王”。

教子秘诀五：父母要合理安排男孩的锻炼强度

虽然提倡运动，但是要量力而为，因人而异。超强度的体育运动非但使身体得不到良好的锻炼，还会对身体造成不利影响。特别是对最初开始运动的男孩，既不能强度太大，也不要流于形式。超负荷运动会伤及男孩的身体，还可能会因此打消男孩锻炼的积极性。只是象征性地活动一下身体，也会失去锻炼的意义。所以父母要了解男孩的身体情况，要从男孩实际的承受能力出发，合理安排适当的运动，保证一定的强度和运动量，才会达到锻炼的目的也才不会使男孩感觉到太累以至于厌烦。

父母应如何让生活中的懒男孩爱上体育运动呢？

第一，兴趣引导法，把小男孩运动事业和他的兴趣结合起来，调动他的积极性；

第二，表率引导法，和男孩一起做运动，相互交流，相互督促；

第三，竞争引导法，与男孩一起比赛，调动他参与运动的兴趣。

秘籍17.争做时间的主人

列夫·托尔斯泰说过，“时间是生命的代名词，一个生命从生到死的过程就是一段特定时间的流逝。”因此，珍惜时间就是爱惜生命。

但是每天早上都会有这样的情景：到了该起床的时间，父母叫了一遍，没有反应，闹钟响了一遍，会关了闹钟继续睡，最后还是父母叫了又叫，才会慵懒地从床上下来，不紧不慢地穿衣洗漱。父母忙了一清早做好的新鲜早餐，往往会因为男孩的贪睡而变凉。

人们对于时间的经典论调简直是不胜枚举，什么，“时间就是生命”，“时间就是金钱“，虽说都知道时间的宝贵，但是还有好多人在虚度人生，特别是现在的男孩时间观念不强，不懂得珍惜时间。

郑斌是个13岁的男孩，成绩一直都是稀里糊涂。每天的作业也要在父母督促很多遍后才会去做，写作业时也会东张西望，心不在焉，有时候还会发呆，半小时过去了都还没完成一道题。

别看他在写作业的时候磨蹭拖拉，但一玩起来就会没完没了，天都黑了也不知道回家，非得父母找上门来，才会依依不舍的离开。郑斌之所以会有这样的习惯，究其根源，与他的父母从小对他的教育是脱不了关系的，如果在郑斌还没有形成拖沓，没有形成浪费时间观念的时候，就让他养成良好的习惯，就不会有今天父母头疼的事发生了。

为了避免男孩到老时为浪费时间而后悔，为了能让男孩在有限的生命里多做一些事情，父母就要从小给男孩树立起正确的时间观念，让他们有效地利用好时间，不做无用功，如果一旦养成惜时如金的好习惯，必将会使他的人生收获丰盛，成绩斐然。具体方法如下：

教子秘诀一：父母要建立起男孩的时间观念

要想让男孩养成珍惜时间的习惯，首先应该让他了解时间的价值和意义。只有父母正确的引导，才会让男孩抓住时间，并好好的利用时间。

石岩在刚认识数字的时候，父亲就开始教他怎样看钟表，告诉他哪一个是时针、分针、秒针，一天有多少个小时，有多少分钟等有关时间方面的知识。他还告诉石岩时间的宝贵，教育他一定要抓住时间，尽可能多地去做正当的事情。虽然石岩对时间的概念并不是很明确，但是他至少知道了时间存在，它可以约束一个人的行为。当石岩上学后，明白了时间的意义，他常常用爸爸的那句话约束着自己的行为，虽然石岩有的时候也是禁不住玩的诱惑，但是已经养成珍惜时间习惯的他还是先要回家写完作业再出去玩，为此，父亲感到很欣慰。

教子秘诀二：父母教男孩做事要有计划性

一个人的生活如果杂乱无章，就会使时间在指尖悄悄溜走，结果回过头来感觉还是有很多事没有做完。所以要想让男孩养成严谨的时间观念，就必须让他们的生活井井有条，这样您不妨帮助您的男孩做一个行之有效的计划。

白鑫在班级算是中等学生，每次考试都在班级十五名左右，这次期末考试，他希望自己能前进五名，但是这种想法一直是存在于白鑫的脑海中，并没有一个明确的计划，像什么时候预习，什么时间复习，每天的学习效果的反馈等都没有一个准确的定位，只是想怎么学，就怎么学，结果期末考试的结果下来，让他大失所望，成绩还是在中等水平，没有多少的提升。

可见，计划具有规范一个人行为的作用，他会定下什么时间应该做什么事情，订下合适的计划后就要严格地按照计划执行，这样可以避免男孩的偷懒行为，不至于时间白白浪费。

教子秘诀三：父母要让男孩学会利用好点滴时间

不积跬步无以致千里，不积小流无以成江海。事物的强大都是由少到多，由小到大慢慢累积形成的，时间也不例外，人们知道了时间的宝贵，往往只是珍惜大段的时间，但却让很多点滴时间很快的流逝了，比如等车的时间，打饭排队的时间，约会等人的时间等。如果能把这些零碎的时间积累起来也是一笔很大的财富，利用这些点滴的时间同样能够完成很多事情。因此父母要让男孩学会利用好点滴时间，

不浪费每分每秒。

教子秘诀四：父母要教男孩高效的学习

每个人的生物钟都不一样，每个人的生理特点决定着学习的方式也各有千秋。例如：有的人在早上记忆力好，看两遍单词就能够记住，而有些人是晚上睡觉前脑子清醒，看什么东西都过目不忘。当然，即使在同一时段，一个人的心情也有很大的关系，心情好的时候，记东西就快些，情绪低落时，记东西就会慢些，所以父母要根据男孩的特点，掌握最佳的学习时间，然后把最重要的知识放在最佳的时间里去记忆，往往会收到事半功倍的效果。

父母如何帮助男孩养成惜时如金的好习惯?

第一，父母要帮助男孩认识时间，增强男孩的时间观念；

第二，制定作息时间表，教会男孩管理时间；

第三，父母要给男孩找个竞争伙伴，在家庭中引进竞争机制。

秘籍18.男孩要解开撒谎的心结

撒谎是一个很不好的习惯，无论是恶意的撒谎，还是善意的撒谎，但是很多父母并没有在意男孩的这一毛病。认为小男孩的谎言没有多大危害性，甚至还觉得这是小男孩的可爱之处。其实这种危害性是很大的，因为撒谎一旦养成了习惯，就会变成罪恶的根源，当这种习惯形成后再去改掉它，就十分困难了。

李小波是个活泼、机灵的小男孩，但他有个坏毛病，就是喜欢说谎话。他曾经因为旷课编造生病的谎言；为了得到变形金刚将考试成绩由56分改成了86分；为了躲避劳动，装生病，不上学。他的父母知道后非常烦恼，不知道如何教育小波改掉爱说谎的毛病。

究其根源，专家指出撒谎有五种类型，父母可以根据男孩的实际情况对症下药。

1.暗示型说谎

这是一种由于成人语言暗示而引发的说谎。如，见到男孩衣服弄脏了，老师质问:“是不是某某人弄的?”

2.幻想型说谎

这类说谎是因为男孩兴趣广泛并且不稳定，认知活动和思维发展都不够成熟与完善，容易混淆自己想象的世界与现实生活，说出一些与事实不相符的异想天开的话来。

3.自卫型说谎

这类说谎类型比较常见，很多男孩犯了错误，而又有“说真话要吃亏和受惩罚”的片面认知，所以为了逃脱责任，进行自我保护而说谎。

4.模仿型说谎

有些男孩说谎，其实就是父母和老师教导的。例如:带男孩乘车，为了省下车票钱，故意让他变得“矮”一些等。

5.品质型说谎

这类男孩是为了达到某种不可告人的目的而编造的谎言，企图蒙混过关，骗人相信。这类说谎的类型是比较有深度的。如果 欺骗成为了一种习惯性行为，就会上升到品质问题，那么父母如何根据男孩的实际情况来阻止他说谎的坏习惯呢?

教子秘诀一：父母要澄清男孩的谎言

当父母发现男孩的谎言时，父母首先不要恐吓男孩，不能对其说“如果你说谎就把你的舌头割下来”之类的狠毒的言语。这样不但不能使男孩改掉爱说谎的毛病，还会让他们产生恐惧心理，再犯了错误之后，依然会想用各种手段编造谎言来欺骗父母。所以在面对爱幻想的男孩时，父母所要做的不是阻止男孩发挥他的想象力，而是要帮助男孩分辨什么是现实、什么是幻想。如果父母不及时引导，当想象转化成谎言的时候，父母再去引导就不仅会扼杀男孩的智力发育，还会给男孩造成心理阴影。所以，父母必须调整教育方法，及时循循善诱地更正男孩不当的想象。

教子秘诀二：父母要以身作则，做好表率先锋

父母的言行对于男孩的成长影响至深，所以如果父母在男孩面前经常撒谎，男孩也会有样学样。

一次，肖饶和妈妈坐公交车去奶奶家，在车上，有一位老奶奶站在他们的旁边，肖饶就决定给老奶奶让座，结果妈妈把肖饶按在了座位上并让他闭上眼睛，肖饶不知道为什么，只听见妈妈说："孩子生病了，不舒服。"旁边的老奶奶却是关切的问："严重吗？还是赶紧到医院去看看吧！"肖饶听到妈妈的谎言真的很生气。

父母是男孩的领路人，父母的言行影响着男孩的成长。所以父母不要在男孩面前说谎，即使是善意的欺骗，也要杜绝。诚实，是做人之本。父母要做到不论对人对事都真心诚意，这样也会使男孩坦诚做人。

教子秘诀三：父母要找出男孩说谎的原因

当男孩还是在幼儿时代适时说谎及时纠正，还是可以原谅的，因为男孩还小，还没有明辨是非的能力。但是当男孩到了可以明辨是非的时候，却依然经常说谎，这时父母就应该及时找出原因。具体有以下几种情况：

①为了免受处罚。大多数父母认为，男孩主要因为不知道撒谎的严重后果才说谎的。事实上，男孩是为了免除处罚才这样说的。

②出于无奈。父母的不科学教育方法，逼迫男孩不得不说谎。鉴于这种情况，可以给男孩一定的缓冲，等大家都心平气和了，再让男孩主动把事情的真相说出来。

③为了讨爸爸妈妈欢心。很多男孩为了买父母的一张笑脸，编造了很多谎言，所以父母要用科学的方法教育男孩。

教子秘诀四：父母要减少男孩的心理压力

父母对男孩过高的期望，会给男孩增加压力，从而导致男孩说谎。因此，父母对男孩的期望值要合理，不要奢望他们做出超出自身能力的事。父母要以宽容之心对待男孩，要经常与男孩进行心灵的交流，消除男孩的心理障碍，做男孩的知心朋友。

总之，面对男孩的谎言，要去分析、研究，找出男孩说谎的原因，对症下药，进行正确的引导和教育。

父母怎样培养男孩诚实的品德呢？

第一，为男孩创造宽松、和谐的家庭氛围；

第二，给男孩一些讲道理的机会；

第三，容许男孩犯些小错，鼓励男孩说真话，给男孩说真话的勇气；

第四，抓准第一次。当男孩第一次撒谎时，不要轻易下断言，了解撒谎的动因后再予以劝导。

秘籍19.要做男孩坏脾气的矫正师

俗话说，“虎毒不食子。”没有哪个父母不心疼自己的孩子，疼爱自己的孩子是人的一种本能。但是父母一定要把握好这个尺度，疼爱但不要溺爱。现在的男孩多数是独生子女，都在父母的宠爱中长大。有的父母觉得疼爱自己的孩子就要满足孩子的所有要求，不能让孩子受到一点委屈。长久下去，男孩就会慢慢养成乱发脾气的坏习惯。

于雷是一个在娇生惯养中长大的男孩。暑假的一天，妈妈带着于雷去姨妈家做客，姨妈热情的拿出了许多好吃的来招待他们。于雷又是巧克力，又是酸奶，吃得牙齿发酸。妈妈看在眼里，真的是很生气，但是又不便打骂，就让姨妈把吃的东西收起来。这下，于雷又是摔凳子，又是跺脚，大哭大闹起来……

因为于雷知道到别人那做客，妈妈是不会打骂他的，即使哭闹妈妈也会态度温和，不会拿他怎么样，所以他用哭闹、发脾气的方式来达到(吃东西)目的。如果男孩把发泄愤怒和不满的方式演变成一种要挟人的手段，就已经是一种坏习惯了。

乱发脾气是当今男孩身上普遍存在的一种现象，通常是男孩意志

力薄弱和缺乏自制力的表现。乱发脾气的男孩大多是不能很好地控制自己的情绪，任性而以自我为中心，一旦有一点要求得不到满足或者父母没有顺从他们的意愿，他们就会乱发脾气，不达目的不罢休。

男孩乱发脾气的品性是很差的，常常是在家里不懂得尊重父母，在学校里，不懂得团级同学，尊敬师长，缺乏良好的社交能力，这对他们以后的人生会造成很大的负面影响。

乱发脾气的男孩的原因有很多：可能是父母的溺爱，虚荣心的作怪、还有就是心理素质比较差。乱发脾气的男孩常常会影响知识的获得、人际交往等，不利于男孩的发展。所以父母要采取积极的措施纠正男孩乱发脾气的坏习惯。

教子秘诀一：父母对男孩的溺爱要缩水

父母的爱一定要拿捏好尺度，既不要饿着男孩，也不要让男孩吃的太饱。其实男孩造成爱乱发脾气的原因很大程度上是因为父母的溺爱。现在的父母常常是男孩的学习就是一切。为了学习，可以一丁点活都不要干；为了学习，可以满足男孩所提出的种种要求，什么名牌衣服、名牌包……这种教育方式其实是父母的一个很大的误区。不煮饭，不知柴米贵；不劳动，不知工作辛。

父母为男孩包办生活中大大小小事，在他们的眼里却认为这是很简单的，没什么了不起的，

所以，他们才会肆无忌惮地乱发脾气，从不考虑父母的感受。如果父母能适当地减少对男孩的溺爱，让男孩知道尊重他人，以此来完善自己的人格，从而就会降低乱发脾气的坏习惯养成的几率。

教子秘诀二：父母不要跟男孩对着干

生活中，因为某事男孩与父母发生争吵时，很多脾气暴躁的父母就会控制不了自己的情绪，跟男孩针锋相对起来，甚至是大发雷霆，这样非但解决不了问题，往往还会引起男孩的逆反心理。因此，遇到这种情况父母首先要冷静下来，不要跟着男孩一起发脾气。

高严是五年级的学生，学习成绩很不好，但是脾气却是父母都要让三分的人。六一儿童节，学校举行运动会，他向妈妈要了200元节日费，但是妈妈只答应给他一百元，由于没有达到要求，就大哭了

一场，然后跟妈妈说："别人的父母都关心自己的孩子，我到底是不是你们亲生的呀？"此言一出，妈妈真是气坏了，与他理论一番，并且大骂了高严一顿，就出去了。可是不知道什么时候高严失踪了，晚上九点都没有回来，这时妈妈真的着急了，叫了好多人找到半夜才找到。

可见，当男孩乱发脾气时一定是因为他的内心需要却没有得到一定的满足，所以面对乱发脾气的男孩，父母首先不要急躁，要试着和男孩沟通交流，了解他们内心的真实想法。

教子秘诀三：父母要适当地转移男孩的注意力

当男孩乱发脾气时，父母可以充分利用周围的环境，适当转移男孩的注意力，用更吸引他的方法来缓解一下紧张的气氛。只有男孩的注意力转移了，乱发脾气的坏习惯才会得到抑制。

比如：当男孩发脾气时，可以让男孩听自己喜欢听的音乐，让男孩看爱看的动画片，或是让他们出去玩。这样，那些有趣的事就会分散男孩的注意力，男孩乱发脾气的坏习惯也就会得到有效的控制了。

教子秘诀四：父母在教育男孩的问题上要有一致性

父母在教育乱发脾气的男孩的问题上要有统一的意见，一致的立场。

江明5岁了，是爷爷奶奶带大的，上幼儿园后回到了父母的身边。一天，江明想要一个喜洋洋的书包，但是妈妈前几天刚给他买完了一个奥特曼的书包，所以就没有答应他的要求，于是他就又哭又闹，可是妈妈依然不理不睬，他看没有了希望，就把目标转向了爸爸，在一边看报纸的爸爸，同样没有理睬他，仍然全神贯注的看报纸，结果江明看自己的算盘没有打对，不一会儿，就停止了哭声，回自己房间去了。

可见，父母要做到态度一致、立场一致。如果父母有一方严厉，而另一方却是袒护，则会给发脾气的 男孩创造了时机。

父母怎样帮助男孩改掉乱发脾气的坏习惯?

第一，父母要树立好的行为榜样，给男孩营造一个和睦的家庭气氛。

第二，对于男孩的发脾气要赏罚分明。

第三，对乱发脾气的男孩的不合理要求说“不”。

第四，帮助男孩控制自己的情绪。

秘籍20.男孩要善驾驭困难之舟

爱尔维修曾说过：“困难时时处处存在，畏惧困难就会停步不前，结果就会是一事无成、碌碌无为的一生。”其实困难和挫折是人生的两道风景线，每个人都不可避免的会经历，但是面对的结果往往有两种：一是知难而上、坚持不懈；而另一种则是灰心丧气，平庸一生。

现在的男孩大多没有吃过什么苦，自然在面对困难与挫折面前有一种恐惧心理，结果还没等上战场就已经败下阵来。其实，畏惧困难对男孩的危害是很大的，如果父母不想办法及时帮助男孩改变这种心态，会对男孩的未来造成很大的影响。

孙星宇是一个爱好广泛，活泼好动的小男孩，但是有一个遇到困难就急流勇退的毛病。再加上父母的溺爱，为自己包办一切，结果更使星宇缺乏面对困难的勇气。

星宇刚开始的时候想学游泳，因为学习过程中呛了几口水，就毅然的放弃了；星宇看到别的同学都学画画也报了一个绘画班，结果没学几天，因为枯燥又不去了，他的英语不是很好，这次下定决心搞上去，又报班又买资料，结果连翻都没翻就又摆在了书桌上，平时有问题不会都是由老师父母代劳，但在考试上则乱了方寸，甚至不惜铤而走险抄袭别的同学。现在的星宇真是干啥啥不行，父母为之头疼的时候，更多的是悔之当初为什么没有充分锻炼他的意志和面对困难的勇气。

如果男孩有畏惧困难的倾向，父母一定要及时找到病根，并针对原因积极地想办法去克服这一坏习惯，而不能放任男孩畏惧困难的不良习惯发展下去，这样最终将会一事无成。所以专家提供了以下几点建议：

教子秘诀一：父母让男孩尽早去做力所能及的事

不经历风雨怎么见彩虹，男孩只有经过风吹雨打的锤炼才会增强抗击困难的勇气和力量。可是现在的男孩却紧紧包裹在糖衣炮弹之中，父母替他们事事包办，男孩自然就会养成依赖父母的习惯，心里有了后盾，有事又能何妨？所以，父母不管对男孩是多么的宠爱，都应该尽早教男孩做一些力所能及的事，哪怕是再简单不过的扫地、叠被子。事情无论大小，要想把它做好都要有一个过程，也都有可能遇到困难，所以，男孩在做事过程中，即使遇到困难，父母也不要立即上前帮忙，而是要锻炼男孩在困难面前的勇气，学会自行解决困难的方法。

教子秘诀二：父母要让男孩发挥自身的优势

每个人都是优点缺点共存的，十全十美的人是没有的，所以父母要想培养男孩面对困难的勇气，可以从发掘男孩优点出发，让优势去击破劣势，这样很有利于男孩自信心的树立。

王玉刚的学习成绩一直都很糟糕，这使他对自己逐渐失去了信心，他把同样的心态放在了生活的大小事中，以至于做事总是畏首畏尾，不敢上前。父母看到儿子的状态很担心，但是儿子在书法方面很有天赋，并没有经过多少练习，却写着一笔好字，父母决定从此入手，给王玉刚树立自信心。于是在省级一次书法比赛中父母给他报了名，结果取得了第二名的好成绩。

父母说字如其人，你的书法有这样的成绩，你在其他方面也不用惧怕困难，只要你努力，迎难而上，一样也会有好成绩。”妈妈的话对玉刚有很大的触动，从此以后，他不再畏惧困难，结果各方面都做得不错。

所以，男孩如果在某一方面处于劣势，父母不妨从男孩身上找

另一方面的优势，让男孩体会胜利的感觉，这样就会帮助男孩回复自信，让男孩迎难而上，不断进步。

教子秘诀三：父母要激发男孩的兴趣

兴趣是人生最好的老师，它能够使人集中注意力去做一件事情，即使遇到艰难险阻，也依然劲头十足，风雨无阻，直到成功。男孩也是一样，也有他们所专注的事情，有追求的东西，所以父母要善于发现男孩的兴趣所在，让男孩专注在这件事上，这样就会激发他们的斗志，让他们不再畏惧困难，而是知难而上，一往无前，最终成功。

教子秘诀四：父母要锻炼男孩形成坚强的性格

男子汉要有坚强的性格，否则就会在遇到困难时止步不前。

薛立虽是一个男孩子，但是生性软弱，遇到一点困难就会找不到他的身影。父母想这样下去儿子将来的前途一定会受到很大影响。于是父母决定锻炼他的意志。

他们每周都带着薛立去爬山，开始的时候，薛立真是都懒得走。但是父母带头向上爬，薛立看着父母的身影离自己越来越远，也只好硬着头皮开始往上爬，他也几度想当逃兵，但是看着父母如此坚定的步伐，只有蹒跚地跟了上去。

就这样，功夫不负有心人，经过半年的锻炼，薛立的性格变得坚强了，即使遇到困难也不再想着退缩，而是勇敢地坚持。

困难时时存在，挫折哪里都有，因此父母要教男孩学会迎难而上，告诉男孩遇到挫折不可怕，可怕的是你的心先于你的身体倒下。

父母如何培养男孩应对困难的勇气？

第一，父母要培养男孩做事有坚持到底的决心；

第二，父母要培养男孩在困难面前有坚定的信念；

第三，父母要培养男孩在困难面前要有始终如一、坚持到底的精神。

第三章

独立自主——自己当家作主的男孩最帅

戴尔·卡耐基说，“为了成功地生活，少年人必须学习自立，铲除埋伏各处的障碍，家庭要教养他，使他具有为人所认可的独立人格。”所以要想有所作为，就必须提升自己独立自主的能力。只有学会了独立自主才会扔掉拐杖走路，才会把自己造就成一个能持续成功的人。

秘籍21.学做家务很光荣

现在中国大部分家庭结构都是“4+2+1”式的，这种家庭结构中的男孩处处享受着特殊待遇，所谓“环境造就人才”，这种环境下的男孩大多变得懒惰、自私，不以为耻，反以为荣。只顾着自己吃喝玩乐，从不顾及其他家庭成员的想法，甚至很多男孩生活都不能自理。

教子秘诀一：父母要培养男孩主动干家务的意识

父母不让男孩做家务也是有原因的：首先，有的父母不让男孩做家务是考虑到他们的课业负担。中国的小孩到了10岁左右，在学校受到的压力就很大了，他们要学各种各样的知识，还要应付一场又一场的考试，这些使他们忙得不亦乐乎，父母自然尽可能不让他们插手家务事。

其次是与家庭环境有关。我注意到现在不少人家里都请了保姆或钟点工。这在欧洲是难以想象的。瑞士虽然很富，但请得起保姆的人却很少。因此，瑞士女人在生了孩子之后，就要先算一笔账。如果她上班的收入比雇保姆的费用高不了多少，她还不如自己在家看孩子呢。即使工作也只能打半份工，得保证有足够的时间花在孩子身上。等孩子长大一些，妈妈恢复全职工作后，孩子就必须学会负责自己的事情。

对于男孩干家务这件事，中国一些父母强调，关键不在于让男孩干那点活，而在于让男孩通过做家务锻炼生存能力。其实对于那些父母都工作的男孩来说，学会做家务是一种现实的需要。更重要的是，一个家庭应该人人都动手，要有主人翁精神，这是每个家庭成员最起码的责任和义务。男孩虽然能力有限，但可以从力所能及的事做起。

但是一提到做家务活，往往很多父母很容易就会把它与男子汉气概联系起来。受之前“男尊女卑”思想的影响，在大多数家庭中，男性都是这样为自己定位的：男人是一家之主，家里的大事归男人管，像那些鸡毛蒜皮的家务事都归女人管。在这种定位的影响下，男人不但很少关注家务事，而且还常常“理所应当”地等待女人的照顾，而女人也常常心甘情愿地承担做家务及照顾全家人生活的重任。如果男孩生活在这样的家庭中，他们很自然就会形成“事事等待妈妈照顾”的性别偏见。在这种情况下，他们不但不会形成做家务的意识，还会事事都依赖妈妈。所以，培养男孩的独立性，家长必须先要引导男孩形成正确的性别定位。

对此，一对家有男孩的夫妇是这样做的：

在他们家，家务都是有明确分工的。妈妈做饭，爸爸就去洗碗；妈妈扫地，爸爸就去擦地；妈妈洗衣服，爸爸就帮着晾衣服……当然，在做这些家务的时候，他们也会让男孩帮一些小忙，如择菜、把碗筷归位等。

因此，随着这个小男孩年龄的增长，不管是在家里，还是在学校，他从来都不会像其他男孩那样只会等待他人照顾自己。

教子秘诀二：父母要让男孩有主人翁精神

男孩的成长是需要榜样的，当然，他们的性别定位也需要父母给他们做出榜样。案例中这对夫妇家务分工的做法，实际上就给男孩做出了性别定位的榜样。一位儿童心理学家说过这样一句话，男孩是最信任“规则”的动物。如果家庭中有这样的家务分工“规则”，那男孩很快就会总结出这样的结论：男女是平等的，自己不能总是等着妈妈去照顾。在这种结论的影响下，男孩的独立性就会很容易养成。

还有些父母为了鼓励男孩做家务，发给他们报酬，这种做法是很不可取的，做家务也有平等的观念在里头。在学校里，我们学到很多关于女权和平等的知识，男人和女人是平等的，所有的人都是平等的。所以自己的事情就应该自己做。孩子，尤其是男孩子更要有这个观念，父母也要有这个观念。

教育家陈鹤琴先生说：“凡是孩子自己能做的事，让他自己去做。”这样既能锻炼男孩的自理能力，又能使男孩对自己的生活、行为负责。独立是一种勇气，而自理却是一种技能，这种技能是需要积累的，父母应该从小就让男孩懂得照顾自己的生活。只有从小培养男孩的自理能力，让他们去经历自己的成功和失败，将来才能独立地创造自己的明天。

父母怎样培养男孩爱做家务的好习惯？

第一，在生活和家务责任方面，应教育男孩懂得，女孩能做的事情，男孩也能做，而且也应该做；

第二，在家庭中，使男孩意识到分担家务劳动和关心家人的责任，不能坐享其成，父亲尤其应为男孩树立榜样；

第三，在评价方面，引导男孩重视关心他人和在生活上照顾自己，不要一味鼓励男孩只重视学习能力，轻视生活能力。

秘籍22.依赖就是一种堕落

爱孩子，那是做父母的天性。但是，万不可溺爱，让他们产生一种强烈的依赖感，这其实是在给男孩服一种慢性毒药，到了毒气攻心的时候，自然会势不可挡，所以凡事都需要有个度，作为父母一定要把握好这个尺度。过分宠爱、过度保护、过多照顾、过高期望反而束缚了男孩的手脚，影响了男孩的独立。所以在教育男孩时，千万不要过分溺爱，该狠还是要狠一点。要舍得让男孩吃一点苦头，不要对男孩的要求全部给予满足。正所谓："自古英雄多磨难，从来纨绔少伟男。"

小刚已经14岁了，妈妈却还把他看成不懂事的孩子。不论在学习上，还是在生活上，都是照顾的无微不至，不管小刚喜不喜欢，妈妈都是按照自己的方式，把一切都安排得好好的。

有的时候小刚也有自己的想法，提出自己的意见时，妈妈却说："小孩子懂什么，这都是为了你好。"妈妈给小刚买的营养品，说是补脑的，可是小刚认为妈妈竟是听些广告吹捧，其实并不一定对健康有好处，小刚拒绝服用，结果妈妈却说："这一切都是为你好，让你健康成长，就是不听话。"好像有一种好心没好报的感觉。就算开学初买本买笔，妈妈都要亲力亲为，着实让小刚有些受不了，小刚常常感慨："我都已经这么大了，可是自己的事自己就是无权做主，在这个家里，根本没有人尊重我的意见！"

也许在父母们看来，今天的男孩们已经够幸福了。他们吃穿不愁，父母对他们关怀备至，唯恐委屈了他们，可以说从物质到精神应有尽有，他们没有什么理由不满足。但是偏偏出乎父母的意料，男孩就是不满足，那么父母怎么做才能让男孩感到满足呢？

教子秘诀一：父母要借鉴西方思想

一位资深教育工作者说："我如今越来越担忧中国的教育，尤其是中小学教育。孩子生活在父母的保护伞下，不经日晒，没有雨淋，就像生活在温室里的花朵。"

的确，男孩们从小到大，处处依赖父母。从幼儿园到上学，男孩就把父母的照顾当成一种习惯。有人对某小学的学生做过调查：遇到困难怎么办？97%的小学生回答：找父母和老师。"高分低能"是对这一现象的概括。但是这只是刚刚开始，有的孩子升学、就业，也是父母走后门、拉关系，奔走操劳，替他们选学校、选专业、找工作，不辞辛苦，一包到底。等他们长大成人，父母又要为他们操办婚事，替他们抚养孙辈。有了父母尽心尽力的"包办"，难怪男孩会成为经不起风吹雨打的温室花朵。

由此可知，中国男孩的致命弱点在于没有自主性、依赖性强。这种现象归根结底就在于父母的包办代替，让男孩缺乏自信，能力低下，使他们丧失了自我实践的机会。

而在西方国家，父母常常让男孩自己照顾自己。男孩两岁半以后，上厕所都由男孩自己处理。由于他们从小就重视独立精神和独立能力的培养，因此，西方的儿童大多具有较强的独立意识。

有一次，一个4岁的美国儿童在弯腰吃力地系鞋带时，一个路过这里的成年人提出要帮助他，却遭到了拒绝。

男孩问成年人："你知道我多大了吗？"

"不知道，可我想你应该很小。"

"我已经不小了，我都4岁了。"

显而易见，男孩认为自己已经长大了，系鞋带这样的小事应该由自己来做。

男孩的这种独立意识在美国是很普遍的。

教子秘诀二：父母要从意识上摆脱男孩的依赖性

当男孩还不能完全生活自理时，父母给予男孩生活上的照料，无可厚非。但是，父母应当明白，照料男孩的目的，不仅仅是为了使男孩生活得舒适、幸福，更重要的是在照料过程中要让男孩逐步学会生活自理，进而掌握独立生活的能力。

如果做父母的只想让男孩生活舒适，把男孩的事情全都包办代替，不让男孩自己动手、动脚、动脑，那么父母就等于把男孩的手、脚、脑都束缚起来，这样做的结果只能是男孩什么事都不能做，也不会做。但当男孩独立生活，走向社会的时候，就会给男孩们的生活带来一定影响，甚至会阻碍大好前程。

所以摆脱男孩的依赖要趁早。当男孩还年幼时，一定要注重男孩自理能力的培养，多说："宝宝长大了，会自己穿衣服了！""让我看看，宝宝会不会吃饭，而且不把饭掉在桌子上？"每个男孩都对自己动手做事跃跃欲试，父母只要积极引导，男孩就会做得相当棒。

如果你真的爱你的男孩，应该先承认男孩是一个独立的人，已经有了强烈的独立愿望，从自己睡一张小床开始，从自己第一次系鞋带，第一次涮碗，第一次……不要 担心男孩完成得不好，你可以站在他的身边，在男孩出现困难时第一时间帮助他，但是万不可替他们完成所有的事情，只要男孩自己能够做的事，都不要插手。这样一步一步地引导他走向自主独立。

如何让男孩摆脱对父母的依赖呢？

第一，坚信自信的力量。父母要给男孩空间，让他们坚信自己的事情自己做；

第二，不要让习惯性的情绪控制父母；

第三，帮助男孩改掉"先人后己"的毛病。从心理学上是指适于那些过分看到别人感受而忽略自己的人.；

第四，父母要找到正确的关爱来源。

秘籍23.自己的事情自己扛

男孩总有一天要学会自己走路，父母的羽翼再庞大也有遮挡不了的时候，所以要让男孩及早学会保护自己的本领，这比父母为他编织的网要好得多。父母首先要让男孩学会生活自理，所谓生活自理其实很简单，就是自己管理好自己生活的能力。这种能力是男孩成长过程中必须要学会的一个环节。

但是，现在很多父母的过分溺爱，让男孩们连最基本的生活能力都不具备，这样的男孩常常表现为任性、蛮横、自私、缺乏独立性和克服困难的勇气与能力。将来走向社会，一旦脱离了父母羽翼的保护，就会对生活充满恐慌，别说具有竞争力，就是连正常生活都会很难正常地进行下去。

很多父母可能都有这样的经历：早上叫男孩起床是一件最难的事情，至少要叫好几遍才会有回应，常常是父母帮着打好洗脸水，摆好饭菜，男孩时间来得及就会上餐桌吃一口，如果来不及，就急匆匆的冲出家门，父母还要帮着检查书包是否忘记带了学习用品。这种现象出现在高中学生，甚至大学生的身上，真是一种悲哀。

无论父母多么富有，为了能教给孩子劳动光荣和财富的意义，都要让孩子亲身体验通过劳动换取财富的经历。所以父母一定要及早给自己敲响警钟，其实你这样做，并不是在帮你的孩子，而是在害你的孩子，是你在让孩子脱离人生的轨道。当然也有些父母做得比较好。

徐涛的妈妈从小就注意对他的独立自主能力的培养。在他很小的时候，就让徐涛起床后自己穿衣服，尽管起初的时候，小徐涛也总是把衣服穿得歪歪扭扭，扣子的顺序也都搞错了，但是妈妈仍然不厌其烦的引导他，却从不代替他的行为。

还有一次，徐涛把鞋穿反了，左脚穿到了右脚上，就跑出去玩了，回来时妈妈看到徐涛的样子，并没有生气，也没有代替他把穿错的鞋子改正过来，而只是说："儿子，你的鞋穿得舒服吗？"儿子看了看

鞋，“是不是跟昨天的不一样？”此时徐涛才意识到自己把鞋穿反了，就自己纠正了过来，而妈妈依然没有代劳。最后只是夸奖了徐涛：“宝贝，你做得可真棒。”得到夸奖的徐涛很顽皮地向妈妈做了个鬼脸。

可怜天下父母心，没有一个父母不爱自己的孩子，只是方式不同而已，但是溺爱中长大的男孩是经不起风吹雨打的，一旦脱离了父母为其布置的温室，就会立刻枯萎，难以成事。所以从小对男孩进行独立教育是很有必要的，就像徐涛的妈妈一样，那么父母该如何培养男孩的生活自理能力呢？

教子秘诀一：父母对男孩不能过度溺爱、娇惯

男孩的自理能力如何，直接取决于父母对他们的态度。父母培养男孩的自理能力，可以从生活中的小事做起，这就是我们平常所提倡的让男孩做自己力所能及的家务事。但是有些父母却不这样认为，他们认为男孩没有必要做家务，母亲会帮他处理所有的家务琐事。这样的男孩是无法真正自立的。男孩应该养成自己的事情自己做的好习惯。如果父母总是默默地替男孩打理所有事务，渐渐地，男孩就会觉得理所应当，最终会变成一个不知感恩的人。所以父母应该在不影响学习的前提下，培养男孩的生活技能、劳动精神和家庭观念。当他们生活独立后，父母还要从精神和经济上独立来培养男孩独立生存的能力，以此来增强男孩的自信心。

教子秘诀二：父母要放手让男孩做一些力所能及的事

培养男孩的自理能力，父母可以通过具体细致的示范，让男孩从点滴小事做起，比如穿衣服、整理床铺、洗自己的袜子和内裤、整理自己的房间等，一定要他们自己完成。年龄小的男孩可能会做不好，没关系，关键在于练习和尝试。

教子秘诀三：把选择权交给男孩，让男孩做自己的主人

男孩不是父母的私有品，版权不是归父母所有，而是独立的个体，也要有自己的生存和发展的空间，所以父母一定要懂得放权。例如：父母决定男孩的穿衣戴帽、给男孩买东西时，全权做主，不给男孩一丁点空间等，这都不利于男孩养成独立自主生活的能力，因为他们剥夺了男孩的选择权。

有人说，“男孩的天性是快乐的，在男孩教育中，自己只有把男孩的快乐融入其中才会符合他们的成长规律。”所以父母一定要让男孩快乐的成长，要让男孩成为生活的主人。

父母怎样让男孩自己的事情自己做？

第一，父母对男孩要多鼓励少批评；

第二，父母要放手让男孩做些力所能及的事。

秘籍24.我的人生我做主

生活中，很多父母对男孩的自制力都没有一个准确地定位，他们大多都认为，随着年龄的增长，男孩的自制能力也会增强，但事实并不像父母想象中的那样，父母如果不从小对男孩的自制力进行控制等，男孩长大后就会很难控制自己的情绪和行为，这对男孩的成长是很不利的。所谓自制力是指个体在没有外界监督的情况下，适当控制、调节自己的行为，是保证目标实现的一种综合能力，是男孩在成长过程中必不可少的心理素质。

生活中，会有很多的诱惑摆在男孩的面前，例如：当男孩做作业时，会有好看的动画片的诱惑；当男孩上课时，会有网络游戏的诱惑；当男孩有了蛀牙，会有糖果的诱惑。面对各种各样的诱惑，如果是一个没有自制力的男孩就会很快的偏向天平的另一边。所以自制力是一种能够控制自己并做出有利于个人和符合道德规范的行为。缺乏自制力的男孩也不是无据可考的，他们常常会有如下表现：思想不集中，做事虎头蛇尾，管不住自己，上课插嘴，骚扰同学，在家看电视没完没了，写作业草草了事等。

前几天去商场，看到这样一件事。一位年轻的母亲领着一个小

男孩去逛商场，等到了玩具区，小男孩便驻足，非想要一个奥特曼的玩具，妈妈说："前几天不是刚给你买了一个吗？为什么还要同样的玩具。"可是男孩就是不走，躺在地上大哭起来，"妈妈，我就是想要，心里特别的想要。"其实小男孩的行为就是自制力差的表现，他的行为甚至连他自己也控制不了。如果这种行为得不到及时的控制，就会影响到以后的生活。

当然，每个男孩的自身素质都是不一样的，所以每个男孩自控能力也都有差异性。拥有较强自控能力的男孩，能够让自己对任何事物始终做出正确的判断，让自己的行为控制在正常范围内，能积极、持久、稳定、有序地去实现人生的目标；而自控能力差的男孩往往控制不住自己的行为，放任自己随着性子来，不考虑事情的后果。虽然主观上想控制自己的行为，而且下了坚定的决心，但在行动上仍不能控制自己的行为。那么作为父母应该怎样才能培养男孩善于自制的能力呢？具体有以下几点解决方略可供参考：

教子秘诀一：父母要提高男孩的心理素质

自制力差是心理素质差的一种表现。对于男孩的心理素质的培养可以集中在生活中的一些小事上。如：何时起床，何时到校，何时玩，都应该有严格的规定。男孩只有在这种约束的支配下，才会严格的控制自己的意识，只有有意识的克服自己的惰性，并努力朝着自己的目标前进，才会逐步使男孩的心理素质成熟起来。

柏刚就是一个自制力很强的男孩，养成今天的良好习惯，归结于妈妈从小的教导。其实柏刚小时候也是个自制力很差的男孩。

一天，电视播着精彩的动画片，当时柏刚一家正在吃饭，由于动画片的吸引，柏刚一边端着饭碗，一边走到电视机前，筷子动都没有动一下，两眼直直的盯着电视，这一举动让他的父母很吃惊，第二天便咨询了心理医生，医生告诉他的父母，其实这是男孩自制力差的表现，要从心理上，行为上加以规范。从此后，妈妈给柏刚的生活做了详细的规划。比如，什么时间起床，什么时间吃饭，什么时间做运动，什么时间学习等。虽然刚开始柏刚也是不能克服，但是在妈妈的支持与配合下，终于养成了良好的心理素质和自控能力。

教子秘诀二：引导男孩辨别“可为”和“不可为”

男孩年龄还小，对事物的辨别是非能力还不强，所以父母要告诉男孩什么该做，什么不该做，这样对于男孩的自控力的控制是很有好处的，当男孩在事情的考虑上出现误区的时候，父母一定要及时加以疏导，锻炼男孩们自己做决定的能力。要帮助男孩分析出一件事或者一个举动可能产生的影响及结果，然后引导男孩做出正确的判断与决定。如果这样长久坚持下去，他们的自制能力也将得到进一步提高。

教子秘诀三：父母要有榜样的作用

男孩的模仿能力是最强的，榜样的替代性学习可对男孩的行为产生深远的影响。如果父母在生活中的自律性不强，那么男孩的自制力也不会很好，例如：父母常常会因朋友的一个电话邀请——打麻将，于是就急匆匆的放下手中的活，去赴约。所以父母要在行为上学会常常反省自己，才会有资格要求男孩怎么做。培养男孩自我克制的能力，培养他理性的思考和判断能力，是男孩今后成功与否的前提，所以让男孩学会自制是很重要的。

父母应该如何培养男孩的自控能力呢？

第一，父母的表率作用不可少；

第二，对男孩的欲望的满足要有尺度；

第三，父母要加强男孩的自律行为；

第四，父母要坚决制止男孩的不礼貌和不良行为。

秘籍25.跌倒了，让男孩自己起来

人的一生谁也不会一帆风顺，有成功就有失败，有起就有落，其实面对这样的事不要觉得自己很不顺，这是每个人必须要经历的，只

是有的人坎坷些，而有的人会顺利些。所以要淡定的看待这些考验，坦然的去面对，才能使男孩提升社会竞争力，才能激发男孩的潜在特质，使男孩在面对激烈的竞争时，能更适应现代社会，享受真正的喜悦。

其实挫折是一剂良药，经过的挫折越多，他们的意志才会越坚强，因此，父母对男孩较早进行挫折教育是非常有必要的。

林冲的家庭比较优越，没有经受过什么磨练，在家里更是饭来张口，衣来伸手。一次，学校举行夏令营活动，要到大自然中去体验生活，不要父母的陪伴，要带够自己的衣物和食品。这下可难坏了林冲，别说还要拿东西，就是徒步前行都是一个考验。当时林冲抱着放弃的念头，可是学校的要求是不参加者，将视为违纪，所以林冲只有硬着头皮去了。到那的第一个困难就摆在了他的面前——爬山。老师带领大家迅速的往上爬，同学们紧跟其后，而林冲却是跟在了最后面，当大家都顺利地到达山顶时，而林冲还有好远的距离，正当他刚想要放弃的时候，传来了响亮的“加油声”，原来是老师和同学们一起为他加油，一股神奇的力量涌入林冲的身上，他咬紧牙关，最后终于在没有任何人的帮助下顺利地爬到了山顶。

由此可见，人只有经过挫折的历练才会有顽强的毅力，忍耐力、不屈不饶的上进精神，最终才会获得成功，也才会更具有竞争力。所以，父母要及时对男孩进行挫折教育，具体有以下几点秘诀。

教子秘诀一：父母要增强男孩挫折意识的教育

挫折对于涉世不深的男孩来说，的确是一个很大的考验。父母应该如何正确的对男孩进行挫折意识的教育，是值得深思的问题。如果挫折教育太过会给男孩的幼小心灵埋下祸根，不利于成长，但如果父母要不敢放手，不让他碰钉子，太过顺境的生活也不利于男孩挫折意识的建立。所以父母一定要让男孩明白，困难和挫折是人类的朋友，出现挫折是一种必然，一定要勇敢地面对它。教育男孩面对挫折不害怕、不退缩，敢于迎着困难上，树立战胜挫折的信心。

刘世南是一个懂事的男孩，经常帮助妈妈做家务，但干起活来有个毛病，那就是快而不细，刷碗也好，扫地也罢都是比较马虎。

一次，他对妈妈说：“我已经长大了，我自己的衣服自己洗。”

妈妈很高兴的答应了，但是刘世南洗了一遍又一遍，结果还是没洗干净，这次他真的有点灰心了，“难道我真的很笨吗？”他很伤心地问妈妈。妈妈却对他说：“没有呀，你很聪明，只是再有点耐心，再加细一点就可以了，我相信你能行。”在妈妈的鼓励下，刘世南果然把衣服洗得有模有样了。

教子秘诀二：父母要培养男孩切身感受挫伤的能力

男孩在成长道路上遇到挫折在所难免，这时父母要对男孩下手“狠一点”来增强男孩应对挫伤的能力。但是能力不是说出来的，是要在生活中不断摸索出来的，所以父母要想增强男孩的挫折意识，首先就应该让男孩深切的感受挫折，这样才会更具说服力，也能使男孩在亲身体验中获得经验，这要比说教教育的效果好得多。

徐洪生在小学阶段学习一直名列前茅，但是到了初中之后，由于学习方法的不同，课程的增加，使徐洪生学习起来吃力了很多，特别是英语，被拉了下来。一向在学习上是个佼佼者的他受到了如此大的挫折，让他乱了方寸。这时父母帮他分析下降的原因，坚强的徐洪生并没有放弃，而是积极请教老师，父母又为他报了专业补习班，再加上他的天资聪颖，果然不到半学期，英语就考到了全班第二名的好成绩。从此之后，徐洪生找到了学习规律，成绩又在又班级名列前茅，并找回了自信。

教子秘诀三：父母要提升男孩解决难题的能力

失败不是永远的，但是每个人都有可能会轮到那么几回，所以受到挫折也是避免不了的。但是要是把挫折看作是一种珍贵的资源和财富，而不再把它看作是一种负担，这样就会培养男孩战胜挫折的能力，激发男孩们探究未知事物的兴趣，提高他们解决问题的能力。

一天放学后，李博像往常一样回家写作业，因为爸爸妈妈都下班很晚，他每天都是自己回家写作业，但是他开锁开了好一会也没有把门打开，他以为是自己的力气不够，于是就又使尽全身的力气，结果锁头还是纹丝没动，他想着可能是锁坏了，怎么办呢？于是他给爸爸打电话，爸爸说：“你去找个开锁的；要不等我回去再弄，你先到同学家玩一会儿。”李博放下了电话，在自家门前待了一会儿，想起了

上次锁也不好使，而爸爸只是用铅深入锁芯就把锁打开了，我也可以试一试呀，于是他拿出铅笔，将削好的笔墨插入锁芯，门果然被打开了，等爸爸急冲冲地回来时，发现李博正在房间里写作业呢。

所以，父母要想让男孩在充满竞争的社会中立足，必须对男孩从小进行挫折教育，培养他们坚韧不拔的意志和毅力，教会男孩不要怕失败，跌倒了就自己爬起来，这样就会让男孩在竞争中少走弯路。

当男孩遇到困难时，父母应该怎么做？

第一，当男孩遇到困难时，父母不要第一个冲上去，而是要观望，甚至是袖手旁观；

第二，父母要鼓励男孩多去感受挫折，或者尽量创造机会去制造挫折，然后让男孩在挫折中成长；

第三，父母对陷入挫折情境中的男孩要及时进行疏导。

秘籍26.及时缓解、疏导男孩心理承受力

人生都会遇到这样那样的困难，但是以什么样的心态对待挫折是很关键的。一个人如果有很强的心理承受能力，困难在你面前也会低头示弱；但是如果你的心理承受能力很差，那么困难就会把你压倒。可见心理承受能力是衡量一个人面对困难和挫折时的标尺。

所谓心理承受能力，是指一个人从挫折中恢复愉快心情的心理素质。良好的心理承受力，并不是与生俱来的，而是要经过后天的培养、磨炼、吸取教训等之后才能拥有的。现在的男孩生活条件都很优越，在面对困难时缺乏良好的心理素质，如果父母想要男孩拥有良好的心理承受能力就要从小培养，让男孩独立去做一些事情，让他们去接受风吹雨打，去经历生活的历练，从而锻炼男孩的心理素质，增强男孩的心理抗压能力。告诉男孩遇到困难不要当逃兵，不要悲观、焦

虑而是要以乐观的态度，坦然面对，能够想办法积极应战。

李琼是一个腼腆的男孩，平时很少说话。一天，数学课上，老师提问他回答问题，因为说话声音很小，而且还回答错误，同学们一阵笑声把李琼弄得无地自容。从此，他就比以前更内向了，而且在数学课上经常睡觉，数学作业也经常不完成，对数学课彻底失去了兴趣。父母并不知道李琼数学成绩下降的原因，在与李琼的交谈中父母才知道原来就是因为一道题，一次嘲笑惹的祸。可见，李琼在面对困难时的心理承受能力有多差。

其实生活中也有很多这样的男孩，因为一句逆耳的言辞，一个犀利的眼神，一个不友好的行为举止，都会对男孩的生活带来很大的影响，甚至是一生的。咱先不说男孩在今后的人生路上会遇到怎样的挫折，就是当前的学习生活就不可能是风平浪静的，考试不及格，竞赛不入围，升不了重点中学，和同学、老师关系不好等，都会给男孩的心理带来很大的压力，那么如何让男孩能够坦然的面对困难，父母应该从以下几点做起：

教子秘诀一：父母要让男孩从学习生活中提高心理承受力

父母的溺爱使男孩总是处于被指示的被动地位，没有生活的主动权，没有自己的生活空间，所以当他们真正自己面对生活时不能独当一面，缺乏独立意识和战胜困难的勇气。所以，父母要尽量给男孩独立的空间，这样才能锻炼男孩并且为男孩培养良好的心理承受力打下坚实的基础。

刘超是一个很优秀的男孩，因为成绩出众，被新加坡公助学校录取。这对他的全家来说都是一件大喜事。因为多年，刘超把所有的精力都放在了学习上，使得他在生活自理上的能力很差，所以到了新加坡一切都要从零做起，这对于娇生惯养的刘超简直是无法接受，感觉老天在和自己开玩笑，使他根本没有心思放在学习上，结果第一次期末考试，就有两科亮了红灯，最后无奈退学回国。其实刘超的行为就是典型的心理承受能力差的表现。

教子秘诀二：父母要让男孩在困难中看到希望

凡事都有两面性，有好就会有坏，有对就会有错。所以说坏事

可能变好事，乐极了也有可能会生悲。所以当男孩在生活中遇到苦难时，父母首先要做的不是紧盯着苦难不放松，而是应该寻求突破口，让压力变成动力，将困难狠狠地踩在脚下。只有善于抓住事物两面性的人才会积极寻求打开大门的钥匙，而不是苦苦蹲在大门口徘徊久等。

教子秘诀三：父母要让男孩学会平衡心理状态

不经历风雨，怎么见彩虹，没有人能随随便便成功。男孩在遭到某一方面的打击时，父母一定要首先去排解男孩心中的症结所在，使男孩的天平始终保持平衡状态，这样才能保证男孩应对困难的勇气和信心，从而提高男孩的心理承受能力。

期末考试成绩下来了，德浩领完成绩单回来一直闷闷不乐，妈妈看见一向性格开朗的儿子今天的状态就知道成绩没考好。妈妈知道德浩已经很难受了，于是只是拍拍儿子的肩膀。轻轻地说：“儿子，坚强点，一次考试没考好不要紧，我们可以总结经验，从头再来，怕就怕永远都考不好。”妈妈的话给了德浩莫大的鼓励，他的眼里噙着感激的泪水，点了点头，可见坚定的信念已经在他的心中扎根。

在生活中父母怎样培养男孩的心理承受力？

第一，父母要放手，给男孩更多的锻炼的机会，增强在困难面前的抗压性；

第二，父母可以制造一些困难，让男孩自己去感受，从而来培养男孩的心理承受能力；

第三，父母一定要袖手旁观，不要插手，让男孩真正得到锻炼。

秘籍27.男孩不妨“野”一点

其实男孩还是“野”性一点好，但是现在尤其是城市里的男孩许多都是“温室之花”，父母甚至把他们“圈养”起来，这样就违背了男孩的天性。有些父母却不这样认为：他们觉得现在的生活条件好了，没有必要让男孩去吃那个苦，男孩安安静静的好好学习，将来就会有一番作为的。其实不然，学习只能是男孩生活的一部分，如果把学习当作男孩生活的全部就会扼杀男孩个性的自由和精神上的独立发展。而且他们也会失去活泼、好动的天性，埋没了创造力。所以，父母要培养男孩的“野”性，让男孩去经受风雨的考验和历练，能够经得起挫折和失败，让男孩成为真正的男子汉。

父母让男孩走出去融入自然和社会环境之中，让他们在自由的空间中自由飞翔，健康成长，是一种很值得提倡的科学的、开放的教育观念与方法。

陶岩是一个活泼可爱的小男孩，妈妈很注重对陶岩的个性培养，一到假期就会带他旅游、或者到新的环境中去体验书本上所学不到的东西。陶岩印象最深的是去年暑假，到乡下的爷爷奶奶家的经历。因为爸爸妈妈工作很忙，这个暑假没有时间去外面游玩，就把他送到了乡下。上农村对陶岩来说真是破天荒头一次。刚开始，陶岩很不习惯，每天六点多就起床，吃完早饭后，爷爷要去放小鸭子，还要给小鸭子拔草，刚一开始，陶岩觉得很新鲜，就也跟着爷爷去了，结果身上被蚊虫叮了好多包，陶岩回来后大哭了一场，可是爷爷并没有去哄他，只是说：“一个小男子汉，连这点苦都吃不了，将来怎么能独立生活？”

在吃饭上也没有妈妈做的丰盛，简简单单，都是爷爷自己种的蔬菜。陶岩很喜欢吃肉，青菜几乎是不怎么吃的，爷爷却对他说：“你这孩子真不会享受，这是纯天然的绿色食品，是在你们城里吃不到的东西。”在爷爷的引诱之下，陶岩改掉了只吃肉不吃菜的坏习惯。几天之后，陶然爱上了这里的生活：他喜欢上了爷爷的菜园，喜欢上了

这里的空气，喜欢上了这里的憨厚朴实的小伙伴，他经常跟小伙伴们去河边捉鱼、到果园里摘果子，还学会了很多书本上没有的知识。这个暑假可以说是陶然最快乐的一个假期。等妈妈来接他时，看到的是一个黝黑而结实的儿子，母子俩开心地笑了。

可见，父母对男孩独立精神的培养不仅仅集中在学习上，而是要让男孩更多的走出去。所以，父母最好能有意识地为男孩多安排一些亲近自然、走入社会的机会，激发男孩的潜能和兴趣，这不是在做无用功，而是让男孩以更好的状态投入到生活当中。不过很多父母会放心不下，其实，给男孩自由不是放出去不管，而是像放风筝一样不管风筝飘得有多高，那根线始终牵在你的手中，所以父母的担心是没有必要的。那么父母应该如何把握好“放养”的尺度呢?

教子秘诀一：父母“放养”男孩时鼓励不可少

孩子终归是孩子，在社会上的阅历很少，自制力较差，还不能完全认清事物的本质，如果父母把握不好“放养”的尺度，就会给男孩造成恐惧心理，很容易陷入危险的境地，甚至会有种被抛弃的感觉，这样非但没有培养男孩的独立精神，反而会扭曲男孩的心理。所以在“放养”时，父母要鼓励男孩大胆的走出去，而且父母最好在无声的状态下完成对男孩的制约和保护，要男孩放轻松地去体验书本之外的另一个世界。

教子秘诀二：　父母要给男孩做好示范作用

所谓“放养”就是要男孩自己动手，丰衣足食，但是有的父母就会在旁观时不知不觉的参与进来，这样很不利于男孩独立精神的培养。其实父母在男孩活动中的行为、语言、操作不规范的时候，及时给予正确的示范是很有必要的。如：男孩为小狗准备盖一个小房子，锯了几次木板都不合适，这时候家长应该积极参与进来，教男孩怎样正确使用一些工具，但是当男孩走入正常轨道时，家长就应该退出来，让男孩自己完成。

教子秘诀三：父母要经常对男孩进行提示

男孩在活动中，父母要经常给男孩提出指导，要有具体有效地细节的提示，这样可以使男孩少走弯路，能够增强男孩的自信心，提高男孩的动手能力，让男孩能够顺利的朝自己的目标前进。

一天，荣东家的灯泡坏了，爸爸刚想去换，看见坐在旁边的荣东，就灵机一转，说：“儿子，你来尝试一下怎么样？”荣东爽快地答应了。于是，爸爸搬来梯子，拉下电闸，举着蜡烛，开始指导荣东怎么卸下灯罩，怎么拧下灯泡，怎么把新的灯泡装上去。刚开始的时候，荣东很害怕，但是爸爸说电源已经切断，你不要担心，然后爸爸就不出声了。荣东按照爸爸的指示顺利地完成了换灯泡的任务，高高兴兴地享受着光明的到来。

总之，父母要想把男孩培养成优秀的人才，放飞男孩，让男孩自由飞翔，“放养”是一堂必修课，因为这样可以使男孩增强能力，锻炼独立精神。

父母如何让男孩自由成长？

第一，父母要让男孩走出去，去学习书本以外的知识；

第二，父母要给男孩创造走出去的空间，不要紧紧的将男孩捆绑住。

秘籍28.实践造就精英男孩

俗话说：实践是检验真理的钥匙。实践能够让男孩获得丰富的知识，开阔的视野，还能培养男孩独立自主的精神。但是现实生活中，很多父母不注重实践能力的培养，总是担心男孩会累着、伤着、磕着、碰着，从不让男孩去触碰锯子、锉刀、螺丝刀、钳子等工具，认为这样不小心会伤到身体，以至于好多男孩长到很大，都不知道这些工具的用途。更不用说，家里什么小物件坏了，能够自行修理了，这样对男孩独立性的培养是很不利的。但是在国外，父母就做得比较

好。例如美国的男孩从小就养成了独立动手的习惯，他们的创造思维和创造能力也得到了最大限度的挖掘。这一点是很值得中国父母们学习的。

郑亚军物理成绩非常突出，而且还在全国物理竞赛中得过一等奖。亲戚朋友们都夸奖亚军是一个聪明的好孩子，同时他也是父母的骄傲。

有一次，亚军在家学习，突然有人敲门，原来是邻居家的小弟弟，拿来了妈妈刚给买的玩具车，小弟弟说："我玩着玩着，车就不走了，等妈妈下班一定会打我的，哥哥，你帮我修修吧。"亚军拿过弟弟的玩具车，左看看，右看看,可就是找不到原因，更准确地说他根本就没有去找，他从来没有接触过钳子，刀子之类的工具，更不知道对这个玩具车从何下手，待了好半天还是没有修上，小弟弟失望地抱着玩具车回家，等着妈妈的"发落"了。

亚军其实就是典型的高分低能的例子，书本上的知识学得很到位，落实到实践中就是零分的程度。所以父母要警觉这种现象，不要让男孩把业余的时间都用在死读书上，而是要告诉男孩把知识运用到实践中。那么父母应该具体怎么做呢?

教子秘诀一：父母要为男孩提供动手的机会

事实上，男孩在实践能力上的欠缺，与父母有着直接的关系，主要是因为父母束缚男孩，不让他越过理论与实践的界限，只注重书本上的知识，因为"书中自有好学府"，所以父母只把男孩的思维停留在理论的层面。其实男孩在生活中很多时候已经有了动手的意识了。例如：家中的门把手坏了，男孩刚想过去修一下，结果被父母把手中的工具拿下，"你去学习吧，我来就行"；当男孩看到电风扇脏了，想要帮助清理一下的时候，父母常常会说："太脏了，你去学习吧，我来就行"。男孩的一次次实践的动机就这样被扼杀在萌芽之中，所以当男孩有合理的要求、有动手的欲望时，父母千万不要阻止男孩的行为，而是应该鼓励，如果实在不放心，可以在旁边指导观看。

教子秘诀二：锻炼男孩的自理能力，让他参与到劳动中来

因为父母太过注重知识 而不重视实践的积累，才会导致高分低能，自主能力差的现象。所以父母应该锻炼男孩的自理能力的培养。如：每周都要让男孩打扫自己的房间，洗自己的衣服，收拾好自己的物品等。刚开始他们可能会做不好，这很正常，如果这时父母看不下去就直接代劳了，会对男孩很不利，父母可以帮助指导，教他们干活的技巧和其中的门道。这样只要多练几次就会有很大的收获，这是成功培养男孩独立性的关键一步。

孙洪瑞的家庭条件很优越，家里有保姆，上学有司机专门接送，是名符其实的“小皇帝”。一次，爸爸在沙发上看报纸，让儿子把他的茶杯拿来，结果听到的回答却是：“你没看到我在看动画片吗？”一句话气的爸爸不知道说什么好。可见，要培养男孩的实践能力，只有让他参与到实践中来，才能运用到理论中去，因为男孩只有靠自己的脑袋想事，用自己的嘴讲话，靠自己的双腿走路，以自己的本事谋事，才能真正活出男子汉的尊严。

父母应当如何提升男孩的实践能力？

第一，父母要为男孩创造必要的实践活动的机会；

第二，要带男孩到实践中去，亲身体验劳动的乐趣。

第三，以直观的看到实际操作，还可以自己参与其中，从而为培养独立自主的精神起到推波助澜的作用。

秘籍29.自我反省，激发男孩的潜能

男孩在培养独立意识的过程中，自我反省是不可缺少的一个程序，因为只有能够对自己的所作所为经常地反省，才会有进步，因为不断地自我反省，才能找到优点和不足，才能在今后的道路上顺风顺水。

但是，男孩的自我反省意识很差，这与男孩的生理特点有关，男孩接受事实的年龄段要比女孩的晚。如：一个小男孩与一个小女孩同

时犯了同样的错误，在相同方式的教育下，女孩承认错误的速度要比男孩快的多，而男孩只有在接受事实之后才会承认错误。

所以，父母更应该对男孩进行自我反省的意识的培养。只有这样，他们才会发现自己的优点和缺点，并扬长避短，挖掘自身的内在潜能，而一个不善于自我反省的男孩，则会重复犯同样的错误，不能很好地发挥自己的能力。

于坤的家庭条件并不太好，父母是靠捡垃圾，收垃圾为生的。于坤一直感觉他的父母就是他的耻辱。他从来不会跟同学提起他的家庭，从来不会带同学去他家玩。

一天，放学时下起了倾盆大雨，可是于坤却没有带雨具。同学们有的父母来接，有的自带雨具都回家了，可是只有于坤还在教室的角落里等待着雨能快点停下来。偏偏天公不作美，雨越下越大，看来一时半会儿是停不下来了，于是于坤决定顶雨回家。可是正当于坤走出校门的时候，却看见自己的父亲远远地站在雨中，冻得浑身打着冷战，父亲见于坤走出来，就赶紧上前拿出雨衣，给他穿上。此时于坤的泪水连同雨水，止不住的流了下来。于坤知道，父亲之所以没有进班级给他送雨具就是怕同学们看到，会嘲笑他，所以父亲选择了在雨中默默的等着他。此时的于坤百感交集，反省着以前自己对父母的行为实在不应该。不论从事什么工作，都改变不了父母的身份，能改变的就是自我的形象，为父母创造好的生活条件。从此以后，于坤不再掩饰父母的身份，也再不怕同学的嘲笑，而是把精力都放在了学习上。

其实，人无完人，缺点的存在是必然的。每个人都会有犯错误的时候，也会有不如意的时候，但是发泄也好，自慰也罢都不会从根本上解决问题，只有从内心深处发出深刻的反省才会使男孩变得成熟起来，也会培养男孩独立判断和解决问题的能力。那么作为父母，应该如何培养男孩自我反省的能力呢?

教子秘诀一：父母要让男孩正确地面对批评

虽说：良药苦口利于病，忠言逆耳利于行。却没有一个人喜欢听批评的话，都是喜欢听赞美和表扬的话。但是事实并不都是尽善尽美，男孩能听得见忠言对于今后人生的发展是十分有利的。所以要让男孩从小学会用正确的心态面对批评和接受批评。

首先，父母在批评男孩时，不要伤害男孩的自尊心。人活一张脸，男孩虽小也有自尊，所以父母在批评男孩时，千万不要伤害男孩的自尊心，因为犯了错误，男孩自己也会对自己的行为感到后悔，甚至是悔恨，而且还会由于惊吓，变得不知所措。如果这时父母还要严厉批评，则会使男孩伤了自尊，心灵会受到伤害。所以父母一定要拿捏好尺度，见机行事。

其次，父母要给男孩解释的机会，不要不问青红皂白就对男孩严厉批评，甚至大打出手，这样会让男孩非常惧怕，别说是自我反省了，连说话的胆子都没有了。父母遇到这种情况时，可以搂着他的肩膀说话，或拉着他的手讲道理给他听，这样就能达到恩威并用的效果。

教子秘诀二：父母要让男孩自己承担做错事的后果

男孩在做错事后，父母千万不要出来承担责任。生活中，父母常常一个唱红脸，一个唱白脸。所以当男孩犯了错误之后，父母一个要严厉批评，而另一个却是全力保护。当男孩有了靠山，自然在错误面前，有便捷的空间和余地。如果父母经常这样做 不仅会让男孩失去责任心，更会使他不反省自己的错误，反复犯错误的几率会很大。因此，明智的父母从不替男孩承担后果，而是让他自己来承担做错事的后果。

教子秘诀三：父母要引导男孩总结失败的教训

人犯错误不可怕，可怕的是犯同样的错误。所以男孩在犯错误后能否客观的总结失败的教训，是很关键的，因为这是很强的一种自省行为。例如：当男孩想要一种玩具时，你就可以说，买可以，但是两个月之内的零花钱要减少一半。因为当时欲望的驱使，男孩大多会答应父母的要求，可是事过之后，也许他们会很后悔自己的行为，自然会自我总结这次教训。

可见，自我反省能力能够促使男孩更快地成长。他们通过反省及时修正错误，不断地调整自己的心态和做事方法，所以男孩掌握了自我反省的能力，就等于掌握了自我完善和健康成长的秘方。

父母如何增强男孩自我反省能力?

第一，父母不要直接对男孩的无横加指责;

第二，当男孩犯错误时，要让男孩体会到做了错事后的负面感受。

第四章

广泛交往——教给男孩广结人脉网的捷径

卡耐基说，“人际关系是人与人之间的沟通，使用现代的方式表达出圣经中‘欲人施与己者，必先施于人’的金科玉律。”良好的社交能力，不仅给人生带来快乐，并且能助人走向成功。只有从小就重视对男孩社交能力的提高，让他们很好地融入社会，才能在未来获得良好的发展。

秘籍30.“宅男孩”要走出去

交往能力是一个人立足社会之根本，可以说男孩的交往能力决定成年时的生存能力。卡耐基认为：一个人的成功30%靠才能，70%靠人际关系。人际交往能力是一种驾驭生活、完善自我的能力。在竞争日益激烈的今天，如何让男孩走出孤独，学会交往，应是每个父母都需要解读的课题。

人际交往是人与人互动的过程、沟通的过程、交流的过程，通过人际交往可以促进个体的社会发展，实现个体的社会化和人格成熟。然而，现代科技的发展使得男孩们更多的是面对电视机、电话、电脑网络等，缺少与人面对面沟通交流的机会，使男孩在人际关系方面的问题越来越突出，甚至比学习问题还要严重。据调查，人际关系方面的问题占42%，而学习方面的问题只占27%。现在的男孩常常对自己以外的事情都没有感情，甚至失去了人生的目标，自然也很难获得成功。那么男孩应该如何增强社交能力呢?

教子秘诀一：父母自己要多跟男孩交往

曾有一家长抱怨说：“我的儿子平常在家时行为举止正常，只要一见陌生人就胆怯退缩，不敢说话，躲在角落里。在学校，他从来不主动与同学说话，也不与同学玩。上课不敢举手发言，老师叫他回答问题时，说话声音像蚊子一样；下课从不走出教室，一个人缩在角落里不敢动。近来男孩因其他原因受到了老师的批评，这本来是很平常的事，但之后他就很不情愿去上学，学习成绩也在不断下降。我真不知该如何才好。”

这其实是很多父母都很头疼的问题。很多男孩们放学回家第一件事就是开电脑，做功课时还要上网和同学聊天，吃饭时间怎么叫都走不出房门，该睡觉了却还沉溺于游戏，很多父母如今都在忧心到底该拿这些整天黏着网络，赖在家里的"宅男孩"怎么办？目前，我们有25%

的青少年对虚拟朋友说知心话，在调查中发现：近六成的中小学生经常在家里玩，近六成的孩子上网、看电视的时间多于运动。不爱出门、不爱动的“宅男孩”，成为这个时代男孩的普遍代表。

有些父母以怀疑的态度认为，社交能力真的对男孩很重要吗？当然！男孩总有一天要面对成人的世界，他们该怎样展现自己最好的一面，全都依赖于社交力！

小峰是小学二年级的一名学生。他聪明大胆、活泼又有主见，深得父母的宠爱，在家俨然是个“小霸王”的模样。在与同伴交往的时候，小峰也显得非常地霸道、任性，常常为了一点小事就与同伴发生争吵。因此许多孩子都不愿与他交往，父母为此很苦恼。后来，老师积极引导父母转变家教行为，有意识地培养小峰学会自我控制，合理调整和伙伴之间的相互行为关系，使他充分体验到与同伴合作游戏的快乐。后来，小峰交到了许多朋友，快乐与自信又回到了脸上，并且还当上了班干部。

可见，交往能力强，对男孩来说有百利而无一害。善于交往的男孩在学校，不仅能够从容地与同龄人交往，而且能够从容与老师等成人交往。这对他以后的学习和人生的发展有很大的影响。因此，父母要从小重视培养男孩与人交往的能力。

据美国卡内基工业大学对1万人的个案进行分析研究发现：15%的成功者是由于技术熟练、聪明和工作能力强，85%的成功者则主要是由于具有良好的交往能力。随着社会的发展，人际交往的功能越发显得重要，父母必须重视对男孩交往能力的培养，使孩子更好地适应社会的发展。美国心理学家萨克斯博士观察现代的孩子发现，许多孩子（尤其是男孩）“只想待在自己房间内，不跟任何人说话，打游戏直到凌晨，他们逃课，直到被退学或开除”。

宅男孩最大的危机在于缺乏真实体验、缺乏与人沟通的能力，会让男孩失去生命的认同，没有认同，就不利于男孩交往能力的培养，所以父母平时应多和男孩交流。而不该居高临下，颐指气使，并且注意教给男孩一些交往的技能技巧。父母与男孩交往的过程也是父母自身不断学习、改进与人交往技能的过程。

教子秘诀二：父母要多给男孩与人交往的机会

有的男孩在家里能说会道，在外面却显得拘谨、胆小，因此，父母要多给男孩与生人交往的机会。如果家里来了客人，父母要让男孩相识相伴、倒茶接待。如果男孩的同学来家里玩时，要让男孩当小主人，父母千万不要包办代替。父母也要适当地带男孩去参加一些聚会、晚会，让男孩见见各种场面，学习与各种人打交道。这样，会使男孩增长见识、增强信心，逐渐学会待人接物之道，在社交时变得落落大方。

教子秘诀三：父母要让男孩多多参加集体活动

在集体活动中，男孩与同龄的小朋友一起生活，他们会相互教会怎样生活、怎样相处、怎样玩耍，父母要欢迎男孩的小朋友上门来玩，也要鼓励男孩到别的小朋友家里去玩。在男孩与其他小朋友交往的过程中，父母要教育自己的男孩严以律己，宽以待人，互相依赖，彼此尊重。

如何帮助男孩走出“宅男”误区？

第一，父母要认真体会男孩的感受，并帮助他们克服社交障碍；

第二，父母帮助男孩在家中练习社交技巧；

第三，让男孩有学习社交的机会。

秘籍31.倾听是真诚沟通的纽带

倾听是搞好人际关系的一种手段。让男孩学会倾听是培养一切良好习惯的基础。无论是好的学习习惯或是好的行为习惯，都源于最初的倾听。因为倾听既是一个听的过程，也是一个学的过程。在倾听的过程中，男孩可以从他人的言语中学习到一些自己不知道的知识和他人为人处事的态度与原则。

男孩球球是个人人都喜爱的“小大人”，尤其在听别人（无论是大人还是小孩）讲话时，他从不抢话、插嘴，还会不时地用点头对对方所讲的话表示认可。有时，对方说着说着停顿了，他会问“然后呢”，来引导对方继续讲下去，所以球球自然会赢得好人缘。

其实，在人与人交谈过程中，任何人都不能光说不听，嘴和耳朵的功能哪个都要有占用时间的机会。所以要使交谈的双方双向交流畅通无阻，就必须善于倾听他人的谈话。善于倾听他人说话的人，懂得"三人行，必有我师"的道理，不仅能拿对方的优点为我所用，不断地完善自己，而且还能够让对方产生被尊重的感觉，加深彼此的感情，有利于人际交往。

可见，倾听他人的心声是男孩必备的美德。男孩要与人融洽相处、流畅地交流，必须要先学会倾听。好的习惯要从小培养，因此在男孩小的时候，父母就应该有意识地培养他们善于倾听的好习惯。那么作为父母，如何让这些听力"不好"的男孩，养成善于倾听他人的好习惯呢？

教子秘诀一：父母善于倾听的榜样作用不可少

身教胜于言教，特别是父母对于男孩的影响很深。如果父母对男孩所说的话以冷漠的态度对待，那么，男孩也会把父母所讲的话当成耳旁风。但是，如果当男孩讲话时，父母能够放下手中的活，看着他们的眼睛，表现出很大的热情和良好的倾听姿态的话，男孩往往也会成为一个很好的倾听者。

父母要让男孩从小就意识到，不倾听他人谈话是很不尊重人的表现。所以，只有父母认真倾听男孩的心声，对男孩有了尊重的行为，男孩也会对父母的言行尊重。心理学家提示父母说，父母给男孩做出倾听的榜样，认真倾听男孩的心声，这不仅是了解男孩心灵的有效途径，也是培养男孩倾听他人的重要方法。

因此，不论男孩提出的问题是大还是小，父母都要尽可能找时间去倾听，而不要让男孩等你有了时间再说。立即倾听男孩说话，有助于赢得男孩的信任，更有助于培养男孩与人交往、倾听他人的好习惯。

教子秘诀二：父母对男孩说话时要注意表达方式

父母的表达方式直接影响着事情的结果，就像对容易叛逆的男孩来说，如果父母采用高高在上的家长姿态、命令的说话口吻，往往会使男孩对他们的话充耳不闻。如果父母能够调整心态，把自己置于男孩的朋友这种角色之中，与男孩平等地交流、平等地对话，男孩反而能够倾听父母的每一句话。如：不要说“每天都要我来叫你起床，你到底起不起床？”而要说“一个人应该对自己的行为负责，起不起床是自己的事，不应该让别人来叫。”不要说“我说的话你怎么不认真听呀？别总是心不在焉的。”而要说“妈妈有件重要的事情要跟你说，你要认真听，我讲完后还得让你帮我办个事。”不要说“我刚说完你就忘记了，你的脑子想啥呢？”而要说“今天你好像精神不太好，要不要我再重复一遍，你再认真地听一下？”

……

只有父母调整了与男孩交流的心态，调整了说话的方式，男孩才会有可能认真倾听父母说话。当倾听成为一种习惯，男孩自然而然便会认真倾听他人说话。

教子秘诀三：父母要帮助男孩养成倾听的良好习惯

良好的倾听习惯是发展男孩倾听能力的前提和基本条件。由于年龄特征的限制，男孩的最大特点就是表现欲很强，总认为自己想的都是对的，别人说的都是错的，喜欢别人听自己说，而不喜欢听别人说。因此，父母要引导男孩保持良好的心态去听别人讲话。

生活中，常常会碰到这样的情况：一个学生在发言，其他学生的说话声超过了发言的同学，连老师都听不见答案了，结果这个学生发言还没完，就有学生举起手，喊着：“我来，我来。”当老师指定一位学生回答时，其余举手的学生因为没有轮到自己发言而丧失了刚才的那份热情，当老师正滔滔不绝地上课时，有的学生却在做小动作，讲“悄悄话”……这都是不好的倾听习惯。

可见，倾听，是人际交往的基础，也是赢得良好关系的金钥匙。男孩要与人融洽相处，流畅地交流，必须要先学会倾听。但是“倾听”这个良好的习惯，并不是与生俱来的，而是需要很多时间和途径培养而成的。因此父母应该注意从小就培养男孩的倾听能力，因为良好的倾听习惯会对男孩的人生产生不可估量的作用，它将使男孩终身受益。

男孩倾听时要必备哪些礼仪？

第一，倾听时，要面带微笑，不要显示出不耐烦的样子；要让对方感到轻松自如；

第二，倾听时不要挑对方的毛病，不要当场提出自己的批判性意见，交谈过程中要少讲多听，不随意打断他人的讲话；

第三，倾听的过程当中要运用眼神、表情等非语言传播手段来表示自己在认真倾听。

秘籍32.管好男孩的“交友圈”

人类本身就是一种群居动物，是不能脱离开群体而独自生存的，所以交朋友是每个人都要进行的一项社交活动。但是有一个什么样的“交友圈”会直接影响你为人处世的作风。特别是男孩的自控能力差，心思不会像女孩那么缜密，作为父母一定要帮助男孩把好关。

窦明和木冬都是十五六岁的青少年，是父母眼中的乖孩子，老师心中听话的好学生。但这两个男孩自从结交了社会上的不良青年做朋友后，他们的学习成绩直线下降。

20岁的林木曾因犯盗窃罪被判处有期徒刑两年，刑满释放后仍然不思悔改，贪图享乐。单枪匹马，也是感到势单力薄，所以为了找个帮手，能助他一臂之力。他通过别人介绍认识了窦明和木冬。在他的诱导下，窦明和木冬产生了邪念，他们合伙在某天桥下围住几个学生进行威胁，抢走了14岁的学生刘某，13岁的学生何某的自行车，销赃挥霍。

就是这样，窦明和木冬开始了犯罪的征途，在短短几个月里，窦明参与抢劫16次，木冬也参与抢劫13次。这两名正值花季的阳光男孩，原本可以在明媚的阳光下、在父母身边、在学校里幸福地学习、

生活，却因为交友不慎，而毁掉了前程，沦为罪犯。

孩子是家庭的希望，每个父母都盼着自己的男孩健康成长，即使将来不成龙成凤，但也要自食其力，在社会上能有自己的一席之地。但是男孩的成长能否顺风顺水，父母肩负着重要的责任。如果父母疏于管理，一不留神，男孩就可能步入人生歧途。那么作为父母要如何帮助男孩管好自己的“交友圈”呢?

教子秘诀一：父母要管好男孩朋友的品质

“不论多大的男孩，选择朋友都应该把品德放在第一位。”正所谓：近朱者赤、近墨者黑，如果男孩遇到品质不好的朋友，也会很容易人云亦云的。

李先生也因为自己的男孩交朋友而犯愁。前不久他去学校接孩子放学，看见孩子与班上的一名男同学打打闹闹地走出来。李先生说：“一看那个男孩的言行就不是很好，当我禁止儿子与这个男孩来往时，儿子居然反抗，说自己有选择朋友的自由。而且最近儿子今天看朋友穿了名牌运动鞋，就回家要鞋；明天看人家背着名牌包，就要包。儿子以前都不懂这些，就是和他班里家庭条件很好的孩子学的。”说到此，李先生很无奈。

因为男孩年龄小，缺乏生活经验，判断能力不足，所以会常常走进交友的误区，这时父母一定要及时的予以纠正，这样会帮助男孩健康的成长。

教子秘诀二：父母要做男孩的知心朋友

父母要管好男孩的“交友圈”首先应该走进他们的内心世界，只有做男孩的知心朋友，才会让他们对你敞开心扉，而且对男孩的教育也是很有帮助的。

男孩华星跟爸爸就是无话不谈的好朋友。他说:“重感情、讲义气是他们相处的原则。‘够朋友’能使他们的误会消除，隔阂全没了。”

其实真正的朋友就是无年龄、无性别、无职位、无地位之分的。因此，和男孩交朋友，大人必须俯下身子用孩子的眼光看这个世界，否则，若是男孩对父母怀有惧怕的心理，或者存有戒心，那么他对父母就会敬而远之，是不可能向父母袒露心声的。所以，当父母管男孩的时候，常常会遭到他们反对的意见，我想很多父母都会有这样的经历：当发现男孩与一些不三不四的人混在一起时，如果父母对他们横加阻拦，摆出父母的高高在上的姿态，结果往往会适得其反，他们常常会偏要与这些混混混在一起，甚至会更加猖狂。所以才会有很多不良青年锒铛入狱。

可见，父母与男孩的沟通对男孩的成长是多么的重要。所以，父母要在男孩刚一出生时就培养他成为与自己无所不谈的朋友。男孩将父母当作朋友，才会有无尽的话向父母倾诉，希望与父母分享他的喜怒忧愁，所以父母就算再忙，也要暂时将工作放下，专心倾听，而且要表现得很有兴趣，在适当的时候表示一下自己的意见，或支持男孩的见解。即使在男孩到了很叛逆的年龄或者偏离了人生轨道的时候，只要父母敞开心扉，及时的沟通就会挽救失足男孩，绝不会有那些高姿态父母的惨剧。

父母如何对男孩的朋友圈把好关？

第一，对男孩所交朋友的品质进行调；

第二，引导男孩与那些积极向上的同查学交往；

第三，经常与男孩聊天，听他讲述和朋友间的事情。

秘籍33.合作是男孩成功的捷径

与人合作是男孩适应社会，立足未来不可缺少的重要因素。然而，当今男孩的合作现状是不容乐观的。现在的男孩多数是独生子女，是家里的“小皇帝”。过度的呵护与溺爱，让很多男孩做起事来唯我独尊，缺乏团结协作精神。这是男孩的一大弱点，也是男孩人际交往上的一大缺陷。所以，父母应该及时意识到这一点，通过人际交往和与男孩间的必要合作，来改变和矫正这种不良的心理品质。

但是培养男孩的合作精神也不是一日之功，除了要对男孩加强合作性的训练，还需要父母精心的教育和情感感染。此外，父母还要在日常生活中增强合作教育的意识，随时向男孩进行合作精神教育，男孩的合作精神，合作行为就一定能够得到顺利发展。

教子秘诀一：父母要树立男孩的合作意识

父母从小培养男孩的合作精神，有利于男孩在学会合作的过程中逐渐克服以自我为中心，养成关心他人、协商合作的行为。在男孩之间营造一种团结、友爱、互助、合作的群体氛围，来增强男孩的社会适应性。培养男孩的分享意识和行为会有助于男孩合作精神的培养。例如，在家里周末举行的“卡拉OK演唱会”上，父母鼓励男孩把自己喜爱的歌曲唱出来，让大家欣赏，来帮助男孩形成与他人共享知识和物品的习惯，而不独占和独享。

所以，父母必须在潜移默化中帮助男孩树立正确的合作意识，使他们懂得，大家都是群体中的一员，互为平等，只要大家齐心协力一定能解决它、战胜它。同时，父母还要培养男孩关心他人，爱护他人，助人为乐的高尚情操。在家尊老爱幼，在校尊敬教师、爱护同学，因为只有关心别人，才有可能与别人合作。

教子秘诀二：父母要教会男孩有接纳别人的心

所谓接纳别人，是指自己从内心深处真正地愿意接受别人。从本质上讲，合作是指双方长处的珠联璧合，也是双方短处的相互遏制。所以对男孩从小培养对别人的接纳和欣赏的习惯是非常重要的。

父母可以通过身边人和身边事来让男孩懂得“尺有所长，寸有所短”的道理。比如当男孩的学习不如邻居家的孩子，自己却不认为是这样，反而强调种种原因，光说人家的缺点，却从不肯定人家学习要好过自己的长处，久而久之，男孩就会变得目中无人，唯我独尊。所以，父母要教育男孩多看并善于发现别人的长处，并诚心诚意地加以赞美，而不是采取一种“不承认主义”。父母自己平时在工作和生活中，也要坚持这种态度来对待他人，成为男孩的表率。

教子秘诀三：让男孩通过活动调动他们的合作精神

男孩将来一定要走向社会，成为一个社会人，那就不能“独处”生活，因为现代社会是一个合作共赢的时代。

所以，作为父母应该让男孩到集体中去，在集体交往中才能增强团体合作意识，掌握处世艺术。让男孩从集体中来，带着合作意识，去主动帮助别人，也得到别人的乐意帮助。其实男孩周围的各种活动都暗藏着训练男孩合作行为的契机，作为父母一定要善于把握。

像从超市购物回来，父母让男孩打开冰箱门，帮忙把食品放置好；在家庭的体育活动中，例如，到室外拍皮球时，父母拍球，男孩计数，或男孩拍球，父母计数等。

虽然都是生活中的小事，但却能使男孩增强合作的意识，体会到“众人拾柴火焰高”的道理，

让男孩体会和大家一起做事情、玩游戏，是快活的一件事，进而养成男孩乐于与他人合作的好习惯。

父母对于那些不合群的男孩更应该争取各种机会，让他们参加到伙伴群中去。当男孩的伙伴来家里做客时，父母要热情接待。

教子秘诀四：让男孩感受到合作的快乐

男孩在与小伙伴交往中学会合作后，要让他们在合作中感受到快乐的存在。只有这样，男孩们才会把合作的行为一直坚持下去。

生活中，父母可以给男孩创造一些情境，让男孩在合作中完成任务，父母不要管结果如何，男孩只要在合作过程中，都尽了最大的努力，同时，每个参与者都感到非常地愉悦，这就是一种成功的合作。

如，当男孩表现出合作行为时，父母可拿出照相机摄下“友好的一幕”的合作成果，让男孩明白成功与失败的原因，引导男孩在实践中体会合作的快乐和必要性。此外，父母还要对男孩合作后的结果做出积极的评价，鼓励男孩要有继续合作的勇气和信心。对合作不好的男孩要给予指正并鼓励，以免对合作产生抱怨情绪。

教子秘诀五：父母要教男孩一些合作技巧

让男孩了解一些合作的规则与技巧会让男孩在合作的过程中少走弯路。因为男孩年龄尚小，缺乏交往经验，男孩往往不知怎样去合作，

这就需要父母教男孩合作的技能，指导男孩怎样去合作。如男孩在下棋时，都有想赢的心理，所以争吵、耍赖的情况经常发生，这时父母就可教男孩如何谦让，如何遵守规则，碰到问题怎样去商量等；还要教育男孩迁就和让步也要有限度，无休止的迁就和让步也是不可取的。

合作是一种能力，更是一种艺术。惟有善于与人合作，才能获得更大的力量，争取更大的成功，所以父母要从小培养男孩善于合作的本领。

男孩怎样才会走出孤军奋战的局面？

第一，教男孩学会欣赏和接受别人；

第二，为男孩创造机会，多参加有利于产生合作关系的活动；

第三，告诉男孩在合作中既要尊重对方，服从大局，又要有自己的立场。

秘籍34.沟通使男孩少走弯路

沟通，是连接心灵的纽带。懂得沟通的人，做事才会如鱼得水，游刃有余。所以从小培养男孩与人沟通的意识，增强男孩与人沟通的能力，对男孩性格的塑造、人格的培养以致于男孩的未来都有着积极的作用。

沟通的能力决定着一个人人际关系的好与坏，它对一个人的影响是巨大的，甚至会影响人的一生。男孩是否善于与人沟通，决定着男孩未来能否把握机遇、获得成功。

但是这种观点在一些父母心中存在着误区：他们只是关心男孩的学习成绩，“两耳不闻窗外事，一心只读圣贤书”的状态才是父母对男孩们要求的最佳状态。长此以往，男孩就会变得不知道如何正确表达自己，而且还缺乏待人处事的能力，见人不说话，孤僻冷漠，很少与人沟通。其实这严重影响了男孩的个性发展，最终只会成为“书呆子。”但这也是近年来中小学生心理问题逐年增多的原因之一。

所以只有让男孩学会沟通，才会使他们交到很多朋友；教男孩多理解他人、体恤他人，也会让男孩变得活泼懂事。男孩只有在温馨、和谐、友好的环境中成长，才会很好的融入社会、融入时代，从而走向辉煌的人生。

教子秘诀一：父母要从男孩单调的生活入手

当代的学生是很痛苦的，特别是男孩，他们很多没有过爬树、搞破坏、玩弹弓的经历，只是在书本中慢慢长大，但是社会不是孤立的，他需要人与人之间的沟通，合作才会使人进步。所以面对男孩家、学校、食堂三点一线的规律生活，父母应该扩大男孩的视野，丰富男孩的生活经验，让男孩观察周围事物和实际生活，逐步丰富他们的人生阅历，这样就会提高男孩的语言表达能力，也会丰富男孩的人生阅历。

总而言之，丰富男孩的生活，让男孩领会沟通的必要，理解沟通的技巧，是父母培养男孩的必行之举。只有善于沟通的男孩，才会拥有开朗的性格、健康的心态，只有这样，才能够赢得周围人的喜爱和帮助，在成长的路上也不会寂寞。

教子秘诀二：父母与男孩的沟通不可少

男孩与父母在一起的时间是一天中的三分之二左右，所以要想培养男孩的沟通能力，父母肩负着重要的责任。父母如果不能有效地与男孩沟通，而是单方面把意见强加给男孩，就无法明白和体会他们的想法，难以把事情做得顺利圆满，这种教育必然会以失败而告终。

因为沟通是双方面的，是心与心的真诚的沟通，也是情感的交流。这种沟通应当建立在平等对话的基础上。父母要学会换位思考，要站在男孩的角度想问题，与其交流沟通。

如果父母不站在男孩的角度想问题，就无法与男孩进行有效的交流与沟通，难以达成共识。

所以父母要帮助男孩“学会沟通”，要改变传统的角色定位，不要处处站在父母威严的角度与男孩沟通。要做男孩的知心朋友。只有在和谐、融洽的沟通氛围中，才能做到父母与男孩之间最有效的交流。

教子秘诀三：要鼓励男孩多与老师交流

男孩除了与父母共处的时间外，最多的就是在学校的时间了，与老师的交流也是男孩人际关系中非常重要的。与老师良好的沟通，会让老师更全面地了解男孩，能够让老师对你的孩子及时准确的做出判断，能够因材施教；另一方面，男孩也会对老师有一个准确地定位，有利于男孩更好地从老师那里理解学校的规章制度和老师的期望与要求，使其对老师管理和授课的效能性都有帮助。大多人都会喜欢礼貌大方，谦虚好学的男孩。首先，男孩要从尊重老师开始，遇到老师要主动打招呼问好。学习中有疑问要主动向老师请教，在请教的过程中，不仅解决了学习难题，又多了与老师交流的机会，与老师的沟通多了，不仅会使男孩的学习有了进步，而且也锻炼了他们的沟通能力。

教子秘诀四：要让男孩多与同学进行交流

人与人之间不可能每天都是“晴天”，在意见不统一时难免会起矛盾，同学之间也是一样，特别是男孩在与同学相处中产生摩擦时，常常会武力解决，这种现象是绝对不允许的。所以要想解决这种现象，最有效的办法就是要做好沟通。作为父母要把问题的处理权交给男孩，看看他们是如何解决的。作为父母，要好好听取男孩的申述，弄清原因情节，引导他们采取双方都可以接受的方法解决。

教子秘诀五：父母要建立男孩的自信心

生活中还有一种男孩就是因为胆小而不敢与人交流，时间长了，就会变得越来越孤僻、退缩。

同学之间在谈论一个话题，声音小了一点，他就会认为是在说自己，他们认为自己是不受大家欢迎的，是别人不愿与之沟通的，这类男孩就会给人难以接近、很难沟通的印象。所以作为父母要鼓励这样的男孩多与人进行人际交往，增强他们与人交流沟通的自信心。当男孩因为自卑、胆小而不敢与人沟通时，应该让男孩表现得自信，只有树立起自信心，才会感到自己是可爱的，才会有信心与人交流，而与之沟通的人多了，就会增强他的自信，从而在别人面前就不那么胆怯退缩了，自然就会提升男孩的沟通能力！

父母怎样培养男孩良好的沟通能力?

第一，父母要善于发现沟通的关键是心与心的交流，所以要多倾听男孩的心声；

第二，父母要善用批评的教育方式，如使用不当则会使男孩回避与父母沟通；

第三，耐心是父母对男孩进行沟通的一剂良药；

第四，凡事“信”字当先，沟通也不例外。

秘籍35.交际也要讲究策略

刚刚接触到社交圈的男孩往往会有一种恐惧感和厌恶感，这时，父母要耐心细致地与男孩交流，帮助他缓解紧张感，积极鼓励与其他小朋友玩耍，并创造男孩与人交往的机会。但是，说归说，究竟怎么做才会提高男孩的社交能力呢?

教子秘诀一：父母要激发男孩交往的兴趣和欲望

男孩是怕孤独的，没有哪个男孩愿意把自己关在家里足不出户，他们喜欢和伙伴玩耍、聊天、出游。但是很多父母只是把男孩的学习放在第一位，其它的就都放在了次要位置，其实父母的这种做法是很不对的。当男孩表现出交往的兴趣和欲望时，父母要予以鼓励，而不应该横加阻拦。要教男孩如何与小朋友进行相处。但是，男孩表现出恐惧感时，父母要耐心的与男孩交流，帮助男孩缓解紧张感。父母要为男孩交往创造有利条件，不要把男孩的朋友拒之门外。这样做会很伤男孩的自尊心，会打消男孩交往的欲望。

于东是一个很内向的小男孩，很不善于人际交往，朋友几乎为零。父母很为于东的孤僻性格而发愁。其实于东看到其他小朋友在

一起玩的时候也很眼馋，可是就是没有勇气加入其中。父母终于在这找到了门道。于是，他们故意把于东带到广场，小朋友们三个一群，两个一伙的玩着游戏，而于东却只是站在广场边上，这时一个足球直奔他射了过来，原来是那边踢足球的同学把球踢到了这里，于东一下子抱住了球，扔给了捡球的队员，那位同学说："谢谢你朋友，一起过来玩吧！"于东当时先是一愣，随后很高兴能有人跟他玩。于是那位同学拉着于东走进了赛场，从此于东也变得开朗起来。但是他始终都不知道，那个球是他的父亲和那个足球队员说好后一起导演的一出戏。可见父母的激励作用对不善交往的男孩来说是很有必要的。

教子秘诀二：父母要以身作则，为男孩的人际交往树立榜样

良好的人际交往能够体现一个人的交往能力和人脉关系。男孩的父母如果是一个善于交往的人，拥有丰富的人脉资源，那么男孩从小就会受到熏陶，潜意识里就会遗传父母的为人处事的作风。所以说，父母正确的交往动机和一定的交往技能，都对男孩有着耳濡目染的熏陶。

柳洪波是一个憨厚老实的好孩子。小朋友们都爱跟他玩。但是，他的爸爸在社会上交了很多不三不四的朋友，都是一些酒肉之交。一天，警车停在了柳洪波的家门口，原来他的爸爸因为与朋友合伙诈骗被警察带走了。从此之后，小朋友们也都渐渐的与他疏远了，还经常在背后讲洪波的爸爸是个坏人，而且父母都不让孩子再跟他玩。从此，洪波也像变了一个人似的。可见，父母的榜样作用对男孩的正常交往的影响是很大的。

教子秘诀三：父母要重视男孩在人际交往中心理素质的培养

交往需要良好的心理品质和人格素养，如善良、诚实、守信、真诚、开朗、率直等等，这些品质需要父母在日常生活中有意识的对男孩加以培养。

小生和小志是形影不离的好朋友，小生家的条件要好一些，父母经常给他买玩具，但是小志就不那么幸运了，总是借小生的玩具玩。

一天，小生的爸爸出差回来给他买了一个很棒的手枪，小生很高兴，当时，小志也在他家，于是两个人玩得不亦乐乎。小志在小生上厕所的时候悄悄地回家了，当时，小生并没有多想什么，但当他再想玩手枪时，却找不到了，这时他才想起小志悄悄离开的原因。但是他并没有去小志家，而是什么也没说，就连妈妈都没有告诉。但是小志见到小生却不像从前，甚至有些不敢抬头说话，而小生依然像平常一样，该怎么相处还是怎么相处。此时的小志终于忍不下去了，就说出了自己拿了小生的手枪的事，但小生依然拿他当好朋友，小志真的很后悔当时的行为。小生却笑着说："咱们是好朋友，你喜欢就拿去玩吧，我从来没认为你偷了我的玩具。"小生的信任令小志更是无地自容。可见，小生在用信任诠释着友谊的力量。

第一，保证男孩有足够的时间与同伴在一起，让他们一起交谈，分享玩具，做游戏，做作业；

第二，让男孩与同伴共同承担一定的任务，并通过力所能及的活动努力完成它；

第三，鼓励男孩独立解决与同伴交往中的矛盾和问题；

第四，有机会可以让男孩出门寻找勤工俭学的机会，让男孩在社会中增强与人交往的能力。

秘籍36.交往能力，男孩立足社会的根本

卡耐基曾说过，一个成功者=15%的专业知识+85%的人际关系。可见，交往是为人处事中必不可少的重要环节。交往能力强，对男孩来说有百利而无一害。善于与他人交往的男孩在学校，不仅能够从容地与同龄人交往，而且能够从容地与老师等成人交往。而男孩是否善于同人打交道，在人群中人缘如何，对他以后的学习和人生的发展都有很大的影响。因此，父母要从小重视培养男孩与人交往的能力。

刘涛不仅学习好，劳动、体育样样都不差，是一个名副其实的全能型男孩，也是父母眼中的骄傲。一天，一个叫刘晓宇的同学来找

刘涛一起踢球。刘晓宇是班级上学习最烂的一个，而且经常欺负弱小的同学，在老师和同学的心目中口碑很差，但是他的体育能力可是无人能比，经常代表学校参加各种比赛。刘涛的父母也知道刘晓宇的情况，所以当刘晓宇来找刘涛踢球时，刘涛的妈妈从屋子里走了出来，说："哦，刘涛不在家呀，改天再玩吧。"刘晓宇很失望地走了。这时，刘涛走出来问是谁来了？妈妈说明了情况之后，刘涛很生气，而妈妈却说："你跟这种孩子能学出什么好？以后不许跟他来往。"

生活中像刘涛父母这样的家长很多，他们常常告诉男孩不要和学习不好的同学一块玩、不要和女同学来往过于密切、不要和那些坏孩子走得太近，这样只会使男孩的交往能力变差。那么，作为父母应该如何正确培养男孩的交往能力呢？

教子秘诀一：父母要鼓励男孩多交朋友

男孩走进学校，其实就是初涉社会，因为此时他们除了父母及家人以外，还会接触很多人：老师、同学甚至很多意想不到的人出现，还会发生很多出乎意料的事。男孩需要与这些人打交道，在事实面前做出自己的决定。所以如何处理好人际关系，对男孩来说是一个考验。如果一个男孩不会交朋友，长此以往，就会变得越来越孤独，不会与人沟通，渐渐的与社会的轨道脱节，只有善于交往的男孩才会拥有好人缘，拥有良好的心态，对学习和生活也会是一个很大的帮助，作为男孩领路人的父母来说，应该鼓励男孩多交朋友，处理好与小朋友之间的关系，这样才会调动男孩交友的积极心态，使他们乐于交往，敢于交往。

小男孩泉灵是一个很内向的孩子，在陌生人面前从来不说话，小朋友们找他来玩，他也会拒绝，其实并不是他不想跟小朋友玩，而是不敢，总有一种很恐惧的心理，妈妈看到泉灵的这种状态，非常担心。于是妈妈经常带泉灵到人多的地方玩，锻炼他的胆识和说话的能力。

一天，妈妈带着泉灵到广场，看到一群小朋友正在跳舞，泉灵也是一个舞蹈爱好者，不由得被吸引住了，于是妈妈看出了门道，请其中的一个小朋友来邀请泉灵一起参加，由于很是喜欢，泉灵很欣喜的答应了。而且，在舞台上表现的非常的棒，从此，妈妈经常带他来跳舞，他也很愿意参加，更重要的是，他现在敢于与小朋友说话、交流经验了，并且还收获了深厚的友谊。

可见对于不善交往的男孩，父母可以从他的兴趣出发，这是与人交往，结交朋友的一种很好的方式，父母要善于教男孩一些技巧，鼓励男孩大胆交往。

教子秘诀二：父母要鼓励男孩多参加集体活动

专家研究表明：孩子从三岁开始，便产生了某种交往的愿望，这是萌芽阶段的交往心理。进入学校之后，与同龄人沟通，交往的强烈愿望就占据着男孩的行动和心灵。既然集体生活为男孩创造了交往的客观条件，那么父母就应该让男孩参加各种集体活动和有益的社会活动、公益活动等，让男孩真正融入到集体之中，加强男孩与同学之间的友谊，学会调节集体与个人的关系。

在男孩参加集体活动时，父母应该少指挥，让男孩真正地参与其中来，这样他才会感到其中的乐趣。如果父母对男孩的集体活动大加干预，就会使男孩产生厌恶感。

杨明要去参加朋友的生日聚会，管父母要五十元钱，但是父母却说小孩子参加什么聚会，在家好好待着吧。杨明感觉在朋友面前很没面子，于是慢慢地就与朋友渐行渐远了。

所以父母要尊重男孩，如果在男孩交往时遇到困难，父母可以去帮助，但是要阻拦男孩的交往行为，那就不是明智之举了。

教子秘诀三：父母要让男孩自己解决矛盾冲突

男孩小任性是必然的，特别是现在的家庭条件都比较优越，父母的倍加宠爱，每个男孩都会以自我为中心，所以男孩在交往过程中难免会遇到矛盾和冲突，但是父母并不是当事人，不能事事出手为男孩解决，父母要适当的放权，让男孩自己去解决冲突矛盾。而且父母要客观地看待男孩之间的打架，吵架行为，不要总有一种害怕自己的孩子吃亏的心理，不要以自己的好恶和是非标准来评价男孩之间的矛盾，父母也不要大惊小怪，而是要以平常的心态引导男孩正确的面对在交往中遇到的各种矛盾，让男孩“独自”去学会如何面对交往上的小问题，教给男孩一些正确的交往方法，让男孩学着自己解决问题。此外，父母绝对不要偏袒自己的男孩，而是要培养男孩勇于面对自己困难的精神，体谅他人，善解人意，乐于助人，具有同情心。

教子秘诀四：父母要鼓励男孩带朋友回家

父母对于男孩的朋友一定要敞开心怀接纳，如果男孩把朋友带回家，父母却因为怕把屋子弄脏而在朋友走后对男孩说："以后不要带朋友回来"这样会很不利于男孩与朋友间的交往。对于这种情况，父母应该热心的帮助男孩招待同学或朋友，从而使男孩保持良好的朋友关系。此外父母还可以经常让男孩到邻居或朋友家串门，这样会锻炼男孩接人待物的能力，也是一种良好的交际手段。

父母怎样锻炼男孩的交往能力？

第一，父母在与人交往过程中要真诚、热情，为男孩树立好的榜样；

第二，根据男孩的特长，培养男孩多方面的兴趣、爱好，增强男孩与人交往的自信心；

第三，积极引导男孩与周围的人交朋友，将自己交朋友时的经历和心得讲给男孩听，给他提供好的建议；

第四，父母要善待男孩的朋友，这样会男孩觉得很有尊严，也会让他们更乐意与人交往。

秘籍37.男孩要做礼仪小达人

社交礼仪是指人的服饰打扮、言谈举止等行为遵守人际交往的礼节。良好的社交能力会给对方留下深刻的印象，这就要求男孩必须掌握社交礼仪，做个彬彬有礼的"小绅士"。

现在社交能力在生活中越来越重要，一个人孤立的生存，就等于死亡一样。尽早学会沟通会是男孩学习、工作、生活顺利进行的保障，而且也有利于男孩在个性、语言、智力等方面的发展，所以父母应该从小对男孩进行全面的礼仪教育，学习与人沟通的能力。

刘佳伟向来都是目中无人，家里来了客人从来不打招呼，对长辈说话也从不用敬语。他的父母很为佳伟的不礼貌行为感到头疼。小朋友们也都对他敬而远之。小佳伟变得越来越孤僻。

有一天，他问妈妈“为什么没人愿意跟我玩？”妈妈想想说：“因为你的眼里没有朋友，所以才没有人愿意跟你玩。”开始，佳伟不明白妈妈的意思，“我没有对他们怎么样呀？”妈妈却说：“如果你为别人做了一件好事，别人真心诚意的谢谢你。而你却给人家一个冷眼，你想别人会怎么想，还会感谢你吗？对别人只有以诚相待，别人对你才会以礼相还的。”从此，他听了妈妈的话，注意与人交往的细节，并学会了礼仪守则，不再给人高傲的姿态，果然又回到朋友圈中去了。

可见，社交礼仪对于一个人的人际交往是多么的重要，那么父母应该如何向男孩灌输礼仪教育呢？

教子秘诀一：父母平时就要对男孩进行礼仪基本知识的教育

所谓社交礼仪是指在吃、穿、坐、立、行、言等方面都有基本要求，例如：当家里来客人时，有些男孩熟视无睹，跟没事人一样，坐没有坐姿，站没有站样，而且在穿着上也很随便，常常在家里穿着背心和拖鞋，这样首先在感官上就会给人一种很拖沓随便，不重视别人的感觉。还有的男孩在公共场合遇到朋友，与人握手不脱掉手套，与人说话东张西望，目光游离在远方等一些很不健康的社交礼仪。通俗的说就是男孩不懂礼貌。所以父母要及时的教男孩基本的社交礼仪，这对男孩社交能力的提高是非常重要的，一个有良好社交礼仪的男孩的为人素质也一定会很高的。

我国自古以来就是一个礼仪之邦，很多礼仪至今仍然值得借鉴。例如：“站如松，坐如钟。”与人说话要目视对方，与人见面要问好，与人交东西时要双手奉上，餐桌上要满杯酒、半杯茶等，如果男孩连这些基本的礼仪都不懂，那就是父母缺少对男孩进行基本的礼仪知识的介绍，这并不是男孩们的错。这一点，国外做的也比较好，很值得借鉴，如：英国的家庭教育素有“把餐桌当课桌”的传统。从孩子上餐桌的第一天起，父母就对他进行“进餐教育”，目的是培养男孩养成良好用餐习惯、学会进餐礼仪。在餐桌上，告诉男孩吃饭时不要敲打饭碗，长者优先入座，姿势端正，咀嚼食物、喝汤时不要发出

声响，夹不到的菜要礼貌地请别人帮忙；如果忍不住想咳嗽、打喷嚏，不能对着餐桌等，使男孩从小就具备了最基本的生活礼仪。

教子秘诀二：父母在生活中要做好榜样作用

可以想象，如果父母在平时的生活中脏话连篇，做事粗鲁，难道男孩会是个文质彬彬的乖孩子吗？俗话说：有其父，必有其子。所以父母的一言一行对于男孩来说有着深远的影响，父母要为男孩作出榜样才行，给男孩提供获得社交能力的佳境。例如，当节假日来临的时候，往往是亲朋好友密集聚会的时候，所以当家里来客人时，父母首先应该表现出良好的社交礼仪，并教男孩主动与客人打招呼，当客人落座后，让男孩做些简单的招待工作，如倒水、拿水果之类；在大人交谈时绝不要插嘴，保持沉静而有礼貌，待客人准备离开时，要让男孩出来有礼貌地送走客人。

其实礼仪和风度是一个男孩内在气质的流露，并不是一天两天就可以练就的，作为父母应该从小对男孩进行礼仪教育。经常带男孩参加一些聚会，让男孩在实践中锻炼自己的礼仪能力，让彬彬有礼的“小小社交家“茁壮成长。

父母要把男孩练就成礼仪小达人的方略

第一，父母要尽可能的给男孩创造锻炼社交能力的机会；

第二，父母要给男孩树立榜样作用，以身作则更具有说服力。

秘籍38.善用肢体语言与人沟通

谈到交往人们头脑中的概念就是通过“说”来进行。语言就是沟通的唯一方式，其实不然，只能说语言是沟通最有效的方式，而不是唯一的方式，除了语言，肢体语言也是很好的传递内心想法的方式。

美国语言学家艾伯特·梅瑞宾研究发现：人与人之间的沟通，高达

93%的沟通是通过非语言沟通进行的，只有7%是通过语言沟通的。在非语言沟通中，有55%是通过面部表情、形体姿态和手势等肢体语言进行的，只有38%是通过音调的高低进行的。所以人们对伯特·梅瑞宾的研究总结了一个公式：沟通的总效果=7%的语言+38%的音调+55%的肢体语言。由此可见，肢体语言在人与人沟通中起着重要的作用，父母不能片面的认为只有语言才是进行沟通的有效方式，肢体语言在沟通中绝对不可少。

李新因为期末成绩下降了五名，所以心里很是不爽，回到家中闷闷不乐。但是父母并没有责备他，因为前几天感冒，能考出这样的成绩已经不错了，但是李新是一个要强的男孩，对这样的成绩仍然耿耿于怀。爸爸看到这样的情形，过多的言语并不会对他有很大的帮助，没准还会适得其反，于是父亲走到李新的身边，只是一个微笑的眼神，拍了拍儿子的肩膀："这点挫折就垂头丧气，爸爸相信你下次准会前进十名，不信咱俩打赌。"爸爸伸出手作出拉钩保证的手势，李新看到爸爸的信任，也伸出了手。他以这次的约定作为动力，果然在下次考试中考出了好成绩。

可见，肢体语言对于沟通交往的作用是必不可少的。那么父母应该如何让男孩在沟通中加强对肢体语言的训练呢？

教子秘诀一：父母要教男孩微笑不可少

雨果说过："笑，就是阳光，它能消除人们脸上的冬色。"的确是这样，一个微笑，可以化解矛盾；一个微笑，可以表达深切的爱意；一个微笑，可以结交一段深厚的友谊；一个微笑，也可以传输热情和鼓励。所以微笑是沟通中必不可少的一道风景。生活中，父母要给男孩灿烂的微笑，让男孩既能体会到浓浓的情谊，又能看到自信和鼓励。在与男孩沟通过程中，常常要以微笑代之，这样会使犯错误的男孩感到悔意，也会使伤心难过的男孩看到光明和希望的力量。

教子秘诀二：父母要给男孩以温暖的怀抱

一份调查报告指出：70%的孩子喜欢父母的拥抱，大约30%的孩子认为人的一生需要父母的拥抱。父母的拥抱对于男孩来说会给男孩增强信心和幸福感。当男孩在遇到挫折时，父母一个鼓励的拥抱会使男孩感到莫大的鼓舞；当男孩取得成绩时，父母一个祝贺的拥抱，会使男孩得到及时的勉励；当男孩产生自卑时，父母一个加油的拥抱，会使男孩看

到积极地力量，所以拥抱也是传达情感的一个很重要的肢体语言。

教子秘诀三：父母要教男孩学会眼神交流

眼睛是心灵的窗户，从一个人的眼神往往能看出他的喜怒哀乐。眼神可以反映一个人内心的真实状态。所以当父母看到男孩受委屈时，就应该及时向男孩投来关切的眼神；当父母发现男孩胆怯时，就应该及时投来激励的眼神；当父母看到男孩无理取闹时，就应该及时投来批评的眼神，当男孩的眼神能被父母读懂时，父母就应该及时发挥眼神的效应。

教子秘诀四：父母要经常拍拍男孩的肩膀

拍肩膀这种肢体语言常常出现在男孩遇到挫折困难的时候，此时父母的千言万语都不如一个简单的拍肩膀的肢体语言更有效果。他们会从这一个看似很简单的动作中受到很大的鼓舞，会获得一种无限的力量支撑着他们勇敢的向前走。这种经历，我想很多男孩都有过，都享受过拍肩膀所带来的力量支持。

教子秘诀五：父母要用双手拉近与男孩的距离

手是一个传递情感的桥梁，双手的作用是任何语言也代替不了的。拿中国的握手礼仪来说，就会传达出多种含义：当双方意见达成一致时，会握手联合；当好久不见时，会握手表达想念；当见到久违的人时，会握手表示尊敬，所以双手的肢体语言能传达强烈的情感。如果双手的效应用在男孩的沟通交往上，同样会有很好的效果。当男孩哭闹时，父母伸出双手，会传递温暖和关爱；当男孩遇到挫折时，父母伸出双手，会传递信心和力量。所以双手的肢体语言会缩短与男孩心灵上的差距。

父母如何利用好肢体语言与男孩进行交流？

第一，父母要创造良好的家庭氛围，让男孩在良好的环境中健康成长；

第二，父母要学点心理学，要适时观察男孩的心理表现。

第五章

善于学习——有出息的男孩必备的能力

高尔基说，“人的天才只是火花，要想使它成熊熊火焰，那就只有学习！学习！”可见名人之所以能够成为名人，是因为他们在与同伴嬉乐或休息时不停地攀登；凡人之所以成为凡人，是因为别人忙于攀登时他却安然入睡。所以面对人生十字路口这道选择题，谨慎选择才能保持正确的方向，糊涂选择就易步入歧途，放弃选择就会迷失方向。而选择之本就是要有准确的判断，聪明的头脑，所以学习则是永久的智慧。

秘籍39.独立思考造就“神童”

爱因斯坦说过：“学习知识要善于思考、思考、再思考。”因为人的思想指挥着行动，在历史上任何一个较重要的壮举发明，都是和独立地深入思考分不开的。所以养成独立思考的习惯是男孩走向独立和成功的基础。因此，父母在培养男孩独立性的时候，首先要让他们学会独立思考，尽量做到凡事他们自己能够想的，就让他们自己去思考。

圆珠笔刚被发明出来的时候，人们总不能解决一个问题，就是圆珠笔用到一定程度，笔尖部位就磨损严重使墨漏出污染纸面。这个问题的解决却是因为一个小孩子的一句话，他天真地说：“不想让油墨漏出来就不要等到它漏出来啊。”制造商就是因为这句天真的话而豁然开朗：与其研究怎么防止磨损笔尖，不如干脆把笔芯做短一点、细一点，油墨少一点，这样在笔尖还没有完全磨损的时候油墨就已经用光，只需要换支笔芯就可以继续书写了。

可见，男孩的思考往往有意想不到的价值，因为他们虽然没有经验，但也没有刻板固定的思维模式，他们的思维远比一个成年人活跃，善于思考的男孩常常给人智慧的惊喜。

教子秘诀一：父母要帮助男孩培养独立思考的意识

要想让男孩养成独立思考问题的习惯，首先要让男孩自己认识到思考的重要意义。现在的父母把男孩的学习成绩视为命根，往往扼杀了男孩创造性思维的激活，其实与父母强迫男孩在学校获得好成绩相比，男孩更希望认字，希望能够阅读，这对于男孩来说更实际得多，男孩能够自己确定这样更具体的实际目标，才会产生更大的热情。

对于男孩来讲，生活本身就是学习的过程，而父母在生活上过分帮助他们，不让他们独立选择，自己判断，就抹杀了他们独立的能力，男孩自然会形成一种依赖心理：反正有爸妈帮我搞定。时间一久，懒得自己思考问题了。试想一下，你是不是遇过这样的经历，当男孩遇到不会的题，走过来，常常会说，“爸，这道题我不会，你帮我做一下。”

“嗯……我也不知道，你说什么就是什么吧。”

“我做的剪报怎么样？同桌做得很漂亮，我跟着学的。”

……

不知道你当时的解决办法是什么？是第一时间跑过去帮忙？还是表扬他“抄袭”的能力出色？还是让他自己解决问题？男孩遇到问题时总想着向父母求助，不愿意自己想办法，懒得动脑筋，或者看别的小朋友怎么做，自己就怎么做，一点主见都没有。这时父母扮演的是主角，你选择怎样的交流方式，会直接影响问题的解决方式。

可爱的亮亮今年六岁了，聪明而活泼好动。此时面前摆着十几块正方体，正方体的六个面上画着不同图案。亮亮摆弄着方块，想摆出老师展示的图案来，可是一直不正确。坐在旁边的爸爸悄悄挪到亮亮跟前：“你这块摆错了，应该调过来。”爸爸一边说，一边伸出手，想帮亮亮摆正确。可是亮亮很不领情地把爸爸的手推开，继续研究手里的方块。两分钟过去，爸爸再次靠近亮亮，却被再一次拒绝了。

亮亮参加的是一项专门锻炼幼儿图形记忆能力的训练，是一种思维游戏。在游戏中，很多父母不理解男孩参与活动的真正目的，像亮亮的爸爸，属于帮倒忙，潜意识里想代替男孩成长。从亮亮拒绝爸爸帮助的行为可以发现，很多小朋友有独立解决问题的意愿，是父母的行为在剥夺他们独立思考的机会。

教子秘诀二：父母要善于挖掘男孩独立思考的潜能

男孩天生自信、生机勃勃，他们喜欢思考、喜欢竞争，竞争让他们兴奋，也让他们更愿意接受挑战。如果这种品质能够得到父母的充分肯定和支持，那么他们会更早地走向独立。

科学实践表明，当男孩六个月大的时候，他们就已经开始试图通过自己的探索尝试着寻找解决问题的途径了。而且男孩更擅长抽象思维，具有很强的立体空间认知能力。因此，父母在培养男孩独立思考能力的时候，不要忘记首先要保护好他们这种天生的“能力”，然后再进行积极的正面引导，这样将更有利于他们独立性的形成。

凡是有思考能力的男孩，都有着求知欲望强，学习能力强，创造力强，终生学习的能力强等特点。而思考源于好奇，男孩都有好奇

心，爱提问是儿童的天性，面对男孩提出来的大问题、小问题、愚蠢的问题、聪明的问题，父母应该高兴和鼓励。

另外，有的父母会把男孩的不听劝告、一意孤行当成他们独立的开始，这是错误的。培养男孩的独立思考能力是为了让他们在面临选择时，能够始终保持清醒的头脑，有自己的思考和判断。所以，如果发现男孩出现这种倾向，一定要及时纠正，以免他们“误入歧途”。

思考是创造力的源泉，创新是民族的灵魂。学习知识要思考，发明创造要思考，完善人生也需要思考。

如何培养男孩独立思考的能力呢？

第一，让男孩明白独立思考的重要性；

第二，让男孩多进行独立思考的活动；

第三，让男孩感到思考并非“高不可攀”；

第四，让男孩学会独立思考。

秘籍40.不要扼杀男孩的探索欲望

生活中，男孩的一切言行都在父母和老师的视野中。经常会听到类似这样的言辞：“别到处乱跑，不要和陌生人说话，要是坏人就完了。”“放在那，等妈妈去弄。”“你写完作业了吗？”“不要上高，会摔下来的，受伤了怎么办？”这样把男孩看得死死的，似乎没有了自我，完全在父母师长的掌控下生活。其实没准就因为你的一句话，在那一瞬间，男孩一个奇妙的构想，一份对大自然的挑战就被扼杀了。男孩不是机械的动物，是有着灵活思维的，所以作为父母和老师不应该扼杀男孩的灵感，而是应该激发他们探索的能力。

教子秘诀一：父母要善于发掘男孩的探索天赋

有这样一个故事：

一个十四五岁的男孩来到一个路口，前面似乎有一条小路若隐若现，召唤着他前进。当他正要向前迈步时，他的母亲拦住他："孩子，那条路走不得！"

男孩说："为什么？"

母亲说："那条路很不好走，我是从那条路走过来的人，你怎么不相信呢？长辈们走的路要比你们的人生都长，所以还是多问问过来人。"

男孩说："既然你能从那条路上走过来，证明还是有路可走的，那我为什么就不能？"

母亲说："我不希望你走弯路。"

男孩很坚定地说："我不怕，我自己选择的，我就会坚持到底！"母亲看着男孩，叹了一口气说："你这孩子太倔强，那条路很难走，你一路要多加小心。"

小孩子雄心勃勃地上路了。走在路上，男孩发现妈妈没有骗他，那条路确实很难走。男孩碰了壁，摔了跟头，当男孩想要放弃的时候，想到了和妈妈的保证，坚强的毅力支撑着他选择了咬牙坚持，终于，他走过来了。

父母的经验对于年轻一代来说是一种很宝贵的财富，但是怎样经营这笔财富是很有学问的。如果直接拿来，甚至都不经过大脑的过滤，那么财富并没有体现它的价值。特别是年轻的一代，很多事情需要他们自己去探索、去感悟。西方人喜欢实际，他们鼓励男孩去探索、去体验，虽然不一定正确，但是很多男孩喜欢，也是很值得提倡的。

教子秘诀二：父母要给男孩提供探索的机会

男孩的思维本来就是很活跃，而且是很跳跃的。随着年龄的增长，男孩就会产生摆脱各种束缚和依赖的独立倾向。他们喜欢探索活动，努力在生活中寻找问题的答案，这是男孩心理发展的正常现象。可是有些父母一味限制男孩的各种活动，使男孩缺乏与同龄人交往的机会，同时，单元式的结构住宅，也不利于男孩的社会活动。人们常常感叹，现在的男孩是幸福的一代，也是很可悲的一代，他们没有更多的自由空间。有个孩子在日记中这样写道："我没有兄弟姐妹，爸

爸妈妈也不让我出去玩，我就像那笼中的小鸟自我封闭，我既没有机会，也没有能力去求知和探索。”照这样下去，男孩就会长期心理压抑，身心健康也会受到损伤。”

其实很多男孩的小脑瓜里总是装满了“为什么”。许多人都对男孩那些异想天开、稀奇古怪的问题不加理会，甚至轻易否定。苏联教育家霍姆林斯基曾说：“在儿童的心灵深处，都有一种根深蒂固的需要，就是希望自己是一个发现者、探究者和成功者。”

东东对虫子简直到了痴迷的程度。课堂上，老师常常看见东东走神，不知道从哪里搞到一只昆虫，观察得津津有味。下课了，别的同学在做游戏，他却趴在地上看蚂蚁。老师对东东很头痛，这个孩子太沉迷于昆虫的世界里。

东东的爸爸倒不觉得这是个缺点，爸爸小的时候也喜欢看昆虫，可是东东的爷爷认为那是玩物丧志，于是爸爸在爷爷的干涉下放弃了对昆虫的喜爱。见儿子也喜欢虫子，爸爸很高兴，他理解儿子对于这个神奇的昆虫世界的好奇。

爸爸给东东买了很多与昆虫有关的书籍，东东立即就被这些书籍吸引了。爸爸对他说，“如果想将来好好研究昆虫，现在必须把学习搞好，有知识的人，才能好好研究。”东东在爸爸的支持下一边学习功课，一边保留着自己的爱好，高中毕业，东东选择了一所知名高校的生物专业。

强烈的好奇心和不断探索的意识会使男孩激发学习兴趣。男孩只有对学习产生了兴趣，才能从学习中体验到快乐，才会热爱学习，并主动学习。东东就是一个很好的例子。但是东东是幸运的，因为他有一位理解和支持他的爸爸。其实很多男孩就没有东东的幸运。当男孩对一件东西产生好奇并且开始表现出一种破坏物品的行为的时候，父母常常是牺牲男孩的探索精神而保护物品的完整无缺。

其实，男孩在进行探索活动时，不仅会得到探索的乐趣，其思维能力、创造力也都会得到发展。所以父母要为男孩提供接触社会、接触自然的时间和空间。休息日时，父母可以带着男孩到郊外游玩，也可以带男孩到少年宫、博物馆、展览馆等场所，让男孩在观察事物中能发现问题，接触的事物多了，就会产生奇思妙想。那种只想把男孩关在家里，只想让男孩写字、画画的想法，只会把男孩变成“书呆子”，绝不可能把男孩培养成为有探索精神和创新能力的人。

当然万事不是成功就是失败，如果男孩在探索中失败了，父母一定要及时鼓励，这样，男孩在失败后才能够迅速调整心态，继续新的探索活动。

父母怎样培养男孩的探索精神？

第一，引导男孩正确的发挥想象力。

第二，积极引导兴趣，在兴趣的基础上进行探索。

秘籍41.专注的男孩最有魅力

学习就是男孩的“工作”，男孩如何在“工作”中表现的出色，与良好的学习习惯是分不开的。教育专家认为：孩子只有先形成一种专心的习惯，才有可能在日后对自己的事业全身心投入，即使有外界干扰，也会坐住凉板凳的。而这一点尤其对那些耐心差、永远也坐不住的男孩来说，似乎更加适用。

好动、贪玩、顽皮是男孩的特性。如果父母引导得好，这些都会变成优点，但要是教育不好，则会是另一个极端。就像对待学习一样，调皮的小男孩们的表现很是让人失望，很多家有男孩的父母都遇到过这样一个问题：男孩的做事效率低，做作业动作慢，一边写一边玩。做起事来没有耐心——刚开始玩积木不到几分钟，又去玩电子游戏；画画才学两天，就扔下画笔闹着要学钢琴；钢琴买了，老师也请了，他却说弹吉他的哥哥很酷，想学吉他……

大家都知道专注学习的重要性，只有善于集中注意力,才会使男孩学习的效果好，也因此有更多的时间来休息和放松。但是，看着男孩这样整天漫不经心，做事有头无尾，三天打渔、两天晒网的样子，每个做父母的都会很发愁，长此以往必将一事无成。

儿童心理学家研究认为，人们集中注意力、抑制冲动的能力跟大脑前额叶的发育有关，而大脑要到20多岁才会完全发育成熟。也就是说，几岁到十几岁孩子的大脑还处在发育阶段，注意力自然比较短。如果小学阶段的男孩读书、写作业二三十分钟，起来动一动，尤其对那些好动的男孩来说，是很正常的现象。所以父母要求男孩像大人一样，一两个小时都在专心致志地做作业，也实在是强人所难。

所以，对停不下来的男孩，是让男孩与你对抗、或“消极怠工”、或搞更大的破坏，还是让男孩进入状态，按部就班地学习，我想每个父母都会选择后者。想要做到这一点其实也是有章可循的，下面就给您几点建议：

教子秘诀一：给男孩创造一个安静的学习环境

环境影响人，造就人，这是被实践证实的真理。如果西想让男孩专心的学习，就要给男孩创造一个安静和谐的学习环境。所以男孩的书桌上除了文具和书籍外，不应摆放其他物品，以免分散他的注意力。抽屉柜子最好上锁，免得他随时打开，在没有完成学习的情况下去清理抽屉。书桌前方除了张贴与学习有关的地图、公式、拼音表格外，不应张贴其他吸引男孩注意力的东西，绝对不允许男孩边看电视边写作业。一些父母因为男孩的注意力不够集中而在旁“站岗”，这不是长久行之有效的办法，因为长期这样，会使男孩产生依赖心理。此外，男孩注意力跟情绪有很大的关系，因此父母应该为男孩创造一个平和、安宁、温馨的学习环境。声音嘈杂的环境，杂乱无章的屋子，都会严重影响男孩的注意力。

教子秘诀二：要求男孩在规定的时间内完成作业

研究表明，注意力稳定时间分别为：5～10岁20分钟；10～12岁25分钟；12岁以上是30分钟。如果想让10岁的男孩60分钟专注地完成作业几乎是不可能的。因此，父母要根据男孩的年龄特点，要求他在相应的时间内集中注意力，力争保质保量地完成作业。

如果男孩的作业量超过了他注意力稳定的时间，这时父母可以帮他把作业分割开，让男孩一部分一部分来完成。这样不仅有利于集中孩子的注意力，而且能够使男孩的学习有张有弛，提高学习效率。此外，父母的监督作用也是不可以省略的，对男孩的不定期检查也有助于他们集中精力去完成功课。

教子秘诀三：注意培养男孩专注做事的能力

男孩学习、做事情最大的“敌人”就是注意力涣散。因此，父母要告诉男孩，不管面临多么多的任务，要想做得最好，最聪明的做法就是：每次只想、只做一件事情。父母要注意培养男孩在某一时间内做好一件事的能力。对于家庭作业，父母要帮他安排一下，做完一门功课可以休息一会儿，不要让男孩太疲劳。有些父母觉得男孩动作慢，不许男孩休息，还唠叨没完，这会使男孩产生抵触心理，效果反而不好。在日常的学习、生活中，为了让男孩养成专注的好习惯，父母可以故意给你的男孩很多任务，让他去完成，然后在他做得一塌糊涂的情况下，再告诉他，每次专注做好一件事情才是捷径。这样，男孩就能深刻体会到专注的重要性了。

教子秘诀四：对男孩讲话不要总是重复

有些父母对男孩不放心，一件事总要反复讲几遍，这样男孩就习惯于一件事反复听好几遍。当老师只讲一遍时，他几乎没听见或没听清，这样漫不经心的听课常使得男孩不能很好地理解老师讲的内容，无法达到老师的要求，自然也就谈不上取得好的学习效果。父母对男孩交待事情只讲一遍，是培养男孩注意力的一种方法。因此，父母可以通过听来训练男孩的注意力，比如父母可以让男孩听音乐、听小说，鼓励男孩用自己的话来描述听到的内容，从而培养专心听讲的好习惯。

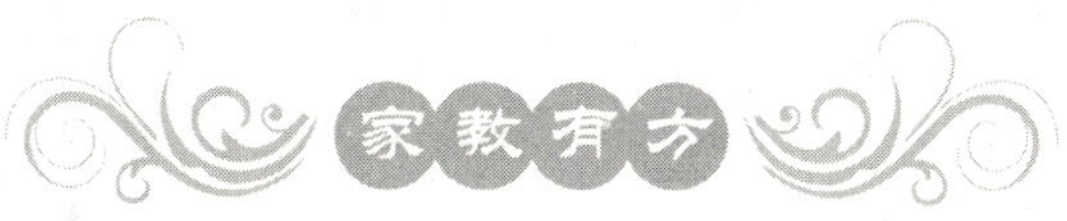

如何培养男孩专注的能力？

第一，用静态的游戏延续注意力；

第二，让男孩对有兴趣的事入手；

第三，父母要给男孩提供安静地学习环境；

第四，加强对男孩意志的锻炼，培养做事善始善终的好习惯。

秘籍42.男孩要养成阅读的好习惯

一位名人说过："阅读是一种终身教育的好方法。所以"培养男孩的阅读兴趣，让男孩喜欢读书，愿意读书，是父母对男孩培养的良好学习行为。阅读胜过学校单纯的教育方式，甚至胜过一台电脑，胜过一张大学文凭。因为阅读会使你的知识面拓宽，视野变得开阔，所以热爱阅读的男孩会终生受益。"

一天，奇奇问幼儿园的老师："你为什么如此聪明？总有讲不完的童话、说不完的故事呢？你简直就是我的偶像。于是老师拿出一本童话书，并笑着说："是它把我变聪明的。"从此奇奇就爱上了这个法宝。经常读很多书，周围的人都夸奇奇变得聪明了。奇奇得出的结论是：读书能把一个笨孩子变成聪明的孩子。这就是多读书的好处。

的确，书有一种神奇的魔力，阅读书籍能够吸引男孩的智慧和心灵，激起他们对世界观、人生观的共鸣，对自己言行的深思。莎士比亚曾说过："生活中没有书籍，就像没有阳光；智慧中没有书籍，就像鸟儿没有翅膀。"

但是阅读不是一朝一夕的事，它是一种综合的能力，是需要一个循序渐进的过程。男孩因为受年龄、知识和生活环境的限制，会在阅读习惯、方法和材料等方面遇到这样、那样的困难。而作为男孩的第一任教师的父母来说，就成了男孩阅读的启蒙者。因此，父母要担负起男孩阅读教育的职能，注重激发他们的阅读兴趣，选择合适的阅读材料，并与男孩一起阅读。

其实培养男孩从小爱阅读的习惯也是有好方法可循的。

教子秘诀一：父母要激发男孩的阅读兴趣

从小激发男孩的阅读兴趣，对男孩一生的成长都有着极其重要的影响。男孩对阅读的兴趣在很大程度上是从父母讲故事开始的。所以父母应该尽可能的多陪男孩看看书，多给他讲讲小故事。同时，还可经常与男孩在一起交流一下读书的方法与心得体会，鼓励男孩把所听、所感记录下来，并且善于总结观点和发表自己的看法，与大家分享，并且一起分析、讨论，交流心得。如果父母能经常这样做，男孩的阅读兴趣就可能变得更加浓厚，男孩的阅读水平自然也会得到很大的提高。兴趣是一切事物的源头，如果能让男孩对阅读产生浓厚的兴趣，他就会积极、热情地完成这项活动，让男孩心中植入读书的欲望。

教子秘诀二：父母要为男孩大声朗读

培养男孩的阅读能力，首先应从给男孩的朗读开始。给男孩朗读是培养男孩阅读能力必不可少的一个内容，因为它不仅能给男孩带来必备的知识，还会让男孩养成阅读的好习惯，在他们阅读之旅上向前迈进一步。

男孩在阅读上除了依赖父母这根拐棍，还可以借助听录音磁带，让男孩首先是用耳朵“阅读”。因此，父母要经常满足男孩听故事的需要，每天安排一个固定的时间为男孩朗读故事。父母要每天为男孩大声朗读文章并且要持之以恒，男孩对阅读的兴趣也会在阅读声中渐渐产生。

因为男孩在听读的过程中，不仅可以使注意力高度集中，还会激发男孩的想象力，拓宽视野，丰富男孩的情感，积累丰富的词汇。

父母在给男孩朗读书时，选择书的类别很重要，对于初入书海的男孩来说，应该选择一些具有启迪性、知识性，并且具有文学性和长期阅读价值的书。在朗读的时间上也要有要求，每天专注而热情地朗读10分钟，会在男孩脑海中留下深刻的印象，并不是时间越长越好。

教子秘诀三：父母要为男孩创造良好的家庭阅读环境

想读书，首先要有书。男孩只有接触到书才会对它有感觉，这就是环境会影响一个人的成长的道理。所以，父母要想锻炼男孩的阅读能力，首先要创造条件，在家里就要用心布置方便阅读、刺激阅读的环境。

如果在家庭条件允许的情况下，父母应当“汗牛充栋”，只要是对男孩阅读有益的书籍，就要买好，并放在男孩可见之处，天长日

久，男孩每天把所见的书，即使一天翻一页，也会慢慢对书籍产生兴趣，使男孩养成阅读的好习惯。

教子秘诀四：父母要帮助男孩挑选适合的图书

父母要经常带男孩去书店，让他们挑选自己喜欢的图书，但是父母的参谋意识一定不可少。父母一定要根据自己男孩的实际情况，量体裁衣，但是也不应操之过急，学习是一个循序渐进的过程，阅读也不例外，父母要根据男孩的兴趣爱好和已有的阅读水平，选择适合的书。如果男孩不喜欢阅读，可以选择略低于男孩实际水平的书籍。而且还应该注意，男孩们的阅读涉及面要广泛，科学、文化、富有幻想等等，不要只局限在读文学类书籍。

但是，很多父母认为，男孩的学习已经很紧张了，没有时间和精力去看课外书，即使有时间，还不如多看些学习参考书、多做一些练习题，这种想法是很偏颇的。在当今时代，无论从哪个角度来看，男孩喜欢看课外书总比不喜欢看要好，所以，父母应当尽可能地为他们创造条件，鼓励男孩看一些有益的课外书。

父母如何提高男孩的阅读能力？
第一，告诉男孩分清轻重缓急，分配好阅读时间；
第二，告诉男孩坏的书刊犹如毒品，不要去碰；
第三，武侠小说可以允许男孩适当地看。

秘籍43.与男孩一起制定“学习计划”

一位妈妈这样描述自己的儿子冬男。冬男今年读六年级，因为成绩不理想，经常被同学们讥笑，老师也不喜欢他，上课对冬男来说是一件痛苦的事。

有一天，他告诉妈妈一个决定，他不想继续读书了，当时妈妈很是吃惊，但是一想也不能怪孩子，是她忽略了冬男的学习，于是妈妈决定帮助冬男一起学习，冬男在妈妈的鼓励下同意了。妈妈说：“我不希望你一下子考第一名，只要能有进步就是最大的进步。”于是，妈妈根据冬男的实际情况，制订了学习计划，在妈妈的帮助下，冬男按照学习计划进行复习，果然渐渐地喜欢上了学习。

从冬男的例子可以看出，在学习方面制定行之有效的学习计划是非常重要的。因为制定学习计划，会使男孩在时间的支配和课程的安排上，头脑中有一个大的框架，这样做并不需要过分苛求细节，也不会严格规定某时一定要做什么。而且会使学习保持一定自由度，富有弹性。要想做到这一点，首先要做到“胸有成竹”。记住自己要干什么、该干什么，怎样合理地进行下去，而且最后的时间总是绰绰有余的。

所以制定学习计划不仅是一种良好的学习习惯，也是男孩 学习过程中至关重要的环节和学业上能够成功的重要保障。

教子秘诀一： 制定学习计划要从男孩的学习习惯出发

每个男孩的学习和生活习惯都不尽相同，所以制定学习计划也不能千篇一律，而是要从男孩的实际出发，这样制定的学习计划才具有指导性和可行性。男孩在课堂上的表现、与同学交流学习的情况、男孩的生活习惯等都是男孩制订学习计划的依据，所以父母要及时了解情况，帮助男孩进行学习计划的制订和实施。

韦小伟是个读六年级的男孩，他的学习成绩特别好。小伟的妈妈很关心他的学习，经常与老师沟通小伟在学校的表现，并根据实际情况，帮助小伟制订出相应的学习计划。

在小伟学习状态佳的时候，他的学习计划也较为紧凑，以便将知识学得更深、更透；而当他的学习状态不佳的时候，就可以把学习计划调整得松一些，留出更多一些时间来放松心情。这种有张有弛的学习计划让小伟学习较为轻松，一直保持优秀的成绩。

可见父母要从男孩的实际出发，制定行之有效的学习计划对男孩的学习是很有益处的。

教子秘诀二：父母要根据男孩的学习内容制定学习计划

学习计划不能以父母的主观意识为标准，而是要跟男孩的学习内容相匹配，否则就会取得事倍功半的效果。例如：男孩今天的课程侧重于语文，而父母制定的实际计划侧重于数学方面，这样就会使男孩对当天语文课程的吸收、消化时间短，自然就不会收到最佳效果。显然，不切实际的计划是难以取得良好效果的。

所以，父母在指导男孩制订科学的学习计划时，一定要指导男孩结合每天的学习内容，这样才能保证计划得到良好的执行。

教子秘诀三：学习计划的制定要参照学校的进度

对男孩的学习教育家庭是一方面，但是学校担负着更重要的使命。所以父母在指导男孩制订学习计划的过程中，一定要参照学校的教学进度。如果父母为男孩制定的学习计划与学校的进程相差太远，那么男孩在学校的学习与家庭学习的计划就会脱节，也使男孩难以取得良好的学习效果。

李若琳是一个天资聪颖的小男孩，成绩一直在班级名列前茅，上课总是嫌老师讲得慢。老师要半学期讲完的课，若琳的学习计划，则是在半个月内全部学完。妈妈说："你的学习计划不要脱离学校的计划。"若琳却傲气的说："老师讲课跟老牛拉车似的。"妈妈对他的想法进行教育："如果你的学习计划不能与学校的教学进度很好地结合起来，那么你的学习计划不但不能帮助你提高学习效果，反而会给你增加负担。"可是若琳依然执着自己的想法，结果在期末成绩单发下来的时候傻眼了。

其实，学习计划就是起着督促，促进男孩学习的作用。如果男孩只是单枪匹马，任我所为，以自我为中心，不参照学校的教学进度来制订科学、适合的学习计划，很容易使男孩吃"夹生饭"，不但不会帮助男孩提高成绩，反而会影响他们的学习成绩和学习状态。

教子秘诀四： 计划切忌多而满，给男孩自由空间

男孩除了学习还要有一定自由时间，这样会有利于男孩身心健康发展。但是有些父母过分的追求分数，而忽视了男孩的心理教育，这种做法是万不可取的。常常有男孩这样感叹：除了在学校学习外，还要参加这样那样的补习班。背着沉沉的大书包，上完英语还要去学钢琴……父母以为这样就会使男孩全面发展，其实不然，所以学习计划不能安排过满，一定要留出一点自由时间，让男孩自由娱乐或者休息放松一下。适当的放松可以使男孩保证良好的学习状态，因为大脑也要休息，有张有弛才会是最佳状态。

总之，学习优秀的男孩往往都是计划的受惠者。而父母需要做到的就是督促男孩积极执行自己的学习计划，为男孩在学习的道路上助一臂之力。

父母如何帮助男孩制定切实可行的学习计划？

第一，告诉男孩制订学习计划要符合个人实际；

第二，不要计划得太满，留一点自由支配的时间可避免拖延引起的恶性连锁反应；

第三，告诉男孩学习计划可以适当调整但必须坚持；

第四，要培养男孩的学习时间观念。

秘籍44.创造让男孩散发激情

创造能力是一个民族的灵魂，是人类特有的能力。简单地说，创造力就是创新的能力。中国的男孩是有着高智商的，在各类考试中出类拔萃，但是在创造力上却有些逊色。其实这并不是他们的错。

一次，法国某教育代表团到北京的一所小学考察，看到了一个令他们不解的事：

考试卷中有一道题问“雪化了以后是什么？”有的学生答为“雪化了以后是美丽的春天”，但却被老师判了一个红红的“×”。

代表团成员大惑不解，询问了中国的老师，老师答曰：“标准答案是水”。所以那位学生遭遇了“×”的命运！这不能不说是中国教

育的悲哀，这是在牺牲男孩的心灵和创造力为代价。如果不遵循标准答案，就不能得高分，没有高分，又怎能考入重点高中、知名大学。

所以我们应该反思，中国在教育男孩创新上出了问题，其实每个男孩都很有创造力，父母应注意及时发现其创造力的萌芽，保护男孩最原始的创造意识和创新精神，才能使他们的创造性得以持续和发展。创造力是男孩成长的生长点，善待它就是善待男孩的生命，保护并发展男孩的创造力，是培养造就创造型人才的第一步。

父母作为男孩的第一任老师，对男孩创造力的培养肩负着重要的使命。在生活中，父母要做个有心人，为男孩创造力提供广阔空间。

教子秘诀一：父母要善待男孩的荒唐提问

男孩本身就是具有探索的意识，对事物充满好奇心，甚至经常提出一些荒唐、甚至让人摸不着头脑的问题，有的父母对男孩的荒唐提问，常常是不予回答，甚至会责骂男孩。其实无论男孩出于什么环境，他的提问总是渴望对方回答的。作为父母一定要对男孩的提问心平气和的对待。如，一天，6岁的男孩杨猛问爸爸："为什么开电风扇时有风，能使人凉快，可是关上窗户风跑不出去不就更凉快了吗？"爸爸对杨猛的提问并没有不予理会，而是耐心的给他讲解电风扇吹风与气温和关窗与否的关系，杨猛得到了满意的回答，高高兴兴地去玩了。

因此，父母一方面要鼓励男孩创造性地提问，并给男孩以科学的回答，更重要的在于鼓励男孩对问题提出更多的答案。

教子秘诀二：父母要鼓励男孩大胆发挥想象力

创造需要有奇思妙想作为基础，异想天开有的时候并不是一件坏事。爱因斯坦说过："想象力比知识重要，因为知识是有限的，而想象力概括着世界上一切进步的东西，并且是知识进步的源泉。"所以作为父母要善于开发男孩的想象功能，促进想象。如：男孩一会儿把扫帚当马骑，一会儿把它当冲锋枪，一会儿又用来堆雪人，这就是男孩创造力的契机，如果父母能及时捕捉这种"发散思维"，从而激发男孩的创造力，就可能会有奇迹发生。

所以父母对于男孩富有想象力的图画，凭借想象拼搭的东西、自编的故事等等，都应该给予肯定和赞赏。而且不要认为男孩荒唐，异想天开，不切实际，或微不足道，不屑一顾，要给予支持和指导。引导男孩从正确的思路上去想象、去创造。

教子秘诀三：父母要带男孩多接触新鲜事物

爱玩是男孩的天性，不会玩的男孩不是聪明的男孩。男孩经常会玩一些稀奇古怪的游戏和事物，但是往往会遭到父母的横加阻拦，其实父母是在扼杀男孩的创造力。因为创造一个新事物需要想象，但人的想象不是凭空而来的，一定要有丰富的生活实践。多听、多想、多问、多触摸，脑子里才会积累丰富的表象，即使闭上眼睛也能历历在目。而这些表象经过加工、改造、调整，就能产生新的表象，这个形象思维的过程就是创造。

父母可通过各种活动，丰富男孩的生活，开阔男孩的视野，多带男孩到大自然中去，采集种子，捕捉昆虫，制作标本，水中的鱼，天上的云……认识事物越多，想象的基础就越宽广，就越有可能触发新的灵感，产生新的想法。所以，父母就是要鼓励男孩玩出新的花样，来培养男孩善于观察、善于思考的良好习惯和动手能力，从而激发男孩的创造力。

父母如何激发男孩的创造力？

第一，父母要珍惜男孩的好奇心；

第二，父母要帮男孩展开“幻想的翅膀”；

第三，父母与男孩之间快速问答可以训练思维的流畅性。

秘籍45.竞争会让男孩自我定位

竞争是一个民族的灵魂，大到国家，小到个人，竞争无处不在。所以明智的父母从小就应该培养男孩的竞争意识和竞争能力，这样不仅能促进男孩的积极成长，还能决定他以后的命运走势！培养男孩的竞争意识和能力，是赋予男孩在21世纪畅行的“通行证”。竞争是为

了最大限度地调动人们的潜质，调动大家学习、生活的积极性，教育男孩不甘落后，创造一种积极上进的作风。

教子秘诀一：父母要培养男孩的竞争意识

要想从小培养男孩具有竞争力，首先要从对男孩的竞争意识开始。所谓竞争意识是指对外界活动所做出的积极、奋发、不甘落后的心理反应。父母要把这种意识贯穿到男孩现实教育中。竞争有成功，自然也就不会排除失败因素的存在，无论成功还是失败都是竞争的常态，作为父母在教育男孩竞争时，头脑中必须要灌注面对现实的勇气，任何试图回避或逃避竞争的做法都是错误的。培养男孩的竞争意识，鼓励男孩参与竞争，对男孩的健康发展具有重大意义。

因此，在生活中，父母要树立男孩的拼搏精神和竞争意识，在学习中要不甘落后，敢于脱颖而出；在人生道路上，要敢于冒尖，争当“出头鸟”。不难想象，一个缺乏竞争意识，学习成绩平平，工作不积极的男孩是很难赢得好人缘的。

教子秘诀二：父母要帮助男孩寻找竞争的优势

每个人都有自己的优点也有自己的短处，所以父母在培养男孩竞争意识上不可能千篇一律，要根据自己的实际情况对症下药。作为父母首先要鼓励男孩相信自己有力量和能力去实现所追求的正确目标。自我肯定，本身就是一种“自我竞争的意识”。如果一个人连自己都不敢相信，就从根本上失去了和别人竞争的能力，那么这样的男孩必然不会朝气蓬勃、乐观向上，甚至干任何事情都体验不到一种“把握感和成功感”。

作为父母要树立男孩的竞争意识首先要从寻找男孩自身优势开始，帮助男孩建立坚定的自信，这是面对竞争时，父母必须要做的，此外父母还要引导男孩挖掘自己的优点，不断强化，使男孩走出自卑的困扰而变得自信起来；帮助男孩发现自身优点和长处是克服害怕竞争的良方。

教子秘诀三：父母要引导男孩有向对手学习的勇气

竞争对手犹如一面镜子，能照到自己的不足，更能完善自己。学习对手的优点，是一种精神。但是生活中很多男孩把竞争对手看成死敌一样，害怕对方超过自己，而采取一些不正当的手段，最后导致行同陌路，甚至是敌人，其实这种做法是目光短浅者所为。

男孩在面对学习上的竞争对手时，父母应该积极引导他们不要怀着敌对的心态，而应视为学习的动力、目标以及榜样。竞争就是一场比赛，只有在这场竞赛中运筹帷幄，全面备战才会成为胜利者。因为对手会有你所不具备的优点和长处，所以智者会善于发现和学习对手的优点，主动与对手合作，向对手请教问题等。这样做并不代表你很没有面子，低人一等，相反会使你积累更丰富的阅历，学会处理竞争与合作的关系，这将为男孩以后的学习和工作奠定良好的基础。

读七年级的男孩王斌期中考试得了全班的第五名，打败他前面的五个人就是李斌的下一个奋斗目标。但是爸爸却对王斌说："斌斌，你要想打败你的竞争对手，首先你得了解他们，并且虚心向他们学习，他们之所以比你强，身上一定有你所没有的优点，所以你第一步就是要向竞争对手学习。"在爸爸的帮助下，王斌从第一名到第四名逐个分析了他们的长处，使王斌看到了竞争对手的优势，找出了自己存在的差距，下功夫刻苦努力的学习。因此他自身潜能得到了充分发掘，学习成绩也有了很大的提高，期末考试一跃名列全班的第一名。

向竞争对手学习，不仅是方法的问题，还是视野的问题、思想的问题、境界的问题。引导男孩学习竞争对手身上的优点，把对方当成自己学习上的一个动力，而且还会使男孩收获人际和学习的双成功。

教子秘诀四：父母要教男孩以健康的心态竞争

竞争是一项积极的活动，但是很多人在竞争中参杂着各种各样的杂质，使公平、公开、公正的竞争变了味道，所以父母在培养男孩健康的竞争心态上起着极为重要的作用。

父母在培养男孩竞争意识的过程中，应该让男孩懂得，竞争不是狭隘的、自私的，而是应具有广阔的胸怀；竞争不应是阴险和狡诈，暗中算计人，而是应该齐头并进，以实力超越对手；竞争不排除协作，单枪匹马的孤军，则离成功会很遥远。一味打击对手的男孩，很易造成不良的人际关系，这是一种狭隘的意识。久而久之，就会影响男孩的心理健康。因此，父母应多引导男孩与自己比较，从实际出发，根据个人的基础，不断取得进步，与自己的惰性做斗争，不断超

越自我。同时，父母还应该教育男孩正确对待竞争中的得与失。成功了，不骄傲，居安思危；失败了，不灰心，更不嫉妒成功者。

父母如何教会男孩在竞争中生存的能力？

第一，首先在家里经常与男孩玩对抗性的游戏和活动。

第二，父母一定把握好对男孩严格要求的度。

第三，要经常在非竞争情况下，允许男孩有自己的看法。

秘籍46.点燃男孩对学习的浓厚兴趣

爱因斯坦说过：“兴趣是最好的老师。”兴趣是人们力求认识某种事物或爱好某种活动的倾向。浓厚的学习兴趣可以使男孩对学习充满热情，主动克服各种困难，全力以赴地实现自己的学习愿望。所以父母要运用一定的方式和方法激发男孩的学习兴趣，让男孩享受学习的过程，体会到学习的乐趣，这样往往会使学习达到事半功倍的效果。

父母要知道男孩对学习的兴趣不是与生俱来的，而是后天培养的，父母作为男孩的启蒙者，在男孩的学习兴趣方面肩负着重要的责任，父母长期的教育影响和社会实践会激发男孩的学习兴趣，会全心全意地把学习搞好。兴趣是学习的前动力，只有有了动力才会勇往直前，走向成功。男孩的学习就如正在身体发育中的状况一样，不是一蹴而就的事情，是一个需要循序渐进的过程，父母一定要遵循男孩的成长规律，激发男孩的学习兴趣，切不可操之过急，拔苗助长，否则会适得其反，贻误终身。那么，父母要如何激发男孩的学习兴趣呢？

教子秘诀一：父母要帮助男孩培养学习兴趣

兴趣是学习的前提，很多父母抱着不能把男孩输在起跑线上的思想，让男孩提前起跑，让男孩在很小的时候就开始学习文化知识，参加各种补习班。不管男孩的兴趣所在，就自己做主左右男孩的学习，其实这样不一定会最终到达终点。没有兴趣的学习是徒劳而无用的。所以，父母首先要注意对男孩兴趣的培养。虽然父母的初衷是好的，也是盼望男孩将来有出息，但是父母往往会给男孩的学习附上功利的色彩，这样的父母赋予男孩的不是爱，而是一种投资，他们并不会替当事人考虑，不知道男孩是不是喜欢，例如，男孩对音乐感兴趣，但是父母却不喜欢，而是喜欢体育，则以种种理由让男孩在体育方面发展，可想而知，男孩会取得很好的成绩吗？其实这样只会延误男孩的个性发展，甚至会适得其反，所以父母一定要从男孩的兴趣出发，从男孩的优势发展，才会取得更大的进步。

教子秘诀二：父母要用榜样激励男孩

名人效应的力量是无穷的。所以父母要利用身边的事例来激发男孩的学习兴趣。有了学习的目标，才会有学习的动力，有了学习的动力，才会有学习的成果。所以父母没有必要天天看着男孩学习，不要天天逼着男孩用工，而是要男孩自己心中有奋斗的目标。男孩的学习不是逼出来的，而是学出来的，所以男孩首先要寻找自己心目中的奋斗目标，然后朝着目标努力前行这样才能比同一起点的男孩有优越感。

教子秘诀三：父母保持男孩学习的新鲜感

学习其实是一件很枯燥无味的事，要想从枯燥中找到乐趣，就需要父母在男孩的学习中经常帮着变换学习模式，常换常新，自然会提升男孩的学习兴趣。所以父母可以在男孩枯燥的学习中适当的添加一些新鲜的内容，让男孩对枯燥的学习能充满新奇和探索的欲望，只有这样，才能保持男孩的学习兴趣不下滑。

张可欣在数学方面是一个天才，特别是有的难题，都超过老师解决问题的能力。这个功劳归功于张可欣的妈妈。他的妈妈看到他在数学上的天赋，并不是整天把他关在房间里做题海战术，而是经常带他到图书馆，利用网络分享趣味难题，使张可欣对学习的兴趣越来越浓，成绩一直名列前茅。可见好的学习方法，新鲜的学习内容，适当的扩大男孩的视野，都会有效的激起男孩的学习兴趣。

教子秘诀四：父母要把男孩的学习兴趣和知识学习联系起来

兴趣只能是学习的一个动力，只有把动力变成与实践的知识联系起来才会变成财富。就像郭小刚的学习经历。写作文对小刚来说是很头疼的一件事，很多同学和父母都有此感。缺少了原动力的学习使小刚一上作文课就会很发愁。其实这时父母不应该把男孩关在房间里命令写出多少字，多少字。试想一下，老师留了一道写杨树的作文题目，可是男孩连杨树什么样都没见过，又从何写起？为了应付了事只能这抄一段，那摘几句。真正是“作”出来的文章。

总之，父母一定要把男孩的学习兴趣与所学知识联系起来，将兴趣引到学习上，来培养和激发新的兴趣，只有这样理论与实践的结合才会收到事半功倍的效果。

父母如何激发男孩的学习兴趣？

第一，父母要实施爱的教育，诱发男孩的学习兴趣；

第二，父母要把书桌变成男孩感兴趣的地方。

秘籍47 .帮男孩制订适宜的学习目标

兴趣是男孩最好的老师，而目标是学习最强大的动力。明确适宜的学习目标可以极大地激发男孩的学习兴趣，激励男孩能够主动地学习。

王克读三年级了，倒是个听话的好孩子，老师留的作业，他从来都是按时完成，而且每天都会做完作业后再出去玩。但是王克有一个坏毛病，就是没有自己的学习目标，老师让干什么就干什么，自己毫无计划，每次考试的成绩都不是很理想。

一天，妈妈检查他的作业，结果发现有一道数学题在王克的作业本上出现了三次，于是妈妈就问：“这道题你都做过这么多遍了难道没有一点印象吗？”王克拿过题来看一看，摇摇头。妈妈见王克的这种漫无目的的学习是在做无用功，于是就帮助王克制订了适合的学习目标，王克按照妈妈指定的学习目标一步一步进行，果然取得了很大的成效。

像王克的这种学习经历，相信许多父母都遇到过。在学习过程中，不是自己主动地去学习而是“当一天和尚，撞一天钟。”稀里糊涂，应付了事，对一个知识点不是力尽参透，而是为了完成任务而学习，结果收效甚微。所以父母要帮助男孩制定一个适宜的学习目标，根据男孩的实际情况，按照学习目标来一步步进行，从而激发男孩主动地发掘自身潜力，让他们自愿主动地学习。专家给父母具体提出以下几点建议：

教子秘诀一：父母要让男孩了解设立学习目标的意义

没有明确的学习目标，就犹如行走的路上没有灯一样，漆黑无比。男孩们在没有奋斗目标的路上漫无目的，不知道自己什么可为，什么不可为，更不知道自己该怎么学习。现在很多男孩在学习上没有一个明确的目标，甚至连书上的基本知识都没弄明白，就不惜重金买来一大堆资料，每天就是在题海中遨游，结果题是做了一大堆，可是当你拿出来考一下，他们还是稀里糊涂，不能追根溯源，所以没有一个明确学习目标的学习其实就是在欺骗自己，到头来还是一无所获，所以父母需要让男孩了解设立学习目标的意义，指导男孩正确地制订适合自己实际情况的学习目标。

教子秘诀二：父母要帮助男孩制定合理的学习目标

帮助男孩制订学习目标时，父母应该充分尊重男孩的意愿，在了解男孩的想法后，和他们一起制订学习目标。

李立峰是一个五年级的学生，他的数学语文成绩都不错，但就是英语成绩不太好。在新学期开始时，爸爸问他这个学期的打算，李立峰却只是说，“我要把英语成绩赶上来。保持住语文和数学的成绩。”爸爸说：“想法挺好，可是具体有什么打算？怎么实施你的计划呀？”这一下问住了儿子，因为在他的脑海里，没有一个清晰的概念在他的目标上。只是说：“多做题，勤练习。”可是爸爸说：“以前也练习了，可是结果还是不太好。”于是爸爸坐下来根据儿子的实

际情况，帮助儿子制订了一个学习目标：每天要背五个单词，不要贪多，每个都要吃透；英语的听力很重要，所以每天要有半小时听力时间。每个月要做一次小的总结，对所学知识做到举一反三。功夫不负有心人，李立峰在学习目标的帮助下，果然成绩有了很大的进步。

所以，当男孩在学习中漫无目的的时候，父母要帮助男孩制订一个学习目标，根据实际情况，帮助男孩确立一个切实可行的学习目标，切忌不顾男孩的实际情况，不顾及男孩的想法，主观地给男孩制订学习目标。

教子秘诀三：父母要鼓励男孩坚持到底

学习目标是需要一步一个脚印才能走下来的，不是几天热情，心血来潮就可以解决的事，学习目标的实现是一个慢功夫，是需要恒心和毅力的。所以男孩要有一个坚持到底的决心才能把这个目标实现。如果男孩缺乏坚强的意志力，再好的学习目标也只是镜花水月。

鄢立博是一个缺乏耐心的男孩，他的英语成绩不是很好，于是他给自己制订了学习目标，这一个学期记下300个单词，每天8个的目标，结果他仅仅坚持3天，就感觉赶记赶忘，还是回到了原点，目标也只能是中途夭折了。

可见，学习目标对于没有意志力的男孩来说。常常会以失败而告终，所以，作为父母要及时给与帮助和鼓励，鼓励男孩要有坚持到底的精神，这样才会一步一个脚印的实现目标。

父母如何帮助男孩制定并实现学习目标？

第一，父母要帮助男孩制定切合实际的学习目标；

第二，父母要锻炼男孩足够的耐心与毅力；

第三，让男孩学会根据自己的实际情况修正自己的学习目标。

秘籍48.帮助男孩掌握科学的学习方法

学习本来是一件很枯燥的事，但是能够掌握科学的学习方法的人会在枯燥中找到无穷的乐趣，而那些只知埋头苦干的人，最终还会因为枯燥而放弃。俗话说“磨刀不误砍柴工”，就是指方法的重要性。所以让男孩掌握科学的学习方法，会极大地提高男孩的学习效率，体会到劳动成果的喜悦，就自然会乐在其中，有人把科学的学习方法比作桥和船，没有这个工具过河就很困难。可见正确的学习方法是很重要的。

所以，父母不应该只是牢牢地盯着男孩的学习时间，把学习锁定在书山题海之中，而是要让男孩掌握科学的学习方法，这样才会使男孩既能轻松的学习，又会取得良好的成绩。有很多文理状元都有很轻松的学习状态，其实也并不是他们比常人聪明很多，最主要的是他们找到了适合最自己的学习方法，所以合适的学习方法会帮助你找到捷径，顺利到达成功的彼岸。

小飞在学习上从来没让父母操过心。放学就会在自己的房间里认真学习，每天都学到很晚，但是让父母感到诧异的是，小飞的成绩却和他的付出不成正比，差强人意。因为看到儿子的努力，每当小飞把成绩单拿回家时，父母面对着成绩单也不忍心多说儿子一句，因为他不是那种不学习的男孩。父母想儿子在生活上是很机灵的，在学习上怎么总是徒劳的呢？于是就问儿子每天是怎么学习的？小飞说：“我就是把老师布置的作业写完，然后就大量地做课外题，并把它背下来。”父母又问：“那你觉得记住了多少？考试会出原题吗？”小飞摇摇头。这回父母帮助小飞找到了原因，原来他没有一个有效的学习方法。“死读书，读死书”结果成绩一直不太理想。在父母的帮助下，小飞找到了自己成绩不理想的原因是他没有抓住内容的主旨，只是在表面上下功夫，精髓的东西不会总结和运用。就像数学连公式都没记住，即使做大量的习题也只是在表面上瞎忙乎。最后小飞找到了

适合自己的学习方法，以后学习要从中心出发，而不再在表面上做文章，果然成绩有了很大的提高。

学习方法是男孩在学习时最有力的武器，它可以帮助男孩战胜自主学习中的各种困难，顺利到达知识的彼岸，如果男孩没有掌握科学有效的学习方法，及时制订严密的学习目标，即使心怀满腔的学习热情，也只能是望洋兴叹。那么父母应该如何帮助男孩掌握科学的学习方法呢?

教子秘诀一：父母要让男孩明白掌握科学的学习方法的重要性

父母对男孩的学习是非常重视的，但是有些父母只知道让男孩一个劲的学习，再学习，却不去关心男孩如何学习才会事半功倍，才会不是那么累的在题海中遨游。这就需要父母帮助男孩找到科学而适合的学习方法，这样会对男孩的学习如雪中送炭，那么要想掌握科学的学习方法，应首先在心理上明确正确、高效的学习方法对学习的重要意义。

高效的学习方法就像一把锋利的斧子，能够帮助男孩在相同的时间内又快又好地学习更多的知识。如果没有掌握正确的学习方法，即使心有满腔热情，且又自觉主动地学习，也只会蛮学苦学，纵有书山题海也不会帮你成功。

教子秘诀二：父母要帮助男孩掌握正确的预习方法

预习环节常常被学生和父母们忽略，其实没有预习的学习就如同没有检查是否带枪就直接上战场的士兵。所以预习是正确学习的序曲，是不可或缺的一个环节。父母一定要帮助男孩做好课前准备工作，知道哪是难点，哪是重点，这样能很好的帮助男孩在课堂上提高学习效率。所以，父母应该指导男孩掌握正确的预习方法。

其实预习是很简单的一道工序，如可以先让男孩把第二天要学习的内容先看一遍，运用自己已有的知识和经验来理解书本知识，遇到看不懂的地方要做上标记，在老师讲解的时候，作为重点，父母可以检查男孩的复习效果，出两道课后题检验一下。

教子秘诀三：父母要教男孩正确的听课方法

预习之后的下一个程序就是听课，听课是学习的最主要的环节。如果男孩能掌握科学的听课方法，会与知识的接受效果密切相关。所以男孩在听课前要准备好要用到的学习用品，以免上课会为了寻找学习用品而分散注意力，听课时一定要专心致志，特别是要把预习时遇到的疑难重点听解，要学会做课堂笔记，对自己没有弄明白的知识点，及时地向老师提问。

教子秘诀四：父母要教男孩学会正确的复习方法

听课之后的主角又会转到学生的身上，怎样把老师教的内容进行消化，是很重要的。如果没有复习这个环节，即使在课堂上听的再明白，也会在几天后形成初浅的记忆，自古就有“温故而知新”的精辟言论。所以只有做一个懂得及时复习的男孩，学习成绩才会平稳有序，也才能够在轻松愉快中体会到学习的乐趣。

教子秘诀五：父母要帮助男孩学会正确的考试方法

学生的考试就像家常便饭，如果状态好，就会取得骄人的成绩；如果状态不佳，成绩则会令人大跌眼镜。其实很多男孩成绩不理想不是他们太笨，而是由于没有找到正确的考试方法造成的。所以父母要指导男孩掌握正确的考试方法。考试前要鼓励男孩与朋友或者亲人聊天，以缓解考试的压力；考试时不要先想着分数的重要；动笔前应该先把试卷通看一遍，先做有把握的题目，然后再做难的题目，答题后应该及时检查。

父母怎样帮助男孩掌握科学的学习方法？

第一，父母要充分调动男孩的积极性；

第二，父母要懂得借鉴别人的学习方法和经验。

秘籍49.有梦的男孩更有动力

一个人没有梦想是很可怕的，就如在黑夜中前行。特别是现在的男孩在学习上只是为了完成任务而学习：为了完成老师的作业任务，为了完成父母的心愿，自己却没有学习的动力。如果男孩以这种心态来对待学习，就不会有学习的动力，只有心中有远大理想的人，并且朝着这个伟大目标前行的人才会更有激情，更有斗志，更会成功。

所谓学习动力，是指男孩参与学习过程中的学习动机，包括意志、兴趣、情感等非智力因素。

它对男孩的学习能起到激励和维持的作用。而梦想则是男孩的奋斗目标，只有有梦想的男孩，才会不断地在实现梦想的道路上努力前行。

男孩的注意力是不太稳定的，在学习方面表现出来就是学习不持久，这就要父母给男孩找个学习的支撑点，父母以这个支撑点来不断督促男孩的学习，会帮助男孩更好的学习，而这个支撑点就是常说的梦想。对于男孩来说，梦想就是一种想象，不一定会实现，但是会成为一种动力，一种不断激励男孩向着自己的梦想努力前行的动力。

其实很多男孩不是不聪明，也不是不爱学习，就是学着学着就没有了动力，这样自然会松懈下来，所以父母一定要及早给男孩寻找一个支撑点，唤醒男孩心中的梦想，让梦想成为心中的动力。

王旭亮从小就梦想着长大后能当一名人民教师，但是当教师需要有全面的知识，儒雅的气质，所以为了实现这个梦想，王旭亮从小就涉猎全面的知识，比别的同学的知识面要广的多，他不放过每个学习的机会，最终成绩果然有了很大的进步。所谓有梦才有追求，有梦才有动力，有梦才有机会，有梦才会成长。但是，梦想的树立不是幻想，不是我今天想当医生，明天去当军人，而是要像一粒种子，生根发芽才能成为梦想，这也是现在很多男孩没有梦想的原因，所以父母在男孩梦想的树立上一定不忘推波助澜的作用。

生活中，常常会听到父母抱怨自己的男孩不爱学习，缺乏上进心，学习不积极，其实这不能全怪他们，只是男孩缺少前进动力的表现。每个男孩都有自己的优势和潜能，只有把这种潜能发掘出来才会使男孩的成绩有着最大限度的上升，所以父母要引导男孩去发掘学习的潜动力即梦想，来鼓励和促使男孩自身意识的觉醒，让男孩从被动的学习变为主动地学习。

教子秘诀一：父母不要打击男孩的梦想

每个男孩都有梦想，并会怀揣着梦想一路前行，但是很多父母对男孩的梦想大加打击，这样只会严重挫伤男孩的积极性。所以父母不要打击自己的男孩，而是要鼓励和赏识他们，给他们信心和力量，不要让他们轻易地放弃自己的梦想。

李明山从小就对科学很感兴趣，什么动物、植物、宇宙万物都会深深地吸引他，将来当一名科学家是他的梦想。当他把他的想法告诉爸爸时，爸爸却说："你才学到九牛一毛，当科学家是不太可能，当个大学老师就不错了。"当时儿子听了很惊诧，为什么自己就当不了科学家。渐渐地他的学习成绩下降了很多，也没有了前进的动力。当把期末的成绩拿到爸爸面前时，爸爸却说："你看，我的说法没错吧！"这回是彻底地伤了儿子的心。

男孩能有梦想是值得夸奖的一件事，但是梦想和现实一定是有些差距的，梦想是男孩学习过程中的动力和催化剂，能够激励男孩努力学习，从而取得更好的成绩。如果父母打击和动摇男孩的梦想，就会使男孩对自己失去信心，所以明智的父母会保护男孩的梦想，不会轻易打击男孩的积极性。

教子秘诀二：父母要不断的用成功体验来强化男孩的梦想

男孩本来就意志力薄弱，如果男孩的梦想遭到父母的摧残就会自行枯萎，所以父母在男孩遇到挫折和困难时，应该鼓励男孩不要轻易地放弃自己的梦想，用成功的体验来强化男孩的梦想。如，当你的男孩对英语兴趣，那就应该不要让他们局限在书本上，多带男孩参加聚会、活动，

多与外国人接触，锻炼他的口语能力，让男孩充分体验成功的快乐。只有在成功中，男孩才会对自己的未来充满信心，对自己做出积

极的评价，而且也会以更加愉悦的心情投入到学习当中。

教子秘诀三：父母要教育男孩坚持自己的梦想

梦想不是一朝一夕就能实现的，它需要男孩持之以恒。三天打鱼、两天晒网是不会有所成就的。每个成功的人，都是在用毅力和行动坚持着自己的梦想。由于男孩的自制力都很差，要想让男孩把梦想贯穿到学习中，并且持之以恒的坚持下去，就需要父母对男孩加以监督和引导，让男孩意识到梦想对实现人生价值的重要性，从而珍视自己的梦想，让梦想成为学习的驱动力，并主动自觉地为之奋斗。

父母要怎样不忽略梦想对男孩的力量？

第一，父母要多发现男孩成绩之外的闪光点；

第二，父母对男孩的成绩要有一种宽容的态度；

第三，父母要多关注男孩学习的过程，不要把学习当成是一种任务，而要把它转换成一种乐趣。

秘籍50.如何消除男孩学习的单调感

学习其实是一项很枯燥无味的工作，怎样把枯燥的事情变得生动有趣，是一门很值得考究的学问，因为只有有趣的东西才会吸引男孩的眼球，学习只有符合男孩大脑的规律，才会使学习出现事半功倍的效果。现在的男孩面临科目多的现状，父母如何帮助男孩协调好各学科之间的关系，合理安排学习时间，提高学习效率，做好科目间轮换工作，保持男孩对学习的新鲜感？

学习可以分为集中学习和分散学习。男孩多次重复学习同一科目，容易引起大脑皮层的保护性抑制，并且时间越长，注意力越集中，对大脑的抑制作用就越大；而在分散学习状态下，则会使男孩的大脑神经细胞得到适当的休息，学习效果也会更好。

好动是男孩的天性，所以他们的经历不可能处于一个充沛的状态，注意力也不会长时间集中在一门学科上。所以为了避免重复一个学科的单调性，父母应该培养男孩养成变换学习内容和形式的习惯，以此来提高学习效率。

生理学家表明，人的大脑分工是不同的，左半球侧重于逻辑和抽象思维，右半球则侧重于形象思维。所以，当男孩学习文科类的科目时，大脑右半球容易疲劳，这就需要轮换学习内容，做些数理化习题，使紧张工作的大脑左右轮流休息，这样既能保持大脑健康，又可以提高学习效率。所以，轮换学科的学习方法应该得到父母和男孩的关注，父母要引导男孩学会科学地用脑，科学地进行学习。

教子秘诀一：父母要让男孩在学习计划中体现轮流学习的方式

男孩的学习计划一定要全面而具体。计划中，既要有学习时间的安排，又要有体育时间和娱乐时间的安排，具体到每一个科目上体现不同时间的安排，最主要的是要学会轮流学习的方式。

这要根据每个人的具体情况具体分析。有的男孩上午的学习效率高，则要把文科等一些记忆性强的东西放在这个时段，能够集中注意力有助于机械记忆，而下午的时候状态不如上午，于是就把理科安排在这个时段。

学习计划是对男孩在学习时间和学习科目上的统筹安排。为了避免男孩在学习过程中出现疲劳，帮助男孩减轻学习的压力，父母应引导男孩在制定学习计划的时候安排在不同时间对不同科目的轮换，这样不仅能够避免学习的单调性，还能促进各学科之间知识的渗透，培养男孩融会贯通、运用综合知识的能力。

教子秘诀二：父母要教男孩将各学科穿插起来学习，增加新鲜感

文科侧重于形象思维，理科侧重于抽象思维，在大脑中所运用的区域不同。学习效率曲线决定了长时间的学习必然会导致学习的无效性。所以，单纯的、长时间的对一门学科的学习必然会使男孩感到疲倦。只有在男孩的学习过程中，要求控制单一学科的学习时间，将时间均衡在每一个学科上，才既不会顾此失彼，又可以防止学习的单

调，还会提高学习效率。

如在男孩快要期末考试的时候，也是学习比较紧，复习压力比较大的时候，无论从身体上还是心理上都很容易造成疲劳，如果父母引导男孩在学习中交替学习内容差别较大的科目，这样不仅会提高男孩的学习效率，还会消除疲倦感，所以父母要督促男孩不时地变换科目，交叉学习，以增加学习过程中的新鲜感，来提高学习效率。

教子秘诀三：父母要让男孩学会科学用脑

一门学科的学习总是要用到大脑的某个特定部位，除此之外的空间则处于闲置静止状态，所以单一的学科学习时间过长，就会引起该区域大脑皮层的疲劳。大脑也跟机器一样，过度使用会使机器老化，如果不使用而闲置起来，则会废弃。所以父母要指导男孩科学用脑，其中变换学习内容是很好的科学用脑的方式之一，因为这样会使大脑皮层的各区域得到轮流休息，保证大脑的高速运转，以提高学习效率。

教子秘诀四：父母要教男孩学会积极休息

其实现在的男孩是很累的，繁重的课业负担往往压的他们喘不过气来。如果不能及时的调节心态，就会对男孩造成极大地伤害。所以当男孩出现身心疲惫的状态时，就要让男孩及时休息，来缓解大脑疲劳的状况，有张有弛的学习才会使男孩精力充沛，提高学习效率。说到底，不会休息的人就不会学习，在男孩休息的时候，父母应该帮助男孩彻底放松，使其从学习的压力和疲倦中快速恢复过来。

父母如何改变男孩学习的单调性？

第一，父母要帮助男孩合理控制单一学科的学习时间；

第二，父母要创造氛围，让男孩在轻松快乐中学习，而不要有任何的思想上的负担；

第三，父母要帮助男孩制定行之有效的单一学科的转换学习。

秘籍51.男孩要活到老，学到老

“活到老，学到老”，其实说的就是终身学习的重要性。终身教育对于男孩的生存、发展有着举足轻重的作用，父母要做好男孩的榜样，让男孩自觉树立终身学习的意识。

终身教育是一种全新的教育理念，是一种知识更新、知识创新的教育，其主旨就是要求每个人在自己的一生中利用各种机会，去更新、深化和进一步充实最初获得的知识，使自己适应快速发展的社会。

有人说过，未来的文盲不再是不识字的人，而是不会学习的人。会学习是终身教育的理念，终身学习是终身教育发展的终极。终身学习具有终身性、全民性、广泛性、灵活性和实用性的特点。所以终身教育就要从娃娃抓起，并贯穿于男孩的一生。只有这样，才不会被积累竞争的社会淘汰，只有这样才能更好地生存、发展和成功。所以父母要帮助男孩学会学习，掌握科学学习的方法，将终身学习的理念落实到男孩人生的每一个阶段。

杨亮被学习压的很累很累，常常跟妈妈抱怨，自己什么时候才能摆脱学习的生涯，可是妈妈并没有对杨亮的行为做更多的安慰。星期天，妈妈带着杨亮来到了图书大厦，其实杨亮现在一看见书脑袋就大，但还是很不情愿的跟着妈妈进来了。妈妈在社科区，全神贯注的看了起来。可是杨亮却不想再去碰书，于是东瞅瞅，西望望，不过他发现一种奇怪的现象，那就是来看书的人群中，不仅有年轻人，还有很多白发苍苍的老年人，而且各个都专心致志，认真程度不亚于小学生，于是杨亮很纳闷，就问妈妈。而妈妈却说：“人的一生都要在学习中度过，你不要以为大学毕业就会结束学习，人的学习是一辈子的事。”从此，杨亮改变了对学习的看法。

终身教育在科学技术迅猛发展的今天尤为重要。人们只有不断地学习，才能跟得上科技进步的步伐。此外，终身教育还可以协调人和社会发展的关系，适应个体化和整体化的要求，提高知识含量和自我

竞争力，所以终身教育要从娃娃抓起，只有使男孩从小养成良好的学习习惯，才会使知识的财富取之不尽，用之不竭。

教子秘诀一：父母要告诉男孩终身教育的重要性

知识经济时代的来临，意味着不学习就会被淘汰。所以终身教育的教育理念已经被各国倍加重视。从教育趋势来看，终身学习俨然已成为国家教育的理念和措施。男孩是祖国的未来和希望，所以父母一定要从小培养男孩终生学习的观念，让男孩把学习当成一种习惯，不要把学习当成负担，要时刻保持男孩对知识的实用性和新鲜度，父母要有意识地引导男孩体验社会残酷的一面，适当的危机感会使男孩有紧迫的意识，从而激发男孩用更多的知识来武装自己的头脑，走在竞争对手的前面，不断提高自己适应竞争的能力。

教子秘诀二：父母要让男孩树立终身学习的观念

家庭教育是男孩教育的组成部分之一，因而父母要从正面对男孩进行教育，积极地培养男孩终身学习的意识，使之养成良好的生活习惯、学习习惯和行为习惯。父母要在工作之余起到表率作用，要多看新闻、阅览报刊杂志、上网学习等。在父母的影响下，要让终身学习的理念深入人心。男孩终身学习习惯的养成与良好的家庭环境和家庭文化教育有着密切的关系。因为这样的环境能够促进男孩的学习，不和谐的家庭环境和家庭氛围则影响男孩的学习。所以父母要努力以身作则，让男孩在潜移默化中树立终身学习的意识。

教子秘诀三：父母要用现代工具为男孩的学习插上翅膀

随着社会的发展和时代的进步，现代学习工具的种类也越来越多，男孩如果能够熟练的使用这些工具会对他们的学习有很大的帮助。借助现代工具来完成学习，也是终身教育所需要的一种学习能力。

因为工作的需要，马为的爸爸买了一台电脑，但是爸爸却被青少年迷恋网络游戏而荒废学业的现象占据着心理，于是限制马为接触电脑，就怕马为迷恋上网络游戏而耽误了学习。其实电脑就是一种现代化的学习工具，电脑里不仅仅有网络游戏，还有丰富的知识，如果父母严重阻碍马为接触电脑，其实是在扼杀他们的学习欲望，父母适当地管制是应该的，但是如果像马为父母的行为就不应该了。

时代在发展，推陈出新的速度在加快，新事物的不断出现会使学习变得简单，便捷。男孩只有不断学习，才不会被社会淘汰。学习使用现代工具，会帮助男孩学会适应现代生活，适应时代的发展。

父母应该怎样树立男孩终身教育的理念？

第一，父母要为男孩创造良好的学习氛围，让男孩在学习中自觉地树立起终身教育的理念；

第二，父母要不断学习现代教育理念，只有这样，男孩才会耳濡目染，受到良好的启发；

第三，父母要为男孩创造客观的条件，让男孩有接受新鲜事物的机会。

第六章

健康心态——塑造男孩的成功信念

马斯洛说，“心态若改变，态度跟着改变；态度改变，习惯跟着改变；习惯改变，性格跟着改变；性格改变，人生就跟着改变。”心态是性格和态度的统一，有什么样的心态就决定你对事情会采取一个什么样的态度，事情也就会有一个出人意料的结果。所以要做一个具有良好心态的人，牢牢掌握自己的命运。

秘籍52.男孩要有冒险精神

大多数母亲都会这样描述男孩：男孩每天都让人不得安宁，他们喜欢爬高，不惧危险，甚至哪里有危险，他们就越喜欢往哪里去。常常表现为豪爽、勇敢、胆大、具有冒险意识、讲义气的特点。但男孩都有一种没有任何理由就要去冒险的倾向，而且这种情况开始得很早。

一个蹒跚学路的小男孩，就会喜欢爬高；他喜欢玩火；他会把自己藏起来，让全家人着急，而且常常会故意惹老师和同学生气，并以此为乐趣。

随着年龄的增长，男孩还会爱上一切富有冒险性的事物，如滑板、攀岩、滑翔、飙车等。因此，有儿童心理学家说，任何一个男孩在小时候都或多或少地受过外伤，男孩没受过伤就长大成人，只能是个奇迹，为什么男孩与女孩想比会如此难管呢？主要原因在于男孩体内的荷尔蒙睾丸素，它是雄性特征的体现。从襁褓开始，男孩的体内就有远远大于女孩的睾丸素分泌，他们更需要一些冒险的行为去释放自己的能量。儿童心理学专家也认为，男孩爱冒险、专断自负、斗殴竞争、争吵、自吹、喜欢出风头等倾向与睾丸素的分泌直接相关。因此，这也是男孩比女孩更不好教育的原因。那么对喜欢冒险的男孩，父母应该如何教育？以下几点方法值得父母们借鉴。

教子秘诀一：父母要理解男孩的冒险行为

中国人传统上一直要求男孩要安静，总是想办法约束男孩的行动。因此，当你的宝贝儿子虐待他的玩具或“修理”家里的小件电器时，父母请不要束缚他，而是要尽量保护他的安全，并且相信他的能力。

4岁的轩轩对家里的一台落地扇非常感兴趣。有一天，他看到落地扇在转动，居然伸出小手去碰触里面的那个风扇叶片，他想知道为什么会转动。幸好，这个可怕的行为被妈妈及时发现了。但是，聪明的妈妈并没有勒令儿子马上住手，而是快速地走到男孩身边，对他说："轩轩，你在玩什么好玩的东西呀？" 同时将男孩正在往里伸的手拉了回来，关掉了电风扇，从轩轩的眼里，妈妈看到了儿子的好奇。

这位妈妈从科学的角度向轩轩解释电风扇的原理，说："中间那个叫风扇叶，它在转的时候才会有风，有风才会使人凉爽，如果它转得慢的话，就不会让轩轩感到凉爽了，所以它会使劲转，最后就变成了一个又圆又大的形状。但是你不可以用手去碰，碰的话它会将你的手指头弄得很疼很疼，比打针还要疼很多。"说完，妈妈拿出一张纸，伸进去，只听见"唰"的一声，纸被撕成了两截。轩轩听了妈妈详细的解释，对妈妈说："妈妈，我明白了，我再也不去碰它了。"

也许，遇到这种情况，一般父母的做法都是勒令孩子住手,然后给男孩讲风扇叶的可怕性，这样做只会让他们更好奇，更加激起他们的探索欲望，但这位妈妈却没有这样做，因为她了解男孩的心理，成长中的男孩好奇心很强，有很强的冒险心理。事例中的妈妈既满足了男孩的好奇心，又让他亲手试验，使他了解了高速旋转的风扇叶的可怕性，这样，男孩不但不会再用手去触摸，而且还增长了知识。

教子秘诀二：父母要教男孩学会自律

男孩都有很强的进攻性，他们的这种进攻心理，有时是因为好玩、有时则是因为愤怒。不管是什么原因，当男孩出现无理进攻的倾向时，父母都应该及时让男孩明白，这种行为是不正确的。有一位明智的父亲是这样做的：

一个周六的早晨，爸爸剃须的时候被儿子看到了。从儿子惊奇的眼神里，爸爸知道儿子的探索的心被吊起来了，他并没有将剃须刀收起来藏好，而是专门把儿子叫过来。儿子一把拿过剃须刀，问这问那，爸爸认真地给儿子讲解，然后将剃须刀肢解开来，一一告诉儿子各个部分的用处。最后儿子高兴地说："爸爸，我知道了，谢谢你！"

这位爸爸不失时机地说："你看，我现在把它拆开了，但是我装不好了，你能不能帮我装好？"爸爸一边引导儿子，一边研究，半个小时之后剃须刀恢复了原状，并且爸爸还教育儿子说："一定要爱惜物品，不然就浪费了。"儿子认真地点了点头。

这位父亲的做法是值得很多父母借鉴的。但是，有些男孩拆毁、摔砸物品，纯属破坏行为，如砸椅子、故意摔碗等。对此，父母切不可姑息，要在弄明白男孩破坏物品的原因后，让他们自己承担这种行为的后果，如，用自己的零用钱修理、购买新物品等。

教子秘诀三：父母要正确对待男孩的固执

有些男孩是父母越不让他做什么，他偏要向前冲，面对这种固执的男孩，父母也不是无药可救的，看看下面这位妈妈的做法吧。

翔翔和妈妈去旅游，看到有些大人正在玩蹦极，翔翔就很心动，闹着也要蹦极。虽然妈妈告诉他这不是小孩子能玩的，但是翔翔执意要玩。妈妈并没有吼叫地制止他，而是对他说："好吧，我们去问问那些给游人系保险带的叔叔，看看行不行。"

结果可想而知，工作人员毫不客气地对妈妈说："这个极限运动怎么能让小孩子玩？很危险的。"翔翔看到这个场景，不再闹着要蹦极了。

所以，父母们应该明白，男孩子喜欢冒险不是坏事。人类社会之所以能够进步和发展，多半是因为好奇心的推动和驱使。因为喜欢冒险，充满好奇心，他们需要广阔的空间和自由的行动，父母应该明白，冒险是一种可贵的品质，只要善于引导，就能帮助男孩创造一个更有意义的人生。

如何对待男孩的冒险精神？

第一，以平常心来看待男孩的冒险行为；

第二，让男孩要有责任感，对自己的行为负责；

第三，冷静地面对犯错的男孩。

秘籍53.让男孩远离“蛋壳心理”

所谓“蛋壳心理”，也就是一触即破的心理，脆弱是它的本质。现在大多男孩只能听赞美之词，听不得反对意见，对父母和老师的批评更是抱有逆反心理。很多男孩外表高傲，内心脆弱，敏感多疑；只能接受成功，却不能面对失败，遇到一些不顺心的事情，就会有极端的举动，甚至轻生……这就是所谓的“蛋壳心理”。那么，男孩的这种蛋壳心理是怎么形成的呢？冰冻三尺，非一日之寒。“蛋壳心理”也不是一两天就形成的，它是多年的错误教育所导致的结果。在中国，无论是学校教育还是家庭教育，多年来都是一味地注重书本知识，忽略了男孩行为能力的培养和心理健康教育。尤其不当的家庭教育是导致“蛋壳心理”产生的最根本原因。

教子秘诀一：父母要让男孩远离“蛋壳心理”的危害

作为父母，谁也不愿意让孩子经历苦难，尤其是那些在艰苦岁月中长大的父母更是不想让孩子吃苦。因此，父母总是千方百计为男孩设计美好的明天；给他们无微不至的关怀；对他们百依百顺，有求必应；对他们极尽赞美之词，却不舍得批评和管教，就像小强的妈妈一样。

李强是家里的独苗，从出生就享受着爷爷奶奶、爸爸妈妈无微不至的关怀，如同掌上明珠一样悉心照料。李强的家境比较优越，所以只要是他提出来的要求，父母都会一一的满足他。在学习方面，李强是个强手，整个小学阶段，每次期末考试都会捧回奖状，亲戚朋友无不羡慕李强父母有个好儿子，在同学周围有着好人缘，在老师心中是很有出息的学生。

李强是一个要强的孩子，每次考试第一都会非他莫属。但是李强六年级的一次考试，改变了他的人生。考试前，李强病了半个月，结果只考了第六名，拿到成绩单的李强大哭一场。尽管父母对李强的成绩都很满意，但是他依然很不高兴，渐渐地他对学习失去了兴趣，原

来的优越感一下子全没有了。课堂上，李强回答不出来的问题，总有其他同学不加思索就能说出答案；老师也不像往常一样，目光聚焦在李强身上的时间也少多了；而且李强在竞选班干部也落选了。……这一切让李强不断地怀疑自己，责备自己。他甚至觉得自己再也没有脸面见父母了，放学路过河边时，选择了自杀，幸亏有人路过，发现并及时救了他。

其实李强就是典型的“蛋壳心理”，一直生活在父母的羽翼之下，学习上的优势受人瞩目，自身的优越感让他变得不堪一击。像李强这种薄弱的意志和精神，即使成人后，想在竞争激烈的社会中谋得一席之地，也会比登天还难。

教子秘诀二：父母不要让男孩在溺爱中成长

具有“蛋壳心理”的男孩，在行为上一般表现为缺少自信，不能自我肯定，总担心别人看轻自己。儿童和青少年时期是男孩心理成熟和发展的关键时期，尤其是5~6岁和12~13岁这两个阶段，由于处在转折时期，自身成长的变化让男孩变得困扰和混乱，在心理上进行“自我统合”后，才会完成个体内部心理活动和外部环境的整合与适应。也有的男孩会采取在别人或别的东西上施暴的方式进行泄恨，还有的会用自我伤害的方式以求解脱。具有“蛋壳心理”的男孩往往难以正确认识自己，父母应该帮男孩的心灵寻找一个出口，不要让“蛋壳心理”成为男孩成长路上的隐患。

其实父母对男孩过分的爱就会造成爱的缺失，极易造成男孩形成“蛋壳心理”。有些父母对男孩非常娇惯，帮男孩安排好一切事情，这样的男孩很难独立生活，当遇到打击和挫折时，就会缺乏足够的心理承受能力。有些父母对男孩不闻不问，让男孩在心理的转折点独自面对生命中的打击和伤痛。因为每个男孩的承受能力不同，但是只要超出男孩的心理极限，“蛋壳”就会怦然碎裂，造成意想不到的惨痛后果。

因此，父母要从现在做起，培养男孩良好的心态，为男孩一生的成功奠定坚实的基础。培养男孩坚强的意志，让男孩从生活中的小事做起。

总之，过分娇纵、百般溺爱是导致这种“蛋壳心理”的最直接原因。具有“蛋壳心理”的男孩需要及时得到释放，父母要在男孩无助困顿甚至恐惧时，做男孩情绪的疏导通道。生鸡蛋的蛋壳一碰就碎，但只要经过蒸煮，壳就会变硬，和蛋白凝固在一起。心理脆弱的男孩需要经过一个备受煎熬的“煮”的过程，才能让意志得到锻炼，使之磨炼得更坚强，足以应对生活中的任何风雨。

父母如何让男孩远离“蛋壳心理”？

第一，父母要尊重男孩为有能力的个体；

第二，父母要为男孩布置丰富的学习环境；

第三， 父母要培养男孩的积极性与自信心；

第四，父母要适时协助而不干预。

秘籍54.肯定的声音让男孩变得坚强

教育是一门很深的学问。教育得好，每个聪明的男孩都是天才，教育得不好，男孩就会走向天才的另一个极端，所以教育方法很重要。对男孩的教育专家指出：“肯定的态度”能使男孩尽快成才。

男孩的特点是虚荣心强，爱表现，所以对于成就欲强烈的男孩来讲，足够的肯定能使他们更加自信，从而把自己的潜能最大程度地发挥出来。生活中，父母在教育男孩时，一定要从他们的生理特点出发，不做无用功。

一位母亲有这样一句口头禅：“有儿子就是不一样。”

儿子4岁的时候一次生病发烧，母亲带他去打针。针刚扎进屁股，儿子“哇”的一声大哭起来。母亲见儿子哭得小肩膀直打颤，自己也忍不住哭了起来。儿子看到妈妈哭了，立刻停止了哭泣，揉着眼睛问妈妈：“妈妈，您也疼吗？您为什么哭呀？”妈妈给儿子擦了擦眼泪，说：“比起疼，妈妈更害怕我的儿子哭。”

闻听此言，儿子不仅停住了哭声，还对妈妈表现出男子汉的气概：“嗨！你们女人太胆小，再打针您就别进去了，我一个人进去就行，我绝对不会再哭的。”第二天，儿子壮着胆子，独自走到护士面前，大声说：“你扎吧，我是警察！”妈妈和护士都被这个小小男子汉逗笑了。

因为母亲对儿子的肯定，激发了男孩的潜力。为了给妈妈一个惊喜，儿子创造了奇迹，这种动力能使一个幼小的男孩成为勇敢的男子汉。

如果男孩的头脑中一直充满着这些思想，我们可以肯定地说，这个男孩在今后的人生道路上一定能克服一切困难，有所成就。如果太多消极的话语、太多的负面打击、太多的功利思想，一定会让他们吃不消，背着沉重的包袱会压得他们喘不过气来，最终促使他们放弃追求更高成就的欲望，所以父母要想一想自己的言行是不是有意识或无意识地伤害了你的男孩？

教子秘诀一：肯定男孩的成绩也会是一种进步的鞭策

一天，小林把老师留的一道思考题顺利地解答出来了，他非常高兴，唱着歌去问爸爸这道题的答案对不对？爸爸拿过小林的解题，认真地检查了一遍，的确做的很棒，但是小林却没有得到爸爸的赞赏，只是一句：“做对一道题，就值得乐成这样吗？”小林伤心地说：“老师说这道题很难，同学们很少能做出来的。”爸爸却说：“我看你也没什么出息，一道题就使你骄傲自大了！”说完爸爸转身离开了。从此以后，人们再也看不到小林脸上那种快乐和自信的表情了。

可见消极的评价对男孩来说有着多么大的打击，它会毁掉男孩的自信乐观，将懦弱与自卑灌输进男孩幼小而脆弱的心灵。所以父母对男孩进行适时的肯定是十分重要的。这种肯定使男孩确认了自己的判断，对自己的能力感到惊喜，为他下一次的成功奠定了基础。当成就感被一步步提升时，男孩的潜力也会被一点点挖掘出来。

教子秘诀二：父母的赞赏是男孩前进的助力

我们不要吝啬对男孩的赞扬，但赞扬也不能太过，而是要适度。对男孩，并不是事事都要赞扬，也并不是赞扬越多越好，称赞不当的结果，会使男孩产生紧张的情绪和恶劣的行为。

作为父母应该明白，赞扬跟药品青霉素一样，不是拿起来就能用的，必须遵守使用的量和度，并注意可能产生的过敏性反应。这里有一个重要原则，赞扬男孩应就他的努力或成绩而说，不要涉及到他的个人品格。例如：周末的时候，男孩把家里打扫一番。妈妈看了，只需要对他说："家里今天可真干净，看着叫人心里舒服。谢谢你，孩子！"就可以了。像其它什么"你真是个了不起的孩子！""你今天真是乖呀！"这样的话，就不必当面对男孩讲出来了。说起来男孩只是做了一件力所能及的事，他内心里也十分地希望自己的努力得到肯定，父母的赞扬只需中肯就行，男孩也能在这样适度的称赞中自行演绎出他的品格，不需要父母来给予更多的肯定。

教子秘诀三：告诉你的男孩--"下次你会做得更好！"

对男孩的肯定其实就是父母的一个肯定的眼神、肯定的话语、肯定的动作。

童童是一名品学兼优的学生，但体育是他的弱项，在一次体育考试中，他考了最后一名。童童难过极了，他从来没受到过这样的打击。很长时间过去了，他还没从这次失败的阴影中走出来。

"儿子，还在为那件事难过吗？"爸爸问。

"是啊，我跑了最后一名，太丢人了。"儿子说。

"可是你查过原因了吗？"爸爸接着问，"你比其他同学年纪小啊，他们的腿都比你长很多，体力也要比你强。"爸爸继续说："我问过你的体育老师，他说你是同龄孩子中跑得最好的，这场比赛对你是不公平的。等你个子再高一点的时候，你一定跑得比他们快。爸爸相信，下次你会做得更好！"

相信爸爸的话会激励童童从失败的阴影中走出来。在大多数情况下，男孩的自信和自卑感往往就是父母的一句话，男孩受到的表扬越多，他们对自己的期望就越高，就会产生很强的自信；相反，受到的表扬越少，男孩随之产生的自我期望和努力就越低，从而越来越不相信自己。所以，当男孩受到挫折时，父母应该给予积极的回馈，帮助他总结原因，提出改进意见并加以鼓励，责备和打骂只会加重男孩的挫败感，使他越来越自卑。

父母怎样给男孩更多肯定？

第一，不要总是用怀疑的语气质问你的男孩；

第二，多理解男孩，多陪他一起看小说，听音乐等缩短男孩与你的距离；

第三，父母多注意与男孩心灵的沟通。

秘籍55.自卑让男孩变得悲观

自卑是一种消极的心理，更是一种性格缺陷。一个人自卑性格往往形成于儿童时代。所以父母在男孩的教育中要注重良好心态的培养，这对于男孩的性格形成，将来的发展都会有积极地影响。如果稍不留神养成了自卑的心理，则会危害男孩的一生，所以父母要及早纠正男孩的自卑心理，让他们成为阳光下自信满满的男孩，茁壮而健康地成长。

专家指出，大多数人的心灵深处都有羞怯和自卑感，许多男孩在遇到失败和挫折后，面对“恶劣”的环境就会不知所措，于是选择了逃避，这时，需要父母进行积极引导才能帮助男孩克服自卑心理。例如成绩好、受老师喜欢的男孩往往会被同学孤立；而成绩差的男孩常诉说被人瞧不起、被同学冷落。那么，父母应该如何引导男孩走出这种不良心理障碍的误区呢?

教子秘诀一：父母要引导男孩正确的认识自己，接纳自己

人只有肯定自己才会以积极的心态去面对人生，如果男孩对自己的品质、性格、才智等没有一个准确的定位，就不会对自己有一个客观的评价。所以，父母要引导和教育男孩对自己进行积极、正确、客观的评价，让男孩认识到自己的长处和短处，要相信并发扬自己的长处，尽量弥补自己的短处，不要总是看到自己的不足，什么都不如别人，处处低人一等。例如：有的男孩总是认为自己的成绩不如别人，有的男孩总感觉自己太胖，很多体育活动都成了的弱项，进而丧失信心，对自己产生厌恶感。长久下去，就会严重影响男孩的心理健康。所以当男孩遇到困难且踌躇畏缩时，父母应该为他加油鼓劲。当然，对男孩的自卑情结，最重要的是要防患于未然，父母在教育男孩的过程中，要避免因望子成龙而给男孩施加过大的压力，或总是拿自己男孩的短处去同别家男孩的长处相比，从而使男孩产生自卑心理。

教子秘诀二：父母要让男孩正确的与人比较

自卑感强的男孩往往看不到自己的长处，只会拿自己的短处去和别人相提并论，结果这样会越来越泄气，越比越自卑。

高超虽是个男孩，但是性格比较安静，有点像个女孩子，因此常常遭到同学们的嘲笑，还给他起了个名字叫“林妹妹”，因此高超变得越来越沉默寡言，也不与人交往。但是，高超在写作方面特别的出色，妈妈常常鼓励他：“不要总感觉别人在嘲笑你，其实你在写作方面真的很出色。你要看到自己的优点，你也可以让别人来羡慕你。”高超听了妈妈的话增强了自信，他继续在写作上下功夫，不仅参加了全国作文比赛，而且还获得了“二等奖”的好成绩，这时，同学们都向他投来了羡慕的目光，高超的性格也变得开朗多了。

可见，扬己所长，避己所短，有的时候对男孩克服自卑心理是很有帮助。

教子秘诀三：父母要培养男孩的自信

父母既要锻炼男孩坚强的意志品质，使失败和挫折变为激励他们前进的动力，又要注意培养男孩的自信心和自尊心，要让男孩具备别人能做到、自己也能做到地积极向上的心理品质。

其实男孩在交往中会有这种自卑的心理，往往是由于对自己的能力不能正确评价造成的。心理学家研究认为，智力优秀者一般具有四种品质：第一，一定要取得成功的坚持力；第二，善于为实现目标而不断积累成果；第三，自信心；第四，不自卑，所以父母只有从男孩的心理出发，根据男孩的实际情况，来培养他的自信心，这样才会使男孩对自己做出正确的评价，赶走自卑的阴霾。

父母如何使男孩消除自卑心理？

第一，父母要告诉男孩世界上没有完美无缺的人；

第二，父母教男孩他人的批评是自己进步的动力；

第三，父母告诉男孩要多一些成功的体验，成功的经验越多，男孩的自信心也就越强；

第四，让父母的鼓励，伴随着男孩的一生。

秘籍56.男孩要服乐观的不老丹

乐观开朗是男孩的一种优秀的性格特征，也是一种积极地生活态度，有这样一句谚语：“乐观使你倾向于幸福、健康、事业顺利；悲观使你倾向于绝望、患病、失败、忧郁、孤独、怯懦。”可见，乐观开朗对男孩的人生观，世界观的形成起着至关重要的作用。所以，父母要及早培养男孩的乐观开朗的性格，让他们在快乐中健康成长。一个人的生活态度决定着事情的结果，在一本杂志上看过这样一个小故事：

一位父亲有两个儿子，一个性格太过悲观，而另一个则是积极乐观。父亲为了改造两个人的性格做了这样的测试。

一天，父亲买了许多色泽鲜艳的新玩具给悲观的男孩，而把乐观的男孩送进了一间堆满马粪的车房里。第二天早晨，父亲看到悲观的男孩泣不成声，便问：“为什么不玩那些新玩具呢？”

“玩了就会坏的。”悲观的男孩仍在哭泣。

父亲叹了口气，走进车房，发现乐观的男孩兴高采烈地在马粪里掏什么。父亲便问，而乐观的男孩却得意扬扬地向父亲说：“告诉你，爸爸，我想马粪堆里一定还藏着一匹小马呢。”

这就是乐观与悲观两种人生境遇，也决定了两种生活态度。由于不同的人生态度即使对相同的事物也会有截然不同的看法与判断。

生活中，即使在相同的环境中，也会有人觉得幸福与满足，而有的人觉得不幸与沮丧。其实幸与不幸都是人的主观因素，并没有客观色彩的存在。所以要想让男孩从小就快乐幸福的成长，就要培养他们积极乐观的心态，因为乐观能够使人沉稳冷静，能帮助男孩渡过难关。

男孩有一种什么样的生活态度与父母的教育方法有着直接的关系。据调查显示，有很多悲观的男孩是受到父母的影响，从而失去克服困难的勇气与信心。所以父母首先要做到乐观面对人生，只有这样才能帮助男孩树立健康的人生观。那么父母具体怎么做才能帮助男孩树立正确的人生观呢？

教子秘诀一：父母要为男孩树立良好的榜样

父母的行为对男孩的影响是很深远的，所以，要想培养男孩乐观的心态，父母首先要做出榜样作用。

张扬的爸爸是一个农民，家庭生活比较清贫，但这并没有影响张扬的健康成长。因为一家人都很积极乐观，其乐融融，而且爸爸无论怎么累，怎么苦，从来都不抱怨，笑容每天都挂在脸上。在班级上，张扬吃的、穿的并没有其他同学好，但是他从来不悲观，在遇到困难和挫折的时候，也从来不唉声叹气，总是乐观积极地去面对。

生活中，由于生活压力，工作压力，有些父母常常把情绪带回家，把这些消极情绪发泄在孩子身上，这样做，父母就会无形中伤害男孩幼小的心灵，而且父母消极悲观的情绪会严重影响男孩的心理健康，所以父母不应该让男孩过早地体验到挫败、失望、忧伤、愁苦等负面情绪。

教子秘诀二：父母要让男孩多交朋友并且兴趣广泛

细心观察就会发现：性格越是孤僻、朋友就越少，这样的男孩往往是悲观群体的主流，而且对任何事都缺乏兴趣。

文博是一个悲观的男孩，虽然小小年纪，却整天都唉声叹气、抱怨不断。一天文博打开电视，但是偏偏没有喜欢看的电视节目，于是他就烦躁、闷闷不乐，出现一些消极的情绪；同样在家看电视的男孩何刚，打开电视，看见没有喜欢的电视节目，就关掉电视，自己一边听歌，一边看书，可见何刚表现的就是乐观的一面。

所以父母要培养男孩广泛的兴趣爱好，才会有机会多交朋友，使

男孩变得乐观开朗。

教子秘诀三：父母要及时排解男孩的不良情绪

男孩的行为常常受情绪的影响，所以父母要及时排解男孩的不良情绪。

明胜是一个开朗活泼、积极乐观的男孩，在班级里也是个活跃分子。可是一天放学回来，却很生气的样子，撅着嘴回到了自己的房间，见此情形，爸爸上前问其缘由，原来是在足球比赛上因为自己的原因，团队输了球。爸爸面带笑容的说："你如此有集体精神，我真为你感到高兴，谁都有失败的时候，所以不要担心，只要你努力。下次一定会成功的。"听着爸爸的劝说，明胜的脸上又露出了笑容。

男孩的年龄小，很容易受到不良情绪的影响。如果他们长时间处在这种不良情绪中，很容易形成悲观的性格，甚至还会造成心理障碍。所以当男孩表现出烦恼、忧愁、闷闷不乐的时候，父母要常常跟男孩聊聊天、谈谈心，让他们迅速地走出那些不良情绪，这样才会使男孩心理健康，并很容易形成乐观开朗的性格。

父母怎样帮助男孩建立乐观的心态？

第一，父母要维系好和男孩之间的感情纽带；

第二，父母要善于为男孩排解不良心态；

第三，父母要让男孩消除过多的"贪念。

秘籍57.自强，激发男孩的壮志雄心

自强不息是事业成功的支柱，也是人生坐标的标尺。依赖别人者，心无进取，学无长进，得过且过，碌碌无为，在挫折与困难面前，便会束手无策；而自主自强者，则能够正视弱点，刻苦拼搏，人

生的道路越走越宽，所以，自强是一种良好的心态。

古人云：人生不如意事十有八九。人的一生不会一帆风顺，或多或少的会遇到挫折困难，是拼搏奋斗、进取还是退缩懦弱，甚至放弃？当然，明智的父母都会选择前者。

宋刚因为沉迷于网络游戏导致成绩直线下滑，精神萎靡不振，但宋刚是个自制力很强的男孩，意识到问题的严重性后，从此远离了网络，这在同龄人中是很难做到的，看看周围有多少同学因为网络游戏而毁了前途。宋刚坚强的意志力使他又重新回到了正常的学习状态。其实，宋刚的意志力完全是得益于父母从小对他的培养。在宋刚小的时候，无论他做什么事，父母都会告诉他，你不要首先考虑结果如何，而是要看你能不能克服重重困难，最后取得成功。宋刚的每一次经历都是自己克服重重困难达到目的地的。在这期间，他也有过想要放弃，退缩的时候，但是都是父母的一句“再试试看”、“能不能换一种办法”帮助他渡过难关，最终也培养了宋刚坚强的意志力。

但是，许多父母因为过分的溺爱自己的男孩，这些温室之花不知道天高地厚，不了解人情世事，没有学会自主自强，只会大手大脚地花着父母亲的血汗钱，毫不珍惜。其实，这是对男孩自尊心的一种伤害。这些父母只是把男孩视作自身的一个附属物，而没有把男孩看作人格上完全独立的一个人。因此，父母要从小就培养男孩面对挑战、克服困难、坚韧不拔的顽强毅力，培养男孩的自强意识。那么，父母该怎样帮助男孩提高自立能力呢？

教子秘诀一：父母要帮助男孩树立奋斗目标

每个男孩的实际情况都不同，所以父母要想培养男孩自强不惜的健康心态，就应该根据男孩的实际情况，制定切合实际的目标，让男孩能够“跳一跳，够得着”。太高因为够不到而会失去信心；太矮则会唾手而得，没有成就感，还会使男孩滋长骄傲的情绪。所以只有不高不矮，才能让男孩顺利地达到目标，当男孩每达到一个小的目标时，就应该及时肯定，这样男孩就会增加一分自信，增加一点自强精神。

教子秘诀二：父母要取消对男孩的包办，多给男孩自主的机会

现在的男孩大多是父母包办所有事，不论是在生活中，还是在学

习上，但是父母的这种行为并不是在帮男孩而是在害男孩，所以父母要懂得放权，凡事应该男孩自己做的，父母就不要越俎代庖。父母对男孩应该坚持这样的原则：你能干的，我绝不替你干；你不会干的，我教你干；你让我干的，我要考虑该不该干。如果父母包办代替，男孩就会养成依赖性，依赖是自强的大敌。有些父母考虑到男孩的学习负担比较重，于是就在生活上帮男孩代劳，认为这样是在给男孩创造很好的学习机会，其实不然，生活上的依赖会干扰、阻碍学习上自强精神的形成。有自强精神的男孩，生活上才不会依赖父母。

教子秘诀三：父母要教男孩处理挫折的办法

挫折是男孩培养坚强的意志力不可或缺的一部分。成长中的男孩，由于知识阅历等各方面的欠缺，特别是处于顺境的男孩，一旦在学习、生活中遭遇一点挫折，就会惊惶失措，失意灰心，所以父母要让男孩从小就识得艰苦、懂得磨难，知道困难。明白挫折是人生不可避免的，是谁也无法逃避的，既然遇到了，就不要逃避，而是应该积极面对，以微笑去迎接、以进取的心态去战胜，教会男孩应对困难挫折，培养男孩良好的学习、生活态度，这些都是男孩成长过程中必不可少的。

教子秘诀四：父母要对男孩的失败"袖手旁观"

对于男孩来说，没有永远的成功，也没有永久的失败。偶尔的"失败"也不是一件坏事，只有在失败后重新站起来的人才是真正的强者。因此，父母要想真正地帮男孩，那就在他失败后，不妨多"袖手旁观"几次，让你的小男子汉经受抗挫能力的锻炼，积累爱拼才会赢的信念。

父母如何培养男孩自强的良好心态？

第一，父母要给男孩创造条件来锻炼坚强的意志；

第二，父母要懂得放权，因为只有脱离羽翼保护的小鸟，翅膀才会硬朗起来，才会自由的飞翔；

第三，父母要让男孩接受挫折教育，让男孩真正体味其中的滋味。

秘籍58.教会男孩懂得自我激励

男孩在风雨路上能否一路前行，不仅要靠外界的力量，还少不了自己的喝彩。学会自我激励的男孩，即使遇到困难，也会有希望度过难关，因为他们心中有信念，胸中有希望，足下有行动。所以能为自己喝彩的男孩即便是天赋平平，也能够在挫折面前不低头，而是狠狠的把苦难踩在脚下。

王翰是一个胖男孩，运动对这些胖男孩来说是一件不易的事，王翰也不例外，但是王翰却是一个积极乐观的男孩。在校运动会上，王翰代表班级参加了铅球项目的比赛，大家以为凭王翰的气势就能压倒好多人，结果却令大家很失望，在预赛中，王翰只是勉强进入了决赛，但是王翰并没有气馁，他是一个善于自我激励的人，王翰在心中默默地念叨“我能行”的口号；在行动上，又积极训练扔球时的动作，查找刚才失败的原因，自己在训练场上反复地练习，不断地琢磨，最后当王翰昂首挺胸、信心十足的走到赛场上时，嘴里还在念叨着，“我能行”的口号。果然，王翰在自我激励下，在决赛中众盼所归，将“第一”收入囊中，迎来班级同学的欢呼声。

可见，自我激励对于一个人来说是多么的重要。善于自我激励的人，可以发挥出自身最大的潜能，那么父母在教育男孩时应该如何挖掘男孩的自身潜力，帮男孩学会自我激励，为自己喝彩呢？

教子秘诀一：父母要学会保护男孩的尊严

父母都爱自己的孩子，但是在表达方式上可能不尽相同，有的即使男孩犯了错误也不会多说一句，而是继续纵容，长此以往则会使男孩的坏行为滋生蔓长；但是也有的父母不会纵容男孩的坏行为，而是不分时间、地点、只要男孩犯了错误就会严厉批评、斥责男孩的坏行为，甚至会暴打男孩，可想而知，男孩的自尊心会受到严重的伤害，那么自信心又从何谈起？父母要维护男孩的尊严，但不要以为孩子

小，就可以随便践踏。其实小男孩的心灵更容易受到伤害。所以父母要尊重男孩的人格和尊严，要以朋友的心态与男孩交流，征求男孩的意见，鼓励男孩勇敢地表达自己的想法。

教子秘诀二：父母要教男孩认识自己的长处

前面已经讲过，“金无足赤，人无完人”，每个人都是优缺点并存的，父母不能只是一味的看到男孩的优点，也不能抓住男孩的缺点不放。父母要客观的、公平公正地看待男孩的优缺点，所以当男孩因为某种短处受打击时，父母要及时调整男孩的心态，让男孩全面看待自己，认识到自己的过人之处，这样的男孩才能够从打击中恢复元气，这对男孩学会自我激励是很有必要的。

徐宏志因为小儿麻痹，行走十分困难，但是徐宏志的成绩非常的棒。由于残疾，徐宏志一直心里很悲观，他总感觉自己比别人少了什么似的，特别是每天都要父母、老师、或同学帮忙上学、放学、上厕所，更是让他的内心越来越阴沉，但是他的父母并没有放弃他，而是经常跟他谈心交流，经常告诉他：“你不要以为你比别人少了什么，其实你的学习成绩就是你的优点，你同样在努力的用劳动回报着所有关心你的人，你对自己要有信心。”经过父母的帮助，徐宏志从此变得开朗了许多。

教子秘诀三：父母要教男孩学会心理暗示

人类社会是由单个的个体组成，所以每个个体都不尽相同，你的存在是无人可以替代的。就像张三得了奖不能写在李四的头上，同样，李四得了病，张三也不能代替他受罪。所以，谁有不如自己有，谁会不如自己会。当男孩遇到困难时，父母即使想了再多的好办法，竭尽全力的帮忙，但是他的主观不努力，最终还是一个零。所以父母要让男孩学会自我暗示，学会自我激励，这才是治病良方，才会从根本上帮助男孩冲破重重阻力，最终叩响成功的大门。

李晓阳是一个具有良好心理素质的小男孩，有胜不骄，败不馁的情怀。其实这主要是晓阳自我激励的结果。李晓阳小的时候，妈妈就培养晓阳要做到每天早晨说三遍“我最棒”，一直到现在，晓阳每天早晨也是如此。所以到了现在，李晓阳能够在遇到困难时，自己排解，自我激励，而且在取得成绩时，也能够不骄不躁，努力更上一层楼。可见自我激励让李晓阳尝到了甜头。

所以，教男孩学会自我激励，是父母不容忽视的家教内容之一。告诉男孩，学会给自己喝彩，把握机遇，排除万难，将会产生无穷的动力，创造辉煌的人生。

生活中，父母应该如何培养男孩的自我激励的习惯?

第一，父母要对男孩培养自信心，不要让男孩只能听得进夸奖，却听不进良言；

第二，父母要创造条件，帮助男孩制定适合的激励目标；

第三，父母要增强男孩的自我激励意识，只有意识到自我激励的重要性才会在内心上接受肯定自我激励的作用。

秘籍59.让男孩走出自闭的空间

自闭是一种不健康的心态，它会影响男孩的社交能力，长久下去就连语言和沟通也会存在困难，但是自卑的心理不是与生俱来的生活状态，是后天形成的。据调查显示，中国现在约有150万的孩子有自闭倾向，而且正在以10%～17%的速度增长，已达到人口比例的千分之一，自闭的严重程度远远超出人们的想象。

自闭现象存在于男孩的潜意识里，在生活中由于付出的努力而没有达到目标，或者是因为某种原因受到了很大的压力，亦或是由于对生活造成的强烈不满等而产生的自卑情绪，都会产生自闭现象。具有自闭心态的男孩的性格大多是比较温和，而且与世无争，当他们由于外界的挤压，而不堪忍受的时候自然就会选择逃离，把自己紧紧地包裹起来，他们的初衷其实是为了躲避伤害，但是一旦进去之后就会无法再走出围墙，男孩的这种自闭行为其实是他们缺乏自信心，无法面对残酷现实的一种逃避的手段，久而久之，就会使男孩越来越胆小，

形成了自闭的性格。

自闭性格的表现常常是羞于和外界交流，害怕受到嘲笑，不与人交往，如果以这种心态来生活，男孩的生存空间会很小，所以父母一定要从小对男孩进行健康教育，要让男孩积极乐观地走出去，接触更为广阔的世界，在实现理想的道路上遇到这样、那样的困难，父母应该及时观察和帮助，给男孩以鼓励,帮着男孩树立起自信心，而且在生活中父母需要留心观察男孩，一旦发现男孩有自闭现象，就应该及时采取正确的方式进行干预和锻炼，使男孩逐渐走出自闭，成为自立、自信的男孩。父母具体可以从以下几点做起：

教子秘诀一：父母要分析男孩是先天自闭还是后天自闭

自闭分为先天自闭和后天自闭两种，对于先天自闭，父母要及早带男孩到医院就医，但是对于后天自闭，父母如果及时发现，及时疏导就会避免男孩自闭的形成。后天自闭症状常常表现为社会交往和语言交往障碍，以及兴趣和行为的异常。只要做个细心的父母就会有所察觉的。

李维新最近变得不爱说话，对什么事都是漠然视之，即使爸爸妈妈对他说话，他也总是爱答不理的，对儿子的这种行为，父母感到很不安，因为他以前和其他小朋友一样是一个活泼开朗的小男孩。周末，李维新的父母带着他到了医院，心理医生与他交流后，才知道是因为父母把精力都放在了妹妹身上，这让他有一种被遗弃的感觉，孤独感占据着他的心灵，才会有如此的表现。听了医生的话，父母反省了自己的行为，感觉到真的是对儿子的关心不够，李维新是在用这样的方式与父母抗议。

所以，像李维新这样后天形成的自闭现象，父母就要多给男孩关爱，鼓励男孩，让男孩在自信的支撑下走出自闭。

教子秘诀二：父母要为男孩创造愉悦的家庭氛围

对于男孩来说，家是他赖以生存的地方，对他们的影响远比成年的社会要大得多。在男孩眼中，家不仅仅是一个生活场所，还是他们接受爱、学习爱的地方。因此，一个良好的、温馨的、和睦的、甜蜜的家庭对男孩的身心健康起着至关重要的作用。

试想，如果男孩生活在一个温馨和睦的家庭里，有父母的理解和关爱，他们自然就会感受到温馨和愉悦，心情也会随之开朗；但是如果生活在父母经常争吵，天天在家里打麻将，连写作业的空间都没有的家庭里，回家对于男孩来说就如同上战场，他们常常会逃避，心里对父母产生厌恶，憎恨的想法，久而久之，自然就会自卑，不愿意与人说话，学习成绩下降等，严重的就会引起男孩自闭，不爱和外界交流，生活在自己的世界里。所以，父母要积极创建欢愉的家庭氛围，让男孩感到温馨和快乐，这样有助于自闭的男孩敞开心扉。

教子秘诀三：父母要教男孩宣泄不良情绪

自闭的男孩往往是不自信的，常常是因为对自己、对他人的不满而产生的内心的一种宣泄，但是因为年龄还小，表达方式不一定正确，甚至不知道如何来表达心中的情绪，这时，父母一定要给男孩创造情绪的机会，教男孩正确表达情绪的方式，让男孩合理地宣泄自己的不良情绪，让男孩有自己的兴趣和爱好，这样会疏导男孩的注意力。例如，当男孩遇到不顺心的事时，父母可以带男孩出去散步，打一场球，或者带他看一场电影，男孩在另一种环境中自然就会忘了刚才的不愉快，恢复了往日的笑容。

教子秘诀四：父母要教男孩多与外界接触

父母要鼓励男孩多结交朋友，善于沟通会对男孩开朗性格的形成有着重要的作用。因为在与人打交道的过程中会增长见识，提高应变、活动能力，促进男孩的身心健康。如果父母过多的干涉男孩的自由，紧紧地把他关在屋子里学习，不仅会造成男孩的逆反情绪，还很容易造成自闭。所以父母一定要鼓励男孩多出去走走，多结交些朋友，远离自闭，有一个良好健康的心态，才能健康地成长。

父母如何让男孩远离自闭，有个健康的好心态？

第一，父母要为男孩创造愉悦的家庭氛围；

第二，父母要教男孩宣泄不良情绪；

第三，父母要教男孩多与外界接触。

第七章

财商教育——给男孩富足的未来

培根说过“金钱是品德的行李，是走向美德的一大障碍；因财富之于品德，正如军队与辎重一样，没有它不行，有了它又妨碍前进，有时甚至因为照顾它反而丧失了胜利。”所以天下没有免费的午餐，要如何打开理财的钥匙？那就要从小培养男孩的理财观念，积累理财知识，最终运用于理财实践中。

秘籍60.男孩要树立金钱意识

钱是人们生活离不开的货币交换方式，理财能力是商品社会中的基本能力之一。所以培养理财能力就应该从娃娃抓起。而对于男孩来说，理财能力的培养，更是直接关系到他一生的幸福与发展。

一所学校开展了争做“小管家”的主题活动。本周比赛的主题是：让孩子们在有限的钱内能够买到又便宜质量又好的足球。其实他们掌握的钱都是经过计算的，除去买物品需要的钱，只要合理使用，用于坐车 、喝水、吃饭都绰绰有余。

第一组的孩子商量着还是要货比三家，于是跑了几个市场，坐出租车往返N次，等确定好买家后。发现剩下的钱再吃饭和坐公交车中只能选择其一了。

第二组的孩子直接选择去批发市场买，不过因为路途比较远，已经到了中午，午饭只能在此解决。正好附近有家餐厅，孩子们被美国牛排吸引了 ，一人买了一份，当买球的时候大家都傻眼了。双双不尽人意的归来，让老师不由得惊叹：这些孩子真不会花钱，难道他们就不知道几十块的差价是不够补偿他们的出租车费的吗？难道他们就不知道先为买东西留够预算再用剩下的钱吃饭？为什么连这点常识都没有呢？

教子秘诀一：父母要增强男孩的金钱意识

对金钱缺少概念，这是现在男孩的一个通病。究其原因，父母有着不可推卸的责任。他们从不让男孩知道家里的经济情况。男孩只知道没有钱就向父母伸手，完全不知道父母的钱从何而来。这方面，相对贫困一点的家庭会好一点。不管是什么样的家庭，都应该让男孩知道，钱是父母工作挣来的，而且家里的经济条件处在什么样的水平，哪些东西是他们可以享受的，哪些是不能享受的。

现代人非常推崇挥金如土的生活方式，人们总爱渲染明星或富豪们奢华的生活，这些风气会让男孩受到潜移默化的影响，他们对物质的欲望越来越强烈，殊不知工作的艰辛。

还有一点就是男孩不知道如何花钱。他们花钱没有计划，不知道哪些东西是必须买的，哪些是不太重要的 ，买东西没有轻重缓急的区别，不知道什么才是自己需要的，花了很多钱，却没花在需要的地方。教育男孩把钱用在有利于个人的发展上是每个父母都要认真思考的问题，不管为男孩花钱多少，都要用以下三条标准来衡量：是否高效益地使用金钱、财物，合理消费，用所当用；是否有利于男孩的发展——形成和建立良好的品质、身体素质、心理素质、文化素质；是否杜 绝了奢侈浪费。

教子秘诀二：父母要借用西方的理念教育男孩

在这方面，西方人做得比较好。美国著名的亿万富翁洛克菲勒就深得其中要义。他在孩子7岁以后，每人每周发给3角钱的津贴，同时发给他们一个小记账本，要求他们记载每一分钱的用途和花钱的时间，周末还要孩子们交上自己的账本，以审查其开支的合理性。洛克菲勒在谈到让孩子记账时曾说：“要让他们懂得金钱的价值，不要乱花乱用，把钱花在益处。”

这些令男孩受益一生的"理财教育"恰恰是我们现在的中国家庭教育所忽略的内容，也是我们的小男子汉最缺乏的一种素质。其实，引导你的小男子汉进行“正确消费”并不难。

一位法国的母亲带着6岁的儿子到超市买东西。当男孩看中一样东西时，母亲并没有禁止

他，而是亲切地对儿子说：“来，让我们看看这个东西的价钱是多少，哦，1法郎，你觉得是不是太贵了？如果我们买旁边的那一个，省下一半钱可以买5包你爱吃的薯片，你看要哪一个呢？”

儿子想了想，选择要后一个。

购物结束的时候，母亲又拿出了一些钱给儿子，对他说：“小男子汉，帮妈妈结账好不好？”

在购物的过程中，母亲既给了儿子充分的选择权利，又控制了男孩的非理性消费。这样，在尊重男孩意愿的前提下，不仅教他学会了比较后再购买的理财道理，更在结账的过程中锻炼了男孩对金钱的认

知能力。所以，作为新时代的父母，在家庭教育的总则中我们必须加入这样一条：为成长中的男孩不断加重"财商砝码"！除此之外，在引导男孩“正确消费”方面，还有这样三点需要父母注意的总原则：

1. 不可以大量减少甚至停止男孩的零花钱，或用粗暴责骂的方式来控制他的消费欲望。因为突然间收入的减少会使男孩对物质的欲望更加强烈，转而力图通过其它途径来取得零花钱，进而满足自己的购物需求。

2. 父母不应用金钱来衡量一切，平时老用钱来和儿子谈条件。金钱至上的观念会让男孩缺乏责任感和同情心，形成狭隘、自私的个性。

3. 不提倡为住校的男孩办理各种各样的银行卡。让男孩过早地成为"有卡族"，这样会养成他们随随便便就刷卡的坏习惯，增加很多不必要的消费。

父母怎样培养男孩对金钱的正确意识

第一，父母要对男孩传授一些简单的金钱知识；

第二，父母要让男孩学会理智消费，并接触银行；

第三，父母要让男孩计划消费的同时还要懂得一些赚钱的学问。

秘籍61.天下没有免费的午餐

父母要摆脱“逆来顺受”的角色，当你的男孩习惯性的伸来双手向你要零花钱时，你要坚决地回答：“要花钱，可以自己去挣，天下没有免费的午餐。”其实这样的事例还真不少。曾连续两年排名“财富500强”首位的沃尔顿家族，你会想到公司的董事长山姆·沃尔顿，竟会叫自己的男孩从小就开始为自己挣零花钱吗？这在常人来说的确是一件令人不可思议的事情。

教子秘诀一：父母要教男孩学会花钱

人们常说：对富孩子的教育，要比对穷孩子的教育难得多，因为这些孩子从小生活在优越的环境之中，并不理解今天生活的来之不易，所以进行正确的理财教育，是势在必行的。"要花钱，自己挣"正是身为父母的要教给男孩的第一个"理财之道"。

男孩刘哲有一份稳定的工作，但是他的父亲为他积攒了百万家产。父亲花了28万元买了辆轿车供其使用，后来他就干脆辞去工作，主管父亲公司的所有业务。但有了钱之后的刘哲每天出入夜总会、高档宾馆、包养情人，不到两年的时间将全部家产挥霍一空。

后来刘哲以父亲在外做生意需资金周转为由开口向同学借款10万元。拿到钱后的刘哲立即恢复了他昔日纸醉金迷般的生活，不久10万元钱即被花销一空。刘哲的父亲后悔当初将百万家产让儿子掌管。刘哲就是典型的会花钱不会挣钱的男孩，以至于长大成人只会挥霍家财而不会挣钱，这一切皆源于不当的教育方法所致。

所以在整个理财教育中，父母要先从意识上进行疏导、然后再从概念上进行确认，并且在实际生活中不断地加深印象，随后再回到对方法的指导，这样就形成了一个完整系统和对金钱的正确认识。

男孩将来走向社会时最终要靠自己，所以父母要从小培养男孩在激烈竞争中所具备的生存能力。而不是让男孩依靠父母过寄生虫生活，从小树立“要花钱，自己挣”的观念非常重要。

随着中国经济水平的提高，每个男孩手中的零用钱也渐渐富余。但是这钱来得容易，花得也悄无声息，却不知父母挣钱的艰辛，也不会理解只有付出才有回报的道理。他们认为这是很理所当然的事。因此，在家庭教育中，父母可以鼓励男孩自己挣零花钱。通过这种方式，让男孩知道赚钱的辛苦，改变乱花钱的习惯，学会控制自己的消费行为。

教子秘诀二：父母要让男孩学会“要花钱，自己挣！”的理念

外国孩子经常从父母那里听到的口号是：“要花钱，自己挣!”许多儿童通过修剪草皮或照看小孩等工作挣钱，不仅有了劳动的体验，而且对金钱的价值也理解得更深了一些。

中国其实并不是缺口号，“自力更生”、“奋发图强”的意义绝不逊色于美国的“要花钱，自己挣”。但是，中国父母们所缺乏的，

往往是实施这些口号的勇气。

在国外，人们对不劳而获地攫取财富颇有微词，而对白手起家创造财富的人则给予了更多的敬重。在德国，父母一贯重视培养孩子"勤奋、正直、可靠、乐于助人、作风正派"的性格。父母把子女看做独立的个体，给他们空间，让他们独立地去完成自己应该做的事，从不包办孩子的事情。如孩子一周岁左右，父母就应鼓励他们自己捧着奶瓶喝牛奶。随着男孩的年龄和能力的增长，父母继续引导他们完成更多的事情。这样，当他们成年后进入社会时，就会有独立的生活能力。在英国，孩子们的零花钱几乎全部都来自他们劳动所得。如果孩子能在十几岁的时候有机会走出家门找点事做的话，那是最好不过了。比如去麦当劳、沃尔玛、通用这样的正规企业去做暑期工或实习生。

可见，出身的显赫高贵与低微贫寒已不是人们自豪或者羞耻的原因，知识多寡、能力大小、成就高低才是对人的评价标准。大量事实证明，过早地给男孩太多金钱，对他们的人格养成并没有好处。不让男孩坐拥财富，反而能让他们认真工作，并且远离吸毒、酗酒和游手好闲的混混生活。因此，父母应该创造条件，让男孩从小养成独立的精神，学会在奋斗中成长。

但是中国的传统渊源很深，他们常常自己舍不得消费却要拼命的给男孩攒下"千斗米，万担粮"，古语云："君子之泽，三世而斩"，意思是前辈给后人的好处，到第三代就结束了。但是，他们认为对男孩的保护是自己的责任，而且把男孩保护得越好，证明自己的本事就越大，其实不然，这样只会买断男孩的自主权，父母确实应该把培养男孩自立精神和独立人格的人生课题提上日程。

其实男孩们挣钱的过程，也是一个发挥其创造力和应变能力的过程。如果男孩能对这一过程好好把握的话，可能会对他们今后的工作、人生发挥很大的铺垫效应。

当然，法律明确规定企业严禁雇用童工，我们也不希望男孩过早地承担起过重的家庭负担。但是，如果能对这一行为加以严格管理，男孩本身充满信心、兴趣的话，那么他们在十几岁的时候就会有多很多参加社会锻炼的机会。

乡村的男孩可以在农场里进行一些劳动体验。城市家庭的男孩，出于条件的限制，他们基本上很少有机会在家里体会到"社会工作"

的真正含义。所以，社会和各种企业、组织应该考虑如何为这些青少年提供类似暑期工一类的工作机会，使更多男孩能够有机会参与社会实践，这样男孩的人生也会丰富许多。

钱财来得太容易，会让男孩不懂得珍惜，也感受不到其中的艰辛和荣耀，更谈不上自主地做人做事。美国中学生有句口号："要花钱，自己挣"；中国的父母也应该多对自己的男孩积极引导，让他们在自食其力的行动中完善自己的独立人格。

父母如何帮助男孩学会挣钱？

第一，让男孩认识金钱在生活中的重要性；

第二，让男孩知道金钱需要通过劳动获得；

第三，帮助男孩树立起花钱要自己挣的观念；

第四，鼓励男孩做一些有报酬的家务劳动；

第五，教男孩认识劳动与报酬之间的关系；

第六，培养和提高男孩各方面的劳动能力。

秘籍62.要让男孩知道钱的来之不易

每个男孩的天性都是善良的，从牙牙学语后就开始慢慢懂得要他喜欢的东西，虽然此时他还不知道金钱的概念，但是无形中男孩的生活已经与金钱紧密连在一起了。在他们看来，金钱是父母手中的宝贝，只要有这个宝贝，他们就可以要好多好吃的、好玩的、好穿的。

如果此时父母不能及时地对男孩进行必要的金钱教育，只是无限制的满足男孩的要求，就会使他们的欲望膨胀，久而久之会养成很不好的生活状态。他们认为父母就是提款机，没了就可以再取，却不知道钱来的是多么不容易，所以要告诉你的男孩，钱是怎么来的，是有多么不容易，让男孩从小就树立起正确的消费意识和金钱观念。

但是现实生活中，大部分男孩都不明白父母的辛苦，常常在穿着上攀比、用父母的钱大讲排场，究其原因还是父母没有对男孩灌输金钱的概念，没有让他意识到钱来的有多不容易。

李刚今年上高一了，家境优越，脚上穿的是耐克运动鞋，要800多元，身上穿的运动服是阿迪的，一件要999元，这都是他指名要的牌子，只有一个商场卖，而且从不打折。

但是因为金融危机的冲击，父亲的生意破产了，生活状态急转直下，财产几乎精光。当父母愁眉不展的时候，李刚却对父亲说："老爸，今天是我最好朋友明明的生日，给我500块钱，我们都要给他庆祝呢！哥们义气要讲的呀。"李刚的话让父亲的心好痛，别说是五百，就是100元对于这个家庭的概念也已经不同往常，而且最让父亲心痛的是面对家庭困境，儿子不仅不闻不问，还理直气壮地跟父亲要钱去消费。想必李刚的父亲此时一定会悔恨不已，后悔自己之前的无度给予，后悔自己之前没有及时对儿子进行适当的理财教育。

生活中的李刚并不是少数，这类男孩不理解父母的苦衷、贪图虚荣、讲究排场。男孩之所以会形成这种不良的消费习惯，其根源就在于他们并不知道金钱来之不易的道理。这类男孩长大后，不仅会缺少赚钱的能力，更会严重缺乏感恩的心，一味的索取，而不知回报。

因为男孩不知道金钱的获取是需要付出辛劳的，所以他们学会了不珍惜；因为不清楚父母为这个家庭承担着多大压力，所以他们学会了不理解；因为不了解生活残酷与现实的一面，所以他们感觉不到自己的生活多么幸福……

所以，身为父母就应运用自己的智慧，帮助男孩正确认识金钱，珍惜并尊重大人为此付出的劳动，进而养成从小节约的好习惯。其实对男孩的理财教育也不是想象中那么难，下面就给各位父母介绍几种方法：

教子秘诀一：让男孩到自己工作的地方亲自体验

在男孩的印象中父母每天都会对自己说："儿子，爸爸（妈妈）上班去了"，到了月末就会有大笔的钞票进账，男孩的意念中对工资的概念是不明晰的，因为爸爸妈妈用工资可以为自己买喜欢的东西，满足自己的需要。于是，大多数男孩都会将目光聚焦在金钱之上，而忽略了父母在工作中的辛劳付出。所以不要让男孩有一种幻想，父母可以带男孩到自己的工作岗位去看一看，让他们体会自己挣钱之艰辛。

老董是一个普通工人，工资随着工作量走；妻子是做保洁工作的，一个月也就1000元。一天儿子向老董要手机，“现在同学家长都给孩子配手机了，就我没有了，一是联系也不方便；再者说我在同学面前多没面子，我想要新出的一款2000多。”

老董惊诧无语，怎么在儿子的口中，钱就像大风刮来似的呢！最后他想了一个办法，决定让儿子到自己的工厂看看。到了工厂，高强度的作业，让儿子看到了自己的工作环境，老董问儿子自己的工作苦不苦，儿子只是默默地点点头。

正所谓百闻不如一见，能够让男孩亲身感受你的不容易，比你每天千言万语的教诲要来得快的多。只有让男孩真切地感受到父母工作的艰辛，他们才会明白金钱的来之不易，才会明确地知道金钱是从何而来的。正如某位哲人所说的：“要让你的孩子知道你付出了代价，才会拥有现在的生活。”

教子秘诀二：让男孩从小就知道金钱是在劳动中挣出来的

当你拖着疲惫的身体回家时，你顽皮的孩子很可能会缠着你陪他玩，此时，你会怎样回答他呢?

“妈妈(爸爸)很累，自己玩去!”

“妈妈(爸爸)很累，因为妈妈(爸爸)想在六一儿童节为你实现一个心愿。所以，妈妈(爸爸)要辛苦地工作赚钱，你能给妈妈(爸爸)捶捶背吗？”

很显然，前一种回答实在很糟糕，因为你忽略了男孩的心情，他是多么想念一天没有见面的妈妈(爸爸)，多么想在你的身边撒撒娇啊，但是你打碎了他们的梦想。

后一种回答则是一举两得，这样不仅告诉男孩，你为什么这么辛苦、为什么不能陪他玩，而且还告诉男孩，妈妈(爸爸)赚钱很辛苦，让男孩体会到你的辛苦，为你捶捶背、揉揉腰。这样，既告诉男孩父母挣钱不易，要体会大人的艰辛，而且密切了男孩和你之间的感情。

教子秘诀三：让男孩贫穷中体味挣钱的滋味

俗话说"穷人的孩子早当家"。所以让男孩体味贫穷的滋味，自然

会有助于男孩金钱观念的树立。

暑假，10岁的小强被妈妈带到了乡下的大伯家里，让儿子寄居在农村，和农家孩子一起放牛、耕种，吃着油花并不多的饭菜。

从来没有干过活的小强自然十分不习惯，才待了两三天时间，就嚷着要回城里。大伯也不忍心看着白净柔嫩的侄儿受苦，于是劝"狠心"的妈妈来把儿子接回家。可是男孩的妈妈丝毫没有因为电话里儿子的诉苦和哭声而动摇。

两个月的假期生活结束了，小强渐渐爱上了憨直可爱的农家孩子，喜欢上了淳朴宁静的农村生活，而且增长了不少知识，学会了很多农活，也知道了农民伯伯挣钱是多么的不容易。

英国的一位文学家曾经说过这样一句话："平静的海洋练不出精悍的水手，安逸的环境造不出时代的伟人。"父母们，如果你们想让儿子早日成才，那就狠心地让你们的男孩"贫穷"一回吧！

如何让男孩体味父母的辛劳？

第一，给男孩金钱与劳动的关系；

第二，男孩买东西之前就要让他知道钱来之不易；

第三，男孩要多参加实践活动体味挣钱是要付出代价的。

秘籍63.小男子汉要学会储蓄和投资

现在家庭条件都好了男孩手中的零花钱也不是定期发放的了，随时随地就会给他们，所以男孩手中的钱总是源源不断。如何管理好自己手中的零用钱，做到心中有数，不做糊涂账，父母首先要教男孩一些科学的理财方法。在一些发达国家和地区，人们十分重视儿童的理财教育，这种教育甚至渗透到了男孩与钱财发生关系的一切环节之中。

法国理财教育早在孩子三四岁便开始，父母们大多并不主张男孩们把零用钱储蓄起来，而是鼓励他们合理地消费掉。

当男孩正式上学后，父母们便给他们开设一个专门的账户。父母认为，与其让男孩每次向父母苦苦“乞讨”，还不如定期给他们一笔零用钱并限制消费范围，这样，更有利于培养男孩“计划用钱”的理财本领。

在法国，6岁的孩子每年平均可从父母那儿得到约600法郎的零用钱，14岁的孩子则可得到1500法郎，而当孩子进入高中时，每年获取的零用钱则可能高达6000法郎。“独立账户”不仅为男孩的合理消费提供了实习场所，而且也可帮助男孩培养合理储蓄的良好习惯，即所谓“该消费时就消费，该节约时就节约”。

理财专家建议，在男孩小的时候，父母就应有意识地培养男孩的理财能力，指导他们熟悉掌握基本的金融知识与工具。从短期效果看可以使男孩养成不乱花钱的习惯，从长远来看，将有利于男孩及早具备独立的生活能力，使其在高度发达、快速发展的竞争中，具有可靠的立身之本。在未来的社会，男孩是否能够掌握一些理财投资的方法，对其成长和成功尤为重要。因为，只有学会了储蓄，他才能养成节省“自己的钱”的习惯；只有学会了投资，他才能在竞争日益激烈的社会中，率先学得生存和发展的本领。

一位上小学四年级的小男孩，在父母的帮助下，把自己的积蓄分成两部分。他在银行有了两个属于自己的账户，其中一个定期账户是用于存放不常用的钱，这样利息高；另一个是活期账户，用于存放日常的零用钱。后来，在爸爸的指导下，他开始用积蓄的一部分定期购买债券。

但是有些父母认为：“孩子这么小，开展理财教育也未免太早了。而且这么早就接触钱，会不会使男孩变得势力庸俗呢？”“孩子有了钱，一定会乱花的。”父母的担心是必要的，但如果因此就放弃对男孩进行正确的理财教育，则是大错特错。随着年龄的增长，男孩不可避免地要与金钱打交道，特别是进入社会以后，理财能力如何，更将直接决定着他的一生是富裕还是贫穷。特别是男孩，当他成长为一个需要承担更多责任和义务的男子汉时，社会考验他的将不仅仅限于智商情商，还有更为重要的财商！那么父母应该如何从小培养男孩的理财能力呢？

教子秘诀一：培养男孩储蓄的习惯

男孩的储蓄意识是应当从小培养的，例如有的男孩喜欢吃冰淇淋，如果买一杯要花6元的话，父母就应告诉他："你想吃可以，但是今天只能给你3元，等到明天再给你3元，你才能买来吃。"这就是对男孩储蓄观念的萌发。

男孩到了六七岁时，父母就应给他一个懂得为短期目标存钱的思想。比如，男孩要买一件自己喜欢的、并不太贵的玩具时，父母就可以利用这个机会教他们怎样存钱。父母可以为男孩订一个明确的计划：每天应该存多少钱，存多少天就能买到自己想要的东西。这样，男孩就会有目的地把父母给的零花钱积攒起来。让男孩用"自己攒的钱"得到这个玩具，这样会比轻而易举地从父母那里得来更加珍惜，还可以使男孩懂得积少成多的道理。需要提醒的是，这种年龄段的男孩存钱的耐心至多只能有3个星期，时间太长会使男孩感到灰心失望，失去存钱的兴趣。大约到了9岁，男孩才能懂得为长远目标存钱的道理。

教子秘诀二：为男孩开设银行账户

美国著名的教育专家戈弗雷在谈到储蓄原则时指出：男孩可以把自己的零花钱放在3个罐子里：第一个罐子里的钱用于日常开销，购买在超市和商店里看到的"必需品"；第二个罐子里的钱用于短期储蓄，为购买较贵重物品积攒资金；第三个罐子里的钱则可长期存在银行里。

为了鼓励存钱，父母可以陪男孩一起去银行存钱，并以男孩的名义开一个户头。当男孩在铅印的存单或存折上见到自己的名字时，会使他们感到自己长大了，变得重要了。银行的另一个好处是：它能使男孩充分理解钱并不是随便就可以从银行里领出来的，而是必须先挣来把它存到银行里去，然后才能取出来，而且还会得到多出原来存入的钱的利息。

教子秘诀三：教会男孩一些投资方法

储蓄积累到一定的金额，适时地教给男孩一些投资的方法，是十分必要的。男孩的探索欲望很强，当他知道用适当的方法可以使金钱变得更多时，他就会对此项理财活动充满了兴趣，并为此而变得积极努力。

在国外，很多父母都会让自己的男孩早早地接触股票、基金、债券、拍卖等理财知识。例如，男孩要求在他10岁生日时得到一台割草机作为生日礼物，明智的母亲给他买了一台。 到那年夏末，男孩已靠替人割草赚了400美元。这时，父亲建议他用这些钱做点投资，于是喜欢运动的男孩决定购买耐克公司的股票。此后，男孩对股市产生了兴趣，开始阅读报纸的财经版内容。

所以父母千万不要认为你的男孩还小，给他讲解关于投资的知识他也不明白。只要巧妙地将投资的意识融汇在生活中、游戏中，男孩自然会对此产生浓厚的兴趣。当你的小男子汉在投资的过程中获得了一定的收益，就没有什么能阻挡他对金融知识的热爱和钻研了！

父母怎样培养男孩的理财能力？

第一，长大些后，以男孩的名义给他开设银行账户；

第二，要让男孩明白金钱的来之不易；

第三，父母要给男孩准备一个账本。

秘籍64. 男孩要管好自己的零花钱

可怜天下父母心，没有一个父母不疼爱自己的孩子的。但是很多父母在爱的表达上存在着误区。很多父母认为，给男孩创造最好的物质条件就是对他们最大的爱，所以让男孩的钱包里的零花钱没有间断过。父母口袋里有现金，银行里有存款，更使男孩们心里吃了定心丸，花钱也会更轻松自在，自信心也会逐渐增强，反正有父母的坚实后盾，什么也不怕。长久下去，就会使男孩养成爱乱花钱的毛病，其实这与父母有着一定的关系。

陈浩然家庭条件比较优越，父母为了表示对儿子的爱，常常会出手很大方，给儿子充裕的零花钱，使浩然养成了花钱大手大脚的毛病。别看陈浩然学习不怎么样，但是深受老师和同学的优待，有着极

好的人缘。

陈浩然与几个好同学从网吧痛快玩了几个小时后，感觉肚子咕噜咕噜地响，就行侠义起来，说："你们也饿了吧，走，哥们，今天我请客，去吃肯德基怎么样？"结果当然是千呼万应，齐声回答："好！"陈浩然和几个同学饱餐一顿，花了300多元。回家后，又向父母要钱，父母才知道刚给的零花钱，竟然花在了一顿饭上，他的父母为儿子的行为瞠目结舌。

试想，如果陈浩然的父母不给他过多的零花钱，就不会养成他花钱大手大脚的坏习惯。如果父母当初教好儿子学会合理理财、合理消费的观念，就不会导致浩然挥金如土的恶习。但是习惯养成容易改掉难，浩然花钱如流水的习惯不可能一下子就改掉，此时父母后悔又能怎样？所以父母要教育男孩从小养成合理使用零花钱的习惯，让男孩树立起正确的金钱价值观，引导男孩合理消费，教会男孩合理理财，尝试着让男孩去学着赚钱等，这样才是父母理性的爱孩子，才有利于男孩将来的成功，有助于男孩拥有一个美好的未来。那么，父母要预防男孩花钱大手大脚的习惯应该怎么做呢：

教子秘诀一：父母给男孩零花钱的数量要合理

父母给男孩一定数量的零花钱是很有必要的，但是给零花钱也是一门学问，零花钱应该给多少，如何让他们合理使用这些零花钱，都需要考究。如果父母能教会男孩如何消费，如何理财，就不会使他们养成花钱大手大脚的坏习惯。所以父母给男孩一定数量的零花钱，并且引导男孩学着记账，有计划地花钱，这样能够避免男孩花钱无规律、无节制，有利于男孩学会独立正确地支配自己手里的钱财。

教子秘诀二：父母要以身作则，教男孩正确花钱消费

父母在生活中要有正确的消费观念，买东西时，要精打细算，货比三家，不要在男孩面前装阔摆酷，否则男孩也会随着父母的习惯花钱大手大脚。

王世玉在花钱消费上就是深受父母理财观念的影响。现在他可以说是一个消费的小行家。在王世玉小的时候，父母逛商场买东西也会经常带着他。他的父母不会让王世玉想要什么就买什么，而是告诉他哪些东西需要用，是必须买的，哪些东西不需要，没必要浪费钱财，节省下的钱要学会储蓄起来等。

不仅如此，父母还会教王世玉货比三家，并如何讨价还价。这样，在王世玉稍大一些的时候，就会合理的使用手中的零花钱，从来不会多花冤枉钱。现在他成了同学们的理财参谋，同学买东西时会拉着他一起去把关砍价。

其实很多男孩手里拿着钱，却不会合理消费。有的买了自己不需要的东西；有的受商人的忽悠，不辨货物的真假好坏，因为买了次品而后悔；有的不会讨价还价，被卖主狠狠地宰了一顿；还有一种就是今天吃饱就不管明天的事，有多少钱，一天就全花完。为了避免男孩有以上情况的发生，父母给男孩零花钱之前，一定要以身作则，教男孩学会正确合理地花钱消费。

教子秘诀三：父母要指导男孩合理使用“零花钱”

对于男孩手中的零用钱，父母可以制订一个计划，什么东西是必要的，急需的，应优先考虑。监督男孩零用钱的支出，随着年龄的增加，男孩有一些自己可以支配的零花钱，但父母也应予以必要的指导和监督。

对花不了的零花钱父母要教男孩学会节省，并把节省下来的钱储蓄起来，以备不时之需，或者计划着去合理花费自己积攒下来的钱。待储蓄到一定的数量后，父母可以带着男孩把钱存入银行，让男孩知道钱会生钱，使男孩体验自己有存折的快乐，这样既可以提高男孩攒钱的积极性，又有助于男孩节省行为的继续。

父母应该如何避免男孩养成花钱大手大脚的习惯？

第一，父母不要让男孩养成攀比心理；

第二，父母要端正男孩的购物习惯，不要成为名牌的追求者；

第三，父母要让男孩参与到家庭预算中，让他学会正确的理财观念。

秘籍65.让男孩学会知足常乐

俗话说：知足者常乐。人是一种欲望很强的动物，如果男孩不能很好地把控自己的欲望，欲望就会变得贪婪，口味的变大，会使人陷入罪恶的深渊。特别是男孩，自制能力比较差，父母如果不能从小对男孩的行为加以控制，就会使男孩变得不知足，养成男孩花钱大手大脚的坏习惯。

在我们身边，常常出现这样的情境：男孩常常因为父母不能满足自己的物质需求，而怀恨在心，觉得父母对不起自己，甚至会发生偏颇的行为。有的父母含辛茹苦、节衣缩食为男孩创造最好的学习环境，但是男孩们并不领情，而是用泡网吧来回报父母，其实这与父母太过溺爱有关，因为给予男孩太多物质上的享受，以至于他们只知道索取，不知道其中的来之不易。如果父母继续这样无休止的给予，就会让男孩认为这是天经地义的事，所以父母要让男孩懂得知足，那就要让男孩从体会“贫穷”开始。

教子秘诀一：父母要让男孩过“穷”日子

俗话说：穷人的孩子早当家。因为贫穷会使男孩体味到“苦”和“累”的滋味，只有这样他们才会发愤图强，努力想办法摆脱困境，亲身体验要比父母的督促更有效果。

刘兵的家庭条件好，父母都有着很体面而待遇丰厚的工作，但是他的父母从来不穿名牌，追求时尚，吃的也不是什么山珍海味，克勤克俭，而且还常常说自己的工作如何辛苦，挣钱是多么的不容易。刘兵在父母生活习惯影响下，渐渐地养成了勤俭节约的生活习惯，从来不乱花钱，就是平时家里的饮料瓶，废纸箱，刘兵都认真地整理好，等到攒够一定数量，就会去卖掉，他想这样会为辛劳的父母减轻点负担，还真有点“小当家”的感觉。每当受到父母的夸奖，刘兵的心里都是乐滋滋的。

刘兵的父母其实是很会教育孩子的，这种让男孩体验贫穷的做法是很值得推广的。“由俭入奢易，由奢入俭难”。如果男孩已经养成了花钱大手大脚的坏习惯，到那时父母再想起控制男孩的零花钱就已经晚矣。所以父母要从小对男孩进行“贫穷”教育，炫富的父母只会自讨苦吃。

教子秘诀二：父母要让男孩接触真正的穷人

老人常常会在男孩面前，回忆自己的往昔岁月，回忆当时自己是如何贫苦、如何艰难地打拼等“老掉牙”的事情，但这常常会遭到男孩的反驳，“时代不同了，你那是什么年代了？时代是在向前发展的。”所以，对于这些涉世不深的男孩来说，让他们目睹真正穷苦人的生活，对男孩来说具有很强的教育意义。比如，父母可以收集一些报刊、电视、网络等媒体上有关边远山区人们生活工作的图片、报道和录像给男孩观看，以此来触及他们的心灵，陪男孩到孤儿院，敬老院去体验生活的艰辛，由此及彼，才会让男孩倍感自己拥有的生活是多么的美好，自然就会产生知足的心态，在知足中学会珍惜，反省自己的浪费行为。

教子秘诀三：父母要让男孩真正体验生活的艰辛

男孩的品性是固执的，简单的说教不能让男孩真正体会到其中的滋味，所以要让男孩身临其境，必要的时候来点“苦肉计”也是未尝不可的。

男孩国庆12岁了，小小年纪花钱如流水，好吃懒做，好逸恶劳。而且还很叛逆，厌学逃学，整天找不到人影，父母觉得这样继续下去，国庆的人生就会毁掉。于是，父母商量着决定来点苦肉计。把他送到乡下开砖厂的叔叔家。让国庆到砖厂参加劳动，否则就没有饭吃，好好体会是上学好还是干活好。被放在砖厂的国庆当时死的心都有，没想到父母是这样的无情。但他还是开始了他的劳工生活，结果刚干了一天就叫苦连天的要回家，叔叔看到细皮嫩肉的侄儿也是很心疼，于是打电话求情，可是父母这回真是狠下心来。第二天再上砖厂的时候，他发现工人们在30几度的高温下作业，真的很辛苦，这样也是生活所迫，是他们必须要做的工作。于是他想到了辛勤工作的父

母，他们每天也要付出艰辛的劳动，可是作为儿子的他却不懂得珍惜这来之不易的生活，于是国庆明白了父母的初衷，理解了父母的行为。回到家里的国庆变得懂事了很多，学习成绩也上升了，父母的脸上露出了欣慰的微笑。

所以，父母要从小培养男孩的知足心态，只有学会了知足，才会在对比中学会珍惜，从而自觉反省自己平日的奢侈行为。

父母如何让男孩学会知足常乐？

第一，父母要为男孩创造情境，让男孩在亲身体验中感受父母的艰辛，学会懂得珍惜现在的生活；

第二，父母要让男孩体验贫穷的生活，知道还有很多人不如自己，也有很多人比自己要优越，这样既可以培养男孩的知足心态，也会使他对生活充满信心。

秘籍66.教你的男孩“正确消费”

现在的男孩子对金钱没有一个准确的概念，身上有钱就想花，有喜欢的东西就想买，不管需不需要，这种不良的消费习惯会助长男孩的购物欲望，这样没有计划性的消费观念很不利于男孩今后的成长，所以父母要从小培养男孩正确的消费观念。

其实培养男孩正确的消费观念也不难。比如每周都给男孩定量的零花钱，为了能合理地安排和使用，父母可以把支配权交给男孩，让他们学会记账，这样每一笔开销都一目了然，让他们明白哪些钱该花，哪些钱不该花，对男孩的合理消费会起到规划的作用。具体父母可以从以下几点入手。

教子秘诀一：父母要让男孩的冲动变得理性

愿意冲动的男孩常常是看到自己喜欢的东西就想买，但是事后又对自己的判断力做出否定，认为所购的产品不和自己的意愿。会有一种后悔，甚至感到吃亏的心态，对自己的冲动也会常常自责。

云涛就要上中学了，爸爸答应要给他换一辆新自行车，云涛当然很高兴，于是到了超市，看到一款觉得挺喜欢的就要买，但是爸爸并没有拿出钱，当时云涛有些生气，明明是自己喜欢的，为什么不给买。爸爸走出这家店，又走向不远处的另一家，云涛只能跟在后面，结果这一家云涛喜欢的那一款竟然比上一家便宜了30元，这时父亲征得了云涛的意见后，就慷慨解囊了。爸爸说："省下的这30元也给你消费吧！"于是云涛选了自己一直喜欢的羽毛球拍。可见云涛爸爸的货比三家不仅可以买到物美价廉的产品，最重要的是可以锻炼愿意冲动购物的男孩的意志，使他们购买的欲望得到很好的控制，而且有利于帮助男孩养成理性消费的观念。

教子秘诀二：父母要对男孩的无限索取大胆说"不"

五岁的亮亮跟着妈妈去上街，他们先是走进了一家服装店，亮亮指着一顶军绿色的帽子说什么都要买，带上帽子的亮亮俨然像个军人似的，不肯摘下来，无奈之下，妈妈只好把这顶帽子买了下来。然后他们又来到一家超市，亮亮指着这个要买，那个也不放手，结果又消费了100元左右。就在他们走出超市的那一刻，亮亮看到小朋友们都在玩碰碰车，又停下脚步，结果又消费了20元，可见，妈妈在这一会儿就消费了两百元左右。

试想如果父母对于男孩的无限索取都是一一满足，那后果会怎样？所以父母对男孩的无限索取一定要保持清醒的头脑，该买的必须要买，可买可不买的就算男孩怎么要求，都要把握好尺度。特别是父母一定要保持在统一的战线上。如果父母一个唱红脸，一个唱白脸，那么男孩心里就会有底，妈妈不给买就去求爸爸，一定会有效果的，这种教育方法很不利于男孩养成正常消费的观念。

教子秘诀三：父母要使喜于攀比的男孩变得单纯

善于攀比的男孩常常都是比较好面子，他们为了面子从来不考虑

自己的家庭状况，在朋友面前绝对要显得阔绰大方，因为拥有别人羡慕的眼神会让他们很有成就感。

大伟过生日的时候，他的好朋友小黄送给他一双运动鞋，是大伟喜欢很久的。还有几天就是小黄的生日了，因为小黄的手机前几天丢了，于是他就想送小黄一部手机，当然大伟所要送的手机绝不是几百元就可以打发的，妈妈知道大伟的想法后，说："小小年纪还没挣钱，干什么都送这么贵的礼物呀?"妈妈不同意大伟的想法，大伟感到很没面子，只有自己送的东西要超过对方的价钱，才是情谊深。在他的眼里，金钱与友谊之间是一个什么样的定位，真的很难分清。

大伟的妈妈说得没有错，还没有挣钱没有必要送昂贵的礼物。这种攀比的心态继续助长下去，则会对男孩的消费观念带来错误的指导。所以父母要让男孩明白礼物与情谊之间的关系。礼物与情意地表达和金钱的多少是不成正比的。如果因为送礼而增加了对方的经济负担，这种朋友是真正设身处地的为你着想能称得上是好朋友吗？所以，父母一定要帮助男孩擦亮双眼，消除攀比心理，培养男孩合理正确的消费观念。

父母如何让男孩有计划的合理消费？

第一，父母要帮助男孩做好支入计划；

第二，父母要求男孩要严格按照计划进行消费；

第三，父母要针对男孩机会的执行做出相应的奖惩制度。

秘籍67.教男孩学会家庭理财

很多男孩对于金钱没有一个明确的概念，更不知道如何理财。父母教会男孩学会理财，其实就是教会男孩学会生活，但是很多父母却把男孩拒在理财的大门之外，这样的做法是很不可取的。

对于男孩来说，要想学习理财知识，家庭理财就是他们最好的课堂，可是很多父母不会让男孩知道自己家庭的经济情况，甚至有多少存款，有多少支出，怎样支配手中的钱，父母都不会让男孩介入其中，认为这样会让男孩有依赖心理，而且小孩子学习理财也没有必要，其实不然，只有让男孩学会花钱才会懂得挣钱的不容易，而且作为家中的一员 ，给他理财的机会，还会调动他的积极性，认为自己的地位举足轻重。

萧明是一个很会理财的小男孩。家里搬了新楼需要装修和买家具之类的用品。萧明在家里有着理财的主动权，全家人坐在一起商量装修的风格和材料的价位。爸爸说：“我觉得还是全都装好的，既然搬一次家，咱就像个样。”妈妈也同意爸爸的意见，可是萧明却说：“我认为在装修的材料上，我们要选择好一点的，但是在购置家具、家电的时候就可以选择一些中档的，因为家电的更新还是比较快的，我们不可能买一套机器就用一辈子，所以没有必要买最贵的。”爸爸妈妈听了萧明的想法之后，都表示赞同，还夸奖萧明是一个理财专家，萧明听到赞许后很高兴。

可见，让男孩参与到家庭理财中来不一定是一件坏事，他会让男孩知道如何支配手中的钱，还会让男孩懂得省钱，合理花钱，也会增强主人翁责任感，提高男孩的理财能力，那么父母具体应该怎样做呢?

教子秘诀一：父母要让花钱大手大脚的男孩做一回“管家”

俗话说：不当家不知柴米贵，不养儿不知父母恩。生活中有很多花钱大手大脚的男孩，他们完全体会不到父母挣钱的艰辛，这个时候，父母不妨让男孩自己做一回“管家”，让他自己去体会管家的难处。

小龙花钱无节制，为了改掉这个坏毛病，妈妈决定让小龙当一个月的“家庭管家”，妈妈把这个月的生活费一千元给了他，让他在这些钱中打点一家人一个月的生活开支。小龙拿到钱后很高兴，因为他从来没有一下子手里攥着这么多钱。刚开始的几天，小龙把餐桌布置的无比丰盛，每顿都是五六个菜，但是快到月中的时候，餐桌上就只剩下一个素菜了，而且米也不多了，油也要再购置一桶。妈妈对小龙没有一点过问，结果到了二十几号的时候，小龙已经是弹尽粮绝，终

于向妈妈张口了："妈妈，生活费花没了。"妈妈第一句说的就是："这一个月的"管家"当的如何呀？"小龙低下了头，对自己花钱大手大脚的行为感到惭愧，认识到父母的艰辛，让他了解了日常开销之大，从而收敛了自己的不良理财习惯。

教子秘诀二：父母应该鼓励男孩大胆说出心中的想法

在父母的眼里，孩子永远都是孩子，其实父母不应总以孩子的身份来看待他们的为人处世，总认为，孩子还小，等长大了再学习之类的想法只会阻碍男孩的正常发展。在家庭理财中，父母不要以长辈的身份自居，摆出高高在上的姿态，而是要让男孩有发言权，让他参与到家庭理财的会议中来。其实男孩的想法有些是大人想不到的，父母要给男孩创造表现的机会，不要限制男孩的想法，不要认为他们的想法是幼稚的。

刘胜的父母很注重对他的理财教育，在家庭理财会议上是以议员的身份参加的。最近，刘胜的父母准备买一辆汽车，这样上学和上班都方便，但是刘胜却说，"买车是一件好事，可是您想没想过，妈妈上班每天坐车还要一个多小时，我上学也要一个多小时，如果您每天接送往返就要三小时左右，这样一次的油钱就会有多少，再加上车子的保养，磨损，您觉得这个负担会不会很重？我们还是坐公共汽车比较划算。"爸爸听到刘胜的分析，感觉很有道理，认为自己考虑得不够全面，只考虑到优势的一面，还是等条件好一点再买吧。

可见，男孩的想法并不一定就是幼稚的，所以父母要鼓励男孩大胆地说出自己的想法，并真正的接纳男孩参加到家庭规划中来。

生活中，父母怎样让男孩参与到家庭规划中来？

第一，父母要重视男孩在家庭中的地位，适当的分配给男孩一些购买物品的任务，让男孩充分的参与到家庭理财规划中来；

第二，父母要鼓励男孩对家庭理财规划大胆提出自己的意见。

第八章

情感教育——男孩成长的巨大财富

著名教育专家关鸿羽教授指出，批评是一种负强化法，父母在批评男孩时如果不讲究方式、方法，结果只能是“父母出了气、孩子不服气”，起不到应有的教育效果。

可见，父母在男孩批评教育方式上很重要，因为男孩往往会比较冲动，采取通常的批评方法，如：唠叨、生硬、严厉，则会使男孩越批越皮，反弹力越大，越对着来、顶着干。适得其反的效果，令很多父母头疼，所以父母批评男孩未必要义正辞严，未必要话中带刺，更不能以泄愤为目的讽刺挖苦、翻旧账、算总账，而是要采取灵活的方式。

秘籍68.批评男孩也是一门艺术

著名教育专家关鸿羽教授指出，批评是一种负强化法，父母在批评男孩时如果不讲究方式、方法，结果只能是“父母出了气、孩子不服气”，起不到应有的教育效果。

可见，父母批评教育男孩的方式很重要，因为男孩往往会比较冲动，采取通常的批评方法，如：唠叨、生硬、严厉，则会使男孩越批越皮，反弹力越大，越对着来、顶着干。适得其反的效果，令很多父母头疼，所以父母批评男孩未必要义正辞严，未必要话中带刺，更不能以泄愤为目的讽刺挖苦、翻旧账、算总账，而是要采取灵活的方式。

教子秘诀一：父母要懂得批评的艺术

有一次，一位校长看到一个男生，用泥块砸其他的同学，就当即制止，并让他课后到他的办公室去。男生猜到一定不会有好果子吃，下课后早早地等在校长的办公室门口了。他的心里一直忐忑不安，想象着校长严厉批评自己的样子。

一会儿校长回来了，出乎男孩意料的是校长拿出一块糖递给了他，并说：“这是奖给你的，因为你按时来到，而我却迟到了。”

男孩对校长的做法感到惊异，不知道校长葫芦里到底是卖的什么药，很惊疑地接过糖果。没想到，校长又掏出一块糖放到他的手里，说：“这块糖果也是奖给你的，因为当我不让你打时，你立即就住手了。这说明你很尊重我，我应该奖励你。”

男生更惊疑了，眼睛睁得大大的。

校长又掏出了第三块糖，塞到男生手里说：“我调查过了，你用泥块砸那些男生，是因为他们不遵守游戏规则，欺负女生。说明你正直善良，我应该奖励你。”

男生被校长的三块糖的用意感动得流下了眼泪，他有点泣不成声地说："校……长，校长，您……打我两下吧！是我错了，我砸的不是坏人，而是自己的同学啊！"

校长满意地笑了。他随即掏出第四块糖，递给那个男生，说："小伙子。再奖励你一块糖果，为你能够正确地认识自己的错误！不过，我只有这一块糖了，看来，咱们的谈话也该结束了。"

这种批评方式是多么奇特啊！这是流传甚广的一个著名校长的故事。我想，在那个男生的记忆中，这四块糖果将会使他永远难忘。男孩在成长的过程中，有时候他所犯的错误本身，不会给男孩带来多大的伤害，但父母对事情所持的态度却会给男孩很大影响。

教子秘诀二：父母要懂得批评的技巧

有个男孩叫德浩，异常顽皮，有一段时间，连他的父亲都对他感到绝望。好在德浩的父亲是一个十分开明的家长，他阅读了一些教育书籍而且一直没有放弃德浩，他认为德浩的捣蛋出于他的气质、个性和年龄的原因，精力过剩，如果强迫他安静下来，听话地待着，反而会对他是一种摧残，而且还会使他对父母的教育产生强烈的抵触情绪和逆反心理。于是父亲经常带德浩出去玩，让他在公园里尽情地奔跑、玩耍，让他的精力得到宣泄。

闯祸对于德浩来说简直是家常便饭，但是父亲在批评德浩时十分注意语言技巧，不会站在那里大吼大叫，而是蹲下来，平视着他的眼睛，拉着他的手，然后温和地告诉德浩这样的行为是不对的。这种批评方式让父子俩的距离拉近了，彼此间更容易交流了。父亲抓住了儿子的穴位，经常跟德浩说，"你是一个多么聪明的男孩，""将来在学习上一定会有很大成绩的。"德浩把父亲的鼓励记在心间，渐渐地，与父亲成了好朋友。

到了初中，这个男孩突然像变了一个人似的，他认真听课，按时完成作业，还自己找学习资料，原来他下定决心要报考名校。高二那年，他申请了剑桥大学"金牌学院"计算机科学院，当时剑桥大学派出的一位主考官是世界级超导专家，在与这个男孩交流后，对他大加赞赏，于是不满17岁的德浩成了剑桥历史上最年轻的学生。

可见，德浩之所以会有如此的成就与父亲的沟通方式有关。所以男孩在犯错时，父母首先要做的不是批评责骂，而是首先要弄清楚男

孩这样做的原因，知道男孩的想法，然后再有针对性地指导男孩，这样你才会收到事半功倍的效果。

父母如何实施对男孩的批评艺术?

第一，批评男孩要注意时间和场合;

第二，批评男孩之前要让自己冷静下来;

第三，批评男孩要给男孩申诉的机会;

第四，批评男孩之前可先进行自我批评;

第五，父母在批评男孩方面要形成“统一战线”;

第六，批评孩子之后要给男孩心理上一定的安慰。

秘籍69.善待胆小的男孩

男孩往往用刚强、勇敢、果敢等词汇来形容他们的性格，生活中也是印证着男孩的这一点，大多数男孩都是“小冒险专家”、“小破坏王”。在我们的印象中，男孩永远都是风风火火、充满热情地去争取自己想要的东西。但是，生活中也会接触到很多“另类”男孩——胆小。

面对自己"与众不同"的男孩，父母会有怎样的表现？是用一些刺激性的话吓唬他们，还是因为男孩的缺陷而把他们紧紧的搂在怀里，倍加保护，生怕外界对他们的生活带来影响。其实这是两种很极端的做法，这样做不仅不能使男孩的胆子变得越来越大，反而会使他们的性格缺陷越来越严重。

兵兵是一个胆小的男孩，他从小就表现得和同龄孩子不太一样，上幼儿园从不跟小朋友玩，大家欺负他，也不敢说话；都六七岁了晚上不敢一个人睡，见到老师不敢主动问好，家里来客人因为害羞不敢打招呼，不敢走黑路，不敢爬树、甚至不敢登高、不敢骑车……太多的不敢让兵兵渐渐的成了“孤家寡人”。

面对这样的男孩，父母一定会很头疼。的确，胆小是男孩未来生活中的一个缺陷，是成长和成功路上的绊脚石，关于父母如何帮助男孩踢开这块绊脚石，让男孩勇往直前，自由大胆地向前冲，向成功的目标努力奋进，专家提出了几点建议：

教子秘诀一：让男孩独自走一次夜路

黑夜对于胆小的男孩来说就像他们的内心一样黑暗，因为他们对黑夜缺乏正确的理解。在这种情况下，让他们独自走夜路就是一个能帮助他们改掉胆小的好办法。因为在这一过程中，男孩内心的那种恐惧会毫不保留地暴露出来，所以，要想锻炼男孩的勇气，父母可以鼓励他独自去走一次夜路，不管这段夜路男孩是否成功地走下去了，父母都要鼓励他，并与他聊一聊当时心里的想法及感受，这样男孩对黑夜才会有真正的认识，也只有这样，他们才能从对黑夜的恐惧中真正解脱出来。

教子秘诀二：让男孩爬一次树

男孩比女孩调皮，这是正常的，如果一个小男孩比一个小女孩还文静，这才不正常呢。因此，当男孩登高、爬树时，不要阻止他，而是要从背地里暗暗保护他。例如，一位母亲看到儿子要爬到家具上去，她没有去拦他，而是下意识的把家里那块大海绵垫放到家具下面；看到男孩要爬树，父亲去向儿子传授一些爬树的“技术”，然后假装站在树底下心不在焉地乘凉，但实际上他会密切关注儿子的一言一行……在这些冒险的过程中，男孩受过几次小伤，但是他的胆子会比原来大很多。

教子秘诀三：与陌生人说一次话

在很多时候，男孩的胆小也常常会通过“怕生”表现出来。细心的父母会发现小男孩比女孩更容易害羞和“怕生”。例如，小女孩们往往爱说、爱笑、爱唱、爱跳，但小男孩们要么会不停地“捣乱”，要么就会沉默不语。其实，这还要从他们的成长规律说起。一般来讲，在10岁之前，男孩的很多能力都要比女孩弱。在这种情况下，很多父母偏偏喜欢拿儿子与别的孩子做比较。实际上，这也是男孩“怕生”的一个主要原因。对于这些年龄尚小的男孩来说，他们的很多能

力本来就不如女孩，父母再这样盲目地攀比，男孩就越发不自信，进而就会越来越笨嘴笨舌，就越不愿表现自己。同时，这也会促使男孩越来越胆小、越来越怕生。

所以，要想改变男孩这种胆小、怕生的现状，父母首先要了解男孩的成长特点，不拿儿子与女孩或其他孩子做比较。当然，除此之外，父母的鼓励会使男孩逐渐走出“不如女孩”的阴影，变得越来越胆大起来，给他们创造机会，尽情地让他们与陌生人接触！与陌生人的这种交往会在很大程度上锻炼他们的胆量，使他们变得越来越勇敢。

教子秘诀四：让男孩做一次小伙伴们的“头儿”

要想使男孩变得勇敢起来，父母就应该在日常生活中向男孩灌输这种做“头儿”的意识。例如：在做游戏的过程中，让男孩扮演首领，并告诉男孩，他有能力做好头儿，但同时你也要保护他们。在男孩做“统领”的过程中，告诉男孩：“你可以指挥他们，但保护他们也是你的一种责任。”这样，男孩就会对“头儿”有更加深刻的理解，当然，当他们真正认识到当“头儿”责任时，就会因为这种责任而变得越来越勇敢了。

父母怎样帮助男孩摆脱胆小的缺点？

第一，树立男孩的自信心帮他们克服胆小；

第二，扩大男孩的交际圈，帮助他们克服胆小的毛病；

第三，鼓起男孩的勇气帮助他们克服胆小。

秘籍70.“尊重”让男孩快乐成长

男孩随着年龄的增长，开始有了自己的看法和选择，不再是爸妈的附属品，男孩的意见是他逐渐成长的标志和表现。父母可以用尊重去赢得男孩的信任，只有你尊重他们，男孩才会更尊重你；也只有尊重男孩，他们才能健康快乐地成长。

早上，建强妈叫他起床。早餐做好了，儿子还没从卧室走出来，建强的妈妈再一次要推门时，

看见他正在穿一条黑色长裤，“怎么穿这个？今天天气多好呀!昨天不是给你找好要穿的衣服了吗？”建强妈一边说一边在衣橱里翻找本来为他准备好的蓝色短裤，把短裤递给儿子后，又到书房给建强装书包。

拎着书包的建强妈一眼看到餐桌前的儿子，鼻子差点气歪，声音高八度：“为什么不换短裤，还要穿裤子？”建强一脸委屈：“我喜欢这样搭配嘛！”建强妈依然坚持：“听话好不好？这样真难看，去换下来！”建强默默地换好短裤，这才平息妈妈的怒火。

男孩选择穿什么样的衣服，说明他已经具备了自己的审美观，只要不是太出格的服装，让他尽情去穿，即使是成年人，父母的眼光也并非“天下无敌”。父母尊重男孩的意愿，不仅可以进一步锻炼他们的动手能力，还可以增进亲子关系的和谐。男孩虽然年纪小，但是也有自己的尊严和独立人格，作为父母，要尊重男孩独立生活的意愿，只要不涉及到原则性的问题，就给男孩充足的自由，让男孩自己做决定，给男孩独立生活的机会，这样，男孩才会成长为独立而有主见的人。

人是一种感性动物，都有自尊和面子，都需要最起码的尊重，父母尊重男孩，男孩反过来才会尊重你。因为只有让男孩感觉和你没有距离感，才能使你的意见被他们理解和接受。

所以尊重男孩的选择，是让男孩学会独立生活的前提。可见，想让男孩真正独立，就一定要勇敢地对男孩放手。

教子秘诀一：尊重小男子汉的自尊心

中国有句俗话，叫“出门教子”，意思是说，在外面、当着外人的面教育孩子。很多父母从来不给男孩留面子，常常在大庭广众之下训斥、指责他们；也有很多父母常常当着别人的面，唠叨男孩曾经做过的错事，使他们感到难堪。

其实，这种教育方式存在严重的误区。孩子是有自尊心的，尤其是男孩的自尊心普遍更为强烈一些，如果父母常在男孩的同伴面前或外人面前数落他们的不是、责骂惩罚他们，使男孩在同伴中抬不起

头、没有地位，这样不仅达不到教育目的，反而会大大刺伤男孩的自尊心，激起男孩的憎恨、敌对和紧张情绪，促使男孩养成报复、自卑等不健康心理。

人们常说，树怕伤根，人怕伤心。自尊心、自信心是小男子汉成长的精神支柱，是男孩积极向上的基石，也是他们发展的内在动力。如果父母经常有意或者无意伤害孩子的自尊心、自信心，那么男孩的心灵就会受到打击和摧残，就会失去向前发展的动力和精神支柱。因此，不管什么情况下伤害或者诋毁男孩的自尊心、自信心，都是违背教育规律的愚蠢行为。

教子秘诀二：给小男子汉一片自由发展的天空

好动、贪玩、好奇等是男孩的天性，然而有些父母却认为，男孩的主要任务就是学习，其它一切与学习无关的事情，尤其是“玩”，都是“旁门左道”。然而，一直这样疯狂地让男孩学习，男孩的学习成绩就能好吗？一个刚刚上小学的男孩说：“爸爸妈妈一天到晚就是让我学习、学习，现在一听到‘学习’两个字，我就会头痛。”

事实也证明，父母一刻不停地让男孩学习，只会使男孩的抵触情绪超过对学习的兴趣，从而使男孩厌学。长期被绳子束缚着的鸟儿永远也飞不高，尊重男孩，就要给他一片自由发展的空间。因此，父母不要总是把男孩拴起来学习，解开绳索，男孩才能既快乐地学习，又能快乐地成长。

教子秘诀三：尊重男孩但不迁就男孩

一个小男孩，在商店里注视一辆带铁轨的玩具小火车很久后，告诉爸爸他很喜欢这辆火车，爸爸对他说：“这火车太贵了，爸爸没那么多钱买，我们到别处去看看好吗？”孩子想了想说：“那好吧，不过我不想去看别的车了。爸爸，等你有了钱再帮我买，好不好？”说着就跟爸爸走开了。

周围人都对这个懂事的小男孩赞不绝口，有人问他的爸爸：“你是如何让孩子这么懂事的呢？” 这位爸爸的回答很简单：“从男孩出生的那一天起，我们之间就相互尊重，男孩是对的，我就尊重他的意见；孩子做错了，我决不会迁就他，而是找理由说服他，同时他也就很尊重我，这就形成了习惯。”这个好习惯的养成使男孩从小就学会了讲道理。反过来，如果不尊重男孩，不管男孩提的要求合不合理，都一味地肯定、或一味地否定，那么，男孩长大后不是变得蛮横无理，就是变得畏首畏尾、胆小如鼠。所以只有父母真正做到尊重男孩，但又不迁就男孩，才能使男孩健康地成长。

尊重他人是一种美德，是一种高尚的情操，只有尊重他人，才能获得他人对你的尊重。所以，尊重他人也就是尊重自己。

父母怎样做到尊重你的男孩？

第一，父母善于倾听男孩的诉说；

第二，父母允许男孩说“不会”；

第三，父母要让男孩大胆地发表自己的意见；

第四，父母要珍惜男孩拥有的物品和隐私；

第五，父母要鼓励男孩发展独立性。

秘籍71.增进与男孩之间的感情

俗话说：远亲不如近邻。之所以有这样的感慨，是因为人与人之间的沟通很重要。父母与男孩之间也是一样。现在常常会听到男孩不如女孩好，这些没良心的东西往往是“娶了媳妇忘了娘”。虽说这是父母的气话，但是仔细观察生活就会发现生活中的确是有很多男孩长大后与父母的感情疏远了很多。一位年过七旬的老人说起自己的独生儿子，就满腹伤心：“我们不求儿子特意来看望我们一次，我们只是希望节假日能回家看看。但现在我们能够接到他的一个电话就已经算是奢望了！”

这种现象在我们身边屡有发生，但是寻找其根源还是要试问：这些男人小时候与父母的感情如何呢？在这些男人小的时候，他的父母

是否注意过增进与他们之间的感情呢？

其实男孩是不善于用语言表达自己的情感的。当男孩与父母之间变得冷漠的时候，千万不要小看这些问题，这是男人感情冷漠的根本原因和关键所在。

在父亲节或母亲节的时候，老师们都会给学生留一些类似，给爸爸或者妈妈做一件有意义的事的作文，事无论大小，主要是要表达一份孝心。不善言辞的小男孩肖华选择了给妈妈洗脚。放学回到家后，他早早地把水烧好，坐在客厅里一直等妈妈回来。妈妈回来后，肖华说今天是母亲节，我要给你一份惊喜。妈妈看着肖华很高兴地说："谢谢我的孩子，真是长大了。"但是妈妈却不知道肖华到底有什么礼物？当肖华把兑好的水端出来，要为妈妈洗脚的时候，妈妈却赶紧对他说："你还小，还是让妈妈自己来吧！你现在的任务就是学习，赶紧去写作业吧。"于是肖华沮丧地回到了自己的房间。

肖华本来是怀着极其兴奋而又期盼的心情给妈妈洗一次脚，也许这个场景在男孩的大脑中已经重演了很多次，他期望对妈妈的这种爱能得到妈妈的认同和称赞，或许是妈妈的一个拥抱，哪怕是一个鼓励的眼神，都会给他一个亲近你的机会，肖华的妈妈的拒绝其实是在拒绝与儿子沟通的机会。这样久而久之，男孩自然就会疏远你，感情淡下去也是情理之中的事。

其实男孩的冷漠就是这样造成的。本来他们就不善于表达自己的情感。在某个特殊的日子里，在老师的鼓励下，他们好不容易把自己的情感大门打开。可是，父母的无动于衷，甚至是讽刺、猜疑，却让男孩的情感大门迅速地关上，而且很有可能是长久地关上。

所以当你的男孩向你表达他的"爱"时，请不要忽略，更不要嘲笑、打击，那样只能让他变得更加冷漠。其实父母与男孩之间的感情不用刻意地去引导，只要做好生活中的小事，就会一步步得到加深。只要父母用心去引导、去培养，男孩会比女孩更"贴心"。

教子秘诀一：常与你的男孩沟通

心理学家说，沟通是了解男孩心理的最有效方式，有效的沟通更是父母增进与男孩之间感情的最好方式。然而，提到与孩子沟通，尤其是与男孩沟通，很多父母都会皱起眉头，认为与男孩沟通是一件很难的事。其实不然，你的一天要怎么做是很简单的。

男孩起床前——“薄荷时间”

1、为男孩在睁开眼睛到起床之间预留15分钟左右的时间。

2、营造一个适宜环境，让男孩自然地醒来。

3、给男孩美好的问候。当男孩睁开眼睛时送上快乐的问候：宝贝，早上好！再给男孩一个拥抱和亲吻。

4、让男孩画画梦。问问男孩睡得好吗？做了什么梦？给男孩纸笔把梦画下来，和男孩一起分享他的梦。

从外面回到家时——“奶油时间”

1、送上热情的欢迎，也许是一句问候、一个拥抱、一双拖鞋或一杯热茶。

2、让他自己安静地待一会儿。

男孩入睡前——“蜜糖时间”

在很多家庭里，就寝时间是一段混乱的时间，这会使父母和男孩两方都会受挫。男孩希望尽可能晚睡，而父母则巴不得他们尽快睡觉，结果就免不了“战火纷飞”。可是，如果让入睡前成为一天中的一个特殊时段，在这个时候，男孩可以和父母“单独在一起”，说些亲密无间的话，那么男孩就会盼望就寝时间的到来。

父母和男孩一起做一些大家都喜欢的活动，的确是非常能够增进亲子感情的。那么，“黄金时间”怎么安排呢?

1、挑选活动：尽可能列出父母与男孩喜欢一起做的事情，越多越好。

2、订下“约会”

双方预约好每次“黄金时间”的日子、时间(每周应有1次以上)，在日历上标示清楚。父母要认真对待和男孩的约会，不可随意失约。当然如有紧急情况，可以向男孩说明，改期进行。

3、做半小时完美父母

多肯定和赞美男孩：“我看得出你很细心”“呵，你的腿越来越有劲了”“你真会动脑筋”。

多保持身体的亲近，拥抱孩子、拍拍孩子的肩膀、摸摸孩子的头、握住孩子的手、亲吻孩子的脸。而要尽量避免质问、命令和批评。比如，“你可不可以走得快一点”“去把你的玩具收拾好”“你

怎么又把它扔在地上了”。

教子秘诀二：帮助男孩度过难关

男孩的世界也不都是一番风顺的，在遇到困难时他们和女孩不同，不会用眼泪告诉所有人，而是常常会选择默默的承受，所以当男孩遇到困难时，父母的陪伴和鼓励就会成为他惟一的精神动力。

一个屡屡受挫的小男孩说："当全世界都放弃了我，甚至连我自己都要放弃自己的时候，父母还一直陪在我身边鼓励我，那一刻我就有一个想法：“为了我的父母，我也绝不放弃。”自己每位做父母的都深深地爱着自己的男孩。在男孩最需要的时候，让父母的爱默默地陪在他身边，既能让男孩重获斗志，又是增进男孩与父母之间感情的好方法。

所以父母要想跨越与男孩之间的代沟，让亲子关系变得更亲密，就不要忘记父母与男孩之间的沟通，这样才能增进他们之间的感情，让男孩健康的成长。

如何增进男孩与父母之间的感情？

第一，换位法，多站在男孩的角度考虑问题；

第二，反问法，多用反问的方式与男孩沟通，不要强制男孩按照自己的意愿生活；

第三，认同法，陪男孩一起做孩子喜欢的事，让男孩感受到父母的理解与认同。

秘籍72.不要只盯着男孩的分数

说现在的男孩就是考试的机器。分数就是学校、父母更是学生的命根。多一分就会金榜题名；少一分就会名落孙山，所以学校除了正常上课外还要增加早晚自习，各种大考小考，考的学生焦头烂额。父母更是剥夺了男孩的休息日，报各种补习班。男孩们别说有自己玩的时间，就是自己的日常生活都要由父母代劳，培养了很多“高分低能”的书呆子。所以父母要正确的对待男孩的分数，特别是在男孩考试考砸的时候，父母的态度直接影响男孩的成长。

教子秘诀一：父母要鼓励并安慰男孩

男孩皮皮刚刚考完期中试，今天是考试成绩公布的日子，皮皮回来的时候，妈妈正在厨房做饭，于是，他就一屁股坐在沙发上，一言不发地发愣。

不久，爸爸回来了，皮皮的心一下子提到嗓子眼，皮皮知道，这下完了。

果然，爸爸一进门就问皮皮：“儿子，成绩怎么样？”

见皮皮面无表情的样子，爸爸已经知道考砸了，脸色一下子阴沉起来。

皮皮怯怯地递过成绩单。“怎么？才考80分？你不是一向都考90多分的嘛？”爸爸的火气一下子上来了。妈妈也听到了，赶紧从厨房出来，一看皮皮的成绩，妈妈也皱了皱眉头，轻声埋怨：“皮皮，你也太让我们失望了！”

皮皮二话不说，跑进了自己的房间。他把自己反锁在里面，任凭爸爸妈妈在外面怎么说，皮皮真的是不想听，只是眼泪止不住地流了下来。

像皮皮这样考试考砸是男孩们常有的事，谁也不能是常胜将军，再说有第一就会有倒数第一。当孩子考砸时，其实他们自己心里也不好受，他们会自我检讨自己的失误，觉得不仅会受到老师的批评，而且会在同学面前丢脸。这种状况下的男孩很希望得到父母的理解和安慰。如果父母一点儿也不理解他，只会训斥他，动不动就打骂他，久而久之就会使男孩越来越不喜欢学习，更有甚者，男孩为了免遭父母的打骂，只好以谎言来应付父母，不是说没有考试就是说试卷没有发。这种不诚实的行为直接导致男孩不良品质的形成。因为担心谎言被识破，会招来更严厉的惩罚，于是整天提心吊胆，精神高度紧张，严重影响了男孩的身心健康。

作为父母首先应该理解男孩，进入男孩的内心世界，和男孩耐心地交谈，让男孩感到父母对他的理解和支持，然后再寻求解决的办法。如，当父母发现男孩考完试闷闷不乐时，可以先发制人，让男孩自己说出原因，走出阴影，“考坏了心里很难过是不是？怕同学笑话、怕妈妈骂你？”

当然，男孩也会向你敞开心扉的，男孩肯定会向父母说明考砸的原因，以及自己心里的感受。这时父母就可以及时引导男孩勇敢地面对挫折，男孩也会从失败的痛苦中解脱出来，重新振作精神，鼓舞斗志，努力学习。可见，理解是爱的语言，父母的理解会温暖男孩受挫的心，他会从中汲取力量，树立信心，会用更加努力地学习来回报父母。

如果男孩生性比较懦弱，父母要告诉男孩，每个人都可能会考砸，只有不断分析原因，改正错误，才能不断前进。父母也可以利用自己或男孩身边人的事例来鼓励他们。同时，父母应该教给男孩一些自我鼓励的方法，如：“虽然这次考试没考好，但是让我发现了自己的弱点，所以只要克服这些的弱点，就一定能取得更好的成绩。”“虽然我语文考差了，但是我数学进步了。”这样，男孩在不断的自我鼓励中，就会更加努力去学习。

如果男孩比较娇生惯养，爱逞强，父母不妨让他受点儿冷落。多赞扬男孩周围的人，激发男孩的好胜心，让男孩觉得自己应该不断努力超过他人，如：“隔壁的小斌学习就是刻苦，他要是一次考试比别人差，他就下定决心要赶上别人。”“你们的班长学习很好是吗？你要是能学到他的优点，在学习上超过他就算你厉害。”激将法会使男孩在心里树立一个“假想敌人”，不断与他竞争，从而提高学习成绩。

教子秘诀二：父母要陪男孩一起找考砸的原因

当男孩考试考砸时，父母要帮助男孩分析考砸的原因，然后分析错误，改正缺点，争取下次考得更好。男孩考砸的原因大致有以下几种：粗心大意；身体不舒服；复习不全面；听讲不仔细；考试怯场；考试时间不够；学习方法不对头；某类题目不会做等。

父母要针对男孩的病症对症下药。不论是什么原因当男孩考砸时，父母都应以乐观的情绪感染他们：“一次考砸没什么大不了的，让我们一起来分析原因，争取下次考好不就行了？”然后，针对男孩考砸的原因，父母应该帮助男孩克服这些缺点和错误。父母要让男孩明白，一次考砸并不代表什么，重要的是要能够认识到自己哪些做得不够好，争取下次能够做得更好。同时，父母一定要摒弃以分数衡量男孩的想法，要注重男孩各种能力的培养。

父母怎样帮助男孩调节考试失利的阴霾？

第一，调节情绪：1. 寻找合理方式帮助男孩消除内心沮丧。2. 让男孩学会充实自己的生活；

第二，给予支持：当男孩在脆弱的时候，不要袖手旁观让他自己去解决，而是要及时给予支持：“需要我们的帮助吗？”

第三，进行心理补偿：1. 要教男孩善于看到有利因素，保持乐观的生活态度。2. 告诉男孩失利权当一次彩排；

第四、调整认知：1. 教男孩正确认知考试。2. 让男孩学会坦然接受事实。3. 要男孩懂得善待自己。

秘籍73.勇敢地向男孩承认错误并道歉

生活中，谁都有失误的时候，因为谁都不会是“常胜将军”。男孩犯错失误在所难免，父母同样也会有犯错的时候，特别是在男孩面前犯了错，例如：错怪了男孩，失信于男孩，伤害了男孩……那么作为父母是高高在上，继续摆出一副神圣不可侵犯的态度，还是能很发自内心的对自己的错误向男孩道个歉呢？两种态度的取舍直接影响了父母与男孩之间的感情。

大家都知道，身教大于言教。因此，当父母有过失的时候，也一定要勇于承认，并及时向男孩道歉。这样一来，男孩的心里就会产生

这样的想法：大人犯错也要道歉，何况小孩了。而且这样也会使男孩增强对父母的信任感，拉近彼此之间的感情。

有一天，建涛的妈妈发现鱼缸被打破了，因为建涛平时比较好动，妈妈一猜准是他的杰作，于是就不分青红皂白的把正在写作业的儿子严厉地批评了一顿。建涛当时很委屈，一直说不是他打碎的。可是妈妈却认为建涛是在狡辩，越发生气了，还打了他一下。

晚上，建涛的父亲回来了，说鱼缸是他拿东西时不小心打碎的，这时建涛的妈妈才意识到自己错怪了儿子。但是，妈妈是一个爱面子的人，所以她只是对建涛说："虽然不是你打碎的，但是你平时太淘气，以后要注意。"建涛一直觉得很委屈，甚至不愿意跟妈妈说话，建涛当时想：'难道大人犯错就不用道歉，错了也是真理吗？'当男孩犯了错误，经常会受到父母的训斥甚至打骂；但是当父母犯了错误，却没有人责备他们。被人冤枉、误解的确是件很痛苦的事。

可是至今，建涛也没有收到妈妈的道歉。生活中，父母也会经常犯错误，错怪男孩，也在所难免，但是，这并不意味着父母就可以宽恕自己。也许这只是一件小事，但迟早会给男孩的生活带来非常严重的影响，所以错误的关键是父母如何面对自己的错误，如果因为放不下面子而坚持不承认错误，让男孩蒙受冤屈，就像建涛的妈妈，这不仅会给男孩带来莫大的伤害，而且会让男孩陷入迷茫之中，产生错误的观念和想法。所以当长辈错怪，或者失信于男孩时应该如何去做呢？

教子秘诀一：放下做长辈的架子

作为长辈，在教育男孩的过程中难免会犯错误，这时候，一定要放下做长辈的架子，要勇于向男孩承认错误并道歉。正所谓："人非圣贤，孰能无过？过而能改，善莫大焉。"然而，有些长辈不肯放下架子，更不愿向男孩承认错误，害怕会失去做长辈的面子和威严。

殊不知，当你放下做长辈的架子，对男孩说一句"对不起，某某做错了，希望你能原谅某某"，不仅可以让男孩懂得承认错误并不是一件可耻的事情，而且还可以得到男孩发自内心的尊重和敬佩。

教子秘诀二：要选择合适的道歉形式

每个男孩都有自己的特点和个性，而且随着年龄的不同，道歉的形式也应该有所不同。对于年龄小一些的男孩，父母可以当面向他承认错误并道歉，只要让他看到长辈明显的行为表示就可以了。对于年龄大一些的男孩，父母除了可以当面向他承认错误并道歉外，还可以选择留个道歉便条、写封道歉信等道歉形式。

另外，父母不仅要表明自己承认错误的态度，也要向男孩说明犯错误的原因，更要让他看到你改正错误的过程。总之，无论父母要选择哪种道歉形式，都应该让男孩从我们承认错误并道歉的行为中得到学习和启发。

教子秘诀三：向男孩道歉要及时、诚恳

很多时候，父母虽然已经意识到了自己的过失，但是碍于面子和威严，没有及时向男孩道歉，或者只是轻描淡写地草草了事。其实这样比不道歉的危害还要大，男孩从父母的行为和态度中感受到道歉不及时、不诚恳，就会影响男孩形成正确的是非观、价值观。

因此，父母一旦意识到自己的过失，就应该及时主动地承认错误。而且，当父母向男孩道歉时，一定要保持诚恳的态度，坦诚地与男孩进行沟通。可以摸摸他的头，拍拍他的肩膀，给他一个拥抱。这样，男孩会感受到父母道歉的诚意，父母也会更容易得到谅解。

因此，放下做长辈的架子，诚恳地给男孩道个歉吧！父母并不一定要做到一贯正确，而是应该实事求是。父母在男孩面前承认错误，实际上是赏识和尊重男孩，这样不仅可以让男孩学会做人的原则，而且能让男孩对父母产生由衷的崇敬，父母的威信才会真正树立起来，亲子关系也会进一步融洽。

可见，当父母勇于向男孩承认错误并道歉时，不但不会失去威严，反而会赢得男孩的认可和赞美。美国心理学家罗达·邓尼曾经说："父母错了，或违背自己许下的诺言时，如果能向男孩说一声对不起，可以帮助男孩建立自尊，同时能培养男孩尊重他人的习惯。"

父母如何在男孩面前承认错误并道歉？

第一，当男孩与自己意见相左时，鼓励男孩抒发自己的想法与感受；

第二，发现自己处理问题失当时，要真心诚意地向男孩道歉；

第三，如果对男孩的表现很不满，直接对他讲出来要比用隐讳的方式更好。

秘籍74.要善于倾听男孩的心声

倾听男孩的心声，最重要的是尊重。尊重男孩，最基本的原则是在男孩倾诉的过程中不打断他，耐心地倾听他的心声。

小胖今年6岁了，有一天他从幼儿园放学回来，一进门就冲着妈妈大嚷："妈妈，我再也不要去学校了！"

听到儿子这句话，再看看他那一副像是受了天大委屈的模样，妈妈不由得怔住了。但是妈妈并没有安慰他，也没有训斥他，只是对儿子招了招手，让他过来，叫他把事情的原委讲给她听。

小胖走到床边，把头伏在妈妈的腿上，伤心地哭了，边哭边诉说："今天老师教我们学拼音认字，我拼错了一个字，同学们就哄堂大笑！"

妈妈搂着小胖，轻轻地抚摸着他的头，并没有发表任何评论。小胖渐渐地止住了哭泣。几分钟后，他突然挣脱妈妈的手，一边抹眼泪，一边说："妈妈，我去龙龙家玩了，拜拜！"然后燕子般欢快地飞了出去……

所以当男孩受委屈时，并不一定非要父母言语上的安慰，有时可能只需要父母耐心倾听他诉说内心的悲伤或愤怒，让他发泄一下难过的情绪就可以了。父母要做的只是听，倾听男孩的心声。同时，在倾听的过程中把自己的身份应时转换一下，放到男孩所需要的“对象”上，让他表现一番“自我”。我想，这也不失为一种值得尝试和提倡的教育方法。

心理学家研究发现：如果父母从不听男孩说话，男孩长大后往往要经过多年的治疗才能恢复自尊。因此，我们要改变那种“我们说，孩子听”的方式，与其做一个高明的诉说者，不如做一个高明的倾听者，要善于倾听男孩的心声，从此走进男孩的心里。

英国教育家赫伯特·斯宾塞曾经说：“给孩子诉说的机会，认真倾听孩子的话语。这样父母能更多地了解孩子，并对孩子不正确的思想与做法及时进行纠正与引导，使孩子一直走在健康快乐的身心成长之路上。”的确是这样，我们只有给男孩倾诉的机会，他才会向我们敞开心扉，我们才能更好地了解他、帮助他。因此，父母要给男孩一个倾诉的机会，静下心来倾听他的心声，做他最忠实的倾听者。这样，男孩对父母的信任越来越深，也就会越来越愿意向父母诉说他的心里话。

一天鹏鹏放学回来，进门后就把书包往沙发上扔，噘起小嘴巴气鼓鼓地坐在沙发上，一声不吭。妈妈没有出声，在他的身边坐下，问：“怎么啦，受委屈了？”

“哼！”鹏鹏气愤地说，“今天上课，老师问谁见过雪是什么样？同学们都踊跃举手回答，我也举了手。”

“好啊！”妈妈立即表扬了鹏鹏，“敢于回答老师的提问，这很好啊！”

“可老师却叫了别的同学回答，他们都没有答好，分明是没见过雪嘛！”鹏鹏不服气地说，“我见过呀，老师却偏偏没叫我。”

鹏鹏的确是亲眼看到过下雪时的情景。由于身居南国，这里几乎没有遇到过雪天。但去年冬天他们一家去庐山游玩时，恰逢下雪，当时美丽的雪景给鹏鹏留下了很深的印象。妈妈终于明白了鹏鹏生气的原因，于是说：“那你现在把妈妈当作老师，向我描述一下雪是什么样子的，好吗？”

鹏鹏满口答应，一下子乐开了花，接着便绘声绘色、活灵活现地向妈妈这个“老师”描述了一番他所看到的雪景。

所以，作为父母一定要善于倾听男孩的心声，这样才会与男孩之间拉近距离，培养深厚的感情，其实倾听也是一门学问。

教子秘诀一：父母要放下手中的其它事

当男孩想要和您谈谈，或者当男孩需要您的时候，请您挂上电话、关掉电视和电脑、您所要做的就是给男孩以全部的注意力：转身面向男孩，蹲下身看着他时，要与他的视线平行。当男孩说话的时候，你可以点点头，或者说“发生了什么事情，说来听听。”“这样啊，然后呢？”“真是没想到，接着说下去。”也可以用一些肯定语气的词语回应男孩的感受，比如“嗯”、“哦”等等，当你表现得如此感兴趣的时候，男孩才会更愿意说出他的心声。

教子秘诀二：父母要认同男孩的感受

当您理解了男孩的感受时，可以试着去描述一下这种情绪感受。比如你可以说：“看起来你生气了。”“你看起来似乎很沮丧。”“听起来你感到很恼火。”“你似乎不快乐。”这些简单的话语可以使男孩觉得你是在真正地关心他，你确实在努力着去理解他，而且也会让男孩觉得你对他所说的内容是很感兴趣的。

教子秘诀三：父母要融入角色当中

在谈话快结束的时候，父母的回应会让男孩感受到你对他的支持和理解。如你可以说“希望事情能有个好结果。”“那确实非常有意思。”“我很难过。”“如果你需要我，我随时有空。”“我喜欢那个。”同时要注意观察男孩是否还有其它的需要，比如一些建议、一个拥抱或者是一个保证，因为这样他会知道你在关心他，并且愿意为他全身心地投入。

父母应该如何放低姿态，来倾听男孩的心声呢？

第一，尊重男孩的所有感受；

第二，向男孩显示你正在听他讲；

第三，告诉男孩你所听到的以及你的想法；

第四、学习倾听男孩的话语；

第五，父母要用鼓励、说理代替责骂。

秘籍75.尽量多抽出点时间留给男孩

有这样一个经典故事，叫《20美元的爱》，至今读起来依然感人至深。

一位刚下班的父亲，脸上写满了疲倦。儿子问父亲一天的工资是多少，父亲有点不高兴地说20美元。

儿子听了以后让父亲借他10美元，父亲很气愤得说自己工作这么辛苦，一天也才20美元，你这小子肯定要把我的钱拿去买什么玩具，气势汹汹地叫儿子马上回房间睡觉。儿子当时很委屈，撅着嘴，回到了自己的房间，待父亲冷静下来，要满足儿子10美元的要求时，儿子立马由阴转晴。然后很高兴地从床底又拿出了10美元。父亲这时更加气愤了，问儿子“为什么自己有钱了还叫我再给你。”

儿子说，我这里钱还不够，现在够了，我有20美元了，爸爸，我要用这20美元买下你的一天，让你陪我玩。”当时父亲紧紧地抱住了儿子。

英国教育家夏洛特·梅森认为，很多父母因为终日奔忙，从来无暇顾及孩子。当他们终于有一天想好好关心男孩一下的时候，发现竟然已经无法与男孩进行沟通了，父母对男孩已经变得无足轻重。因为他们遗失的是一种亲情，一种男孩成长过程中必不可少的父母的爱。

现在大多孩子是独生子女，父母忙着工作，大多男孩降生就是完成任务，下一个流程就会交给爷爷奶奶，姥姥姥爷来照顾了。如今，这种多个家庭在特定时间段里轮流承担抚养孩子的行为被称作“拼养”孩子。虽然这种方式让年轻的父母减轻了养育的负担，但是这样做减少了亲子之间交流的机会，不利于亲子关系的和睦发展，不利于男孩身心健康发展。

其实，男孩不在乎给他们买了多少玩具，也不在乎给他们买多少好吃的，只是希望父母可以陪伴在他们身边。正如一首儿童歌曲《爱我你就抱抱我》中唱到的“爸爸妈妈，如果你们爱我就多多地陪

陪我”，这才是男孩发出的最真实的心声。因此，无论父母工作有多忙，都要尽量多抽出时间来陪伴男孩，给予他们足够的精神关怀。

彬彬的爸爸是开公司的，妈妈没有什么固定工作，时间比较自由。但是出入美容院、逛商场、打麻将是妈妈的最爱。彬彬常常会是幼儿园最后一位被接走的小朋友。经常其他小朋友被接走了，就剩他一个人在活动室等候着来接他的父母，他也没有心思玩玩具了，眼睛一直望着门，还不停得问老师：“我妈妈怎么还不来？”“我妈妈会不会忘记来接我了？”“老师，你打个电话给我妈妈吧”……看得出他回家心切。

可见，男孩的健康成长并不单是靠丰富的物质生活来保障的，更多地是需要父母的关爱、亲情的慰藉，以及游戏玩乐。现在，很多父母，特别是父亲都很忙碌，忙事业、忙赚钱，也忙自己跳舞、打牌，就是缺少与男孩心灵的对话，男孩有要求时，就是一句：“自己玩去，你没见我正忙着吗”他们对男孩，除了给钱给吃穿给玩具之外，像陪男孩玩乐的机会也许就没有了。那么父母具体该如何做呢?

教子秘诀一：父母要多陪陪正在成长中的男孩

男孩与父母之间的感情是需要培养才能建立起来的，所以父母平常要尽量多抽出点时间陪陪男孩。比如，父母可以陪男孩一起在家看书或者看一些有益于身心健康的电视节目；也可以带男孩一起玩拼图、做木工活儿；或者可以带男孩外出打羽毛球、滑旱冰、爬山、游泳 有时候，我们也可以将自己童年时的游戏与男孩一起分享，让男孩体会一下父母当时的快乐，这样会使男孩的心和父母的挨得更近。

教子秘诀二：陪伴男孩爸爸是一定要加入的

在如今这个时代，爸爸担负着养家糊口的重任，他们通常会把大量的时间和精力都放在工作或事业上，常常无法陪伴在男孩身边。结果，男孩与爸爸之间的关系就会逐渐疏远，爸爸身上独有的男子汉气概也很难传递给男孩。

一项研究成果表明：相对于由妈妈一手带大的男孩而言，由父母共同陪伴长大的男孩智商会更高，在学校里的成绩会更好，将来走向社会也会更容易成功。可见，在男孩的成长过程中，爸爸发挥着不可替代的作用。因此，在培养男孩的活动中爸爸是不可缺少的角色。当男孩感受到爸爸身上所散发出来的男子汉气概时，就会沿着爸爸的脚步，逐渐成长为一个顶天立地的男子汉。

父母怎样才能做到真正关心你的男孩？

第一，父母要定期多带男孩去接触大自然；

第二，父母要把男孩所需的物质上和精神上的需要区分开；

第三，在陪伴男孩过程中要积极引导男孩的想法，帮助男孩健康成长。

秘籍76.父母对男孩宠爱但不溺爱

家是男孩诞生的地方，也是他们成长的摇篮。父母都要有一颗爱子之心，再加上现在大多数都是独生子女，所以被爱的程度又增加了好多倍，但是父母一定要理智的去爱，如果对男孩过分的爱就会变成溺爱，父母对男孩过分的迁就、包办，就会使男孩产生依赖性，也会变得任性、骄傲、自私自利、事事依赖，并影响智力的最佳发展。

在男孩的教育上最怕的也是溺爱，一个在溺爱中长大的男孩，会出现种种问题：如丧失远大的理想、是非观念缺失、养成诸多不良习惯、经受不了任何挫折等等，更为严重的后果就是造成他们人格上的不健全。这样的男孩还能指望他将来有什么大出息呢？

因为父母工作的关系，林琳从小在农村的爷爷奶奶身边长大，到上学时才回到父母身边，父母总感觉对他有所亏欠，所以对他倍加宠爱。尤其是在物质上，结果给林琳养成了花钱大手大脚的习惯。只要他的要求没有到位，就会对父母大发雷霆，霸道的简直连父母都不放在眼里。在学习上更是一落千丈，成绩不好不说，还经常逃学去网吧

玩游戏。即使这样，林琳的妈妈依然认为孩子还小，长大就会好了。为了不让林琳上网吧玩游戏，父母合计家里买台电脑就会好些，于是就给林琳买了一台电脑，刚开始的时候，妈妈限制他每天玩半小时。周末玩一个小时，头几天他还遵守，可是过了几天之后，就成天抱着电脑不下来了，别说学习，就连吃饭都费劲了。当妈妈意识到问题的严重性，开始管教林琳，可是他已经不把妈妈的话放在心上了，还对妈妈爆出脏话，甚至大打出手。

林琳的今天其实都是父母溺爱的结果，其实林琳的身上反映了现代“独生子女综合征”即：唯我独尊且自以为是；乱发脾气且情绪紊乱；率性而 为且固执己见。

法国思想家卢梭曾说过：“如果孩子想得到什么就可以得到什么，他就自以为是天下的主人，而当你在最后不得不拒绝他的时候，他就会把你的拒绝看作是一种反叛……当他踏入社会后，就会觉得所有的人都在反抗他，这无疑是家庭教育的极大失败。”那么父母应该怎么做才能既对男孩传达了爱心，又防止对男孩溺爱的发生呢?

教子秘诀一：父母不要凡事以男孩为中心

有些父母把男孩作为他们生活的全部，把工作以外的时间和精力都放在了他们身上，由于过分的受关注，使得男孩们没有自己的时间和空间。人是很有惰性的，男孩受到如此的优待，又没有自己的时间去做自己喜欢的事，男孩自然就会形成依赖的心理，长久发展下去，会以自我为中心，所以父母要给男孩留出时间和空间，去做自己喜欢的事。

教子秘诀二：父母平时对男孩的爱要深藏不漏

天下的父母没有一个是不爱自己子女的，但是爱不一定要天天挂在嘴边，也不是一味的满足男孩对和不对的所有要求。明智的父母应该把对男孩的爱深深地埋在心底，把这种内在的爱变为对男孩的指导，坚持正面教育。当男孩有优点时要及时表扬，犯了错误更要及时纠正。

教子秘诀三：父母要让男孩懂得付出

只知道索取而不知道付出，就会使男孩变得冷漠无情。所以，父母要学会拒绝男孩的无理要求，或者换一种方式满足他。比如：当男孩有无理要求，非要买什么东西时，父母无奈下就得给买，但是父母要求男孩在答应条件的情况下才能给买，比如用做家务来交换买玩具的钱，这样让男孩明白一分耕耘一分收获的道理。

教子秘诀四：父母要对男孩不搞特殊待遇

父母对男孩的要求要慎重考虑，不能要什么就给什么。有的父母总是害怕男孩哭闹，因此就对男孩百依百顺。长久下去男孩就会养成不珍惜物品、讲究物质享受、浪费金钱和不体贴他人的坏性格。所以父母不要给男孩特殊的照顾。比如，不要吃的、喝的、玩的全都留给他，而应该大家共享，这样就会避免男孩养成唯我独尊的性格，使男孩学会要有爱心。

教子秘诀五：父母要对男孩有家规

很多时候，男孩在外面和别的小朋友起了争执，总是有父母偏袒，保护自己的孩子；当男孩在家里犯错误时，总有爷爷奶奶替他说话，于是，男孩就把它当作保护伞，长此以往，就会使男孩的性格扭曲，是非观念混淆，甚至还可能影响到家庭的和睦。所以父母要制定一定的“家规”，主要是让男孩明白什么是可以做的，什么是坚决不可以做的。这样会让男孩形成一定的是非观念，有利于他们日后对事物进行准确的判断。但是，父母制定的家规不要形式化，要严格执行，绝不能半途而废。

父母如何做到对男孩宠爱而不溺爱？

第一，父母要教育男孩时父母的态度要一致；

第二，父母要把爱藏在心中，做到宠爱而不溺爱。

秘籍77.换位思考拉近与男孩的距离

换位思考，是指一方在做涉及另一方的决策时，不但要考虑到己方的情况，还要站在对方的立场上思考问题。现在很多父母抱怨：男孩不理解父母，父母千辛万苦地为他们付出所有，结果不但听不到一声“谢”字，还会怨声四起。但是作为父母要学会换位思考，试想，父母即使付出再多，如果是强加在男孩身上的想法和做法又怎么能使男孩从内心上欣然接受。被动的接受只会使人变得逆反，所以父母与男孩之间很有必要进行换位思考，应该站在男孩的角度上去看待男孩的问题。

很多男孩在很小的时候就会背:“不识庐山真面目，只缘身在此山中。”稍大一点的男孩又会背:“当局者迷，旁观者清。”人们在对待事物、解决问题的时候，都习惯用比较单一的主观思路进行思考。

一天，浩浩拿着80分的数学成绩单，垂头丧气的对妈妈说：“这次数学考试没考好，只考了80分。”妈妈听后当时就火了，“你最近是不是贪玩了，又给你报补习班，花了多少钱，成绩却没有一点起色，以后别再想出去玩了，放学就回家学习。”妈妈的态度让浩浩本来就不好的心情变得更加糟糕。试想一下，如果浩浩的妈妈能够换位思考一下，理解一下浩浩当时的心情，安慰一下，浩浩又会是一个什么样的心情呢?

生活中，很多父母都像浩浩的妈妈一样，不分青红皂白，就对男孩的行为大加指责，这样只会增加与男孩之间的冲突，减少男孩对父母的信任和尊重。因此，当父母与男孩沟通的时候，一定要站在对方的角度考虑问题，一定要听他把话说完，不要只凭借只言片语就妄下结论。因为换位思考会拉近父母与男孩之间的距离。父母为什么要对男孩进行换位思考的教育呢?

教子秘诀一：换位思考可以让父母了解男孩的心理需求

换位思考，可以让父母了解男孩的心理需求，感受到男孩的情绪，从而可以更好地进行沟通。在进行教育的时候，父母一定要揣摩到男孩的心理，只有抓住重点，逐一攻破，才会进行说服教育，才能善于发现男孩的优点，并且能够设身处地的为男孩着想，得到理解的男孩也会以同样的心态来回报父母。

一天，刘伟很生气的回到家，把书包一丢，躺在床上，于是妈妈问刘伟发生了什么事？刘伟说："同学晓晨把自己最喜欢的玩具给弄坏了，那可是爸爸送给我的生日礼物，真是气死我了。"妈妈看到刘伟生气的样子，于是说："妈妈能够想到你一定很生气，换作是我我也会的，我很理解你的心情，但是我想晓晨也不是故意的，玩具弄坏了还可以修好，可是如果因为这个玩具而影响了你与晓晨之间的友谊那就得不偿失了。"听了妈妈的劝解，刘伟气消了很多，并表示不再生晓晨的气了。

所以父母要善于从男孩的心理出发，当男孩受委屈时，情绪上的波动是很大的，这时如果父母不能及时理解，而是火上浇油则会使男孩变得情绪波动更大，使男孩失去对父母的信任和尊重，从而引起男孩的反感。事例中刘伟的妈妈就是一个很善于抓住男孩心理的人，她首先能够站在刘伟的角度上考虑问题，首先考虑的是刘伟的感受，认同并理解他的感受，然后再给予引导和帮助。

教子秘诀二：换位思考能使自己变得有理智

父母与男孩之间学会换位思考，就可以减少父子间的矛盾冲突；学会换位思考，就会使自己善解人意，与人为善。

有这样一个富有哲理的小故事，一个人坐火车出行，他在靠窗口的地方坐下，火车刚刚开动时，他不小心把一只新鞋丢到了车窗外。乘客们都以为这个人会因为惋惜这只新鞋而跳下去捡鞋，可是令所有人出乎意料的是，这个人把另外的一只鞋也扔了出去。人们对他的行为很不解，而他却以一种淡然平静的口吻说，"也许你们会以为我很笨，但是我跳下去就意味着要么安然无恙，鞋子也捡回来了，但是行程耽误了；要么就是在我跳下去的瞬间，摔断了腿，或者成为轮下之鬼。"

可见这个人是一个很理性的人，在事情面前，很会换位思考。生活中很多事物都是复杂的，充满着辩证的思维和不和谐的因素，为了

平衡这些不和谐的因素，减少彼此的摩擦，就应该学会“扔鞋”，懂得换位思考的意义。

男孩有自己的世界，有自己的想法和思维方式，男孩的一切都是那么简单而纯洁。如果我们用成人的思维方式来要求男孩的做法，简直就是强加于人，所以父母应该把自己的心态摆在与男孩一样的水平线上，试着用“孩子”的眼光和观念来了解他，这样才能理解男孩的行为，才能走进男孩的内心世界 。

父母怎样做到从男孩的角度考虑问题？

第一，父母要多考虑男孩的感受；

第二，父母要抛弃成人的主观偏见。

秘籍78.为男孩营造一个温馨的“家”

家是每个男孩成长的摇篮。父母提供给男孩一个什么样的家庭环境会对男孩的健康成长有着至关重要的作用。如果男孩生活在一个经常吵架，战争四起的家庭中，男孩就会选择逃避，严重影响男孩的学习和心理健康。所以，父母一定要为男孩筑起一个温馨的堡垒。

曾经有一位教育家在一所小学里做了这样一项实验：他给学生出了这样一道问题：“你心中最完美的家是什么样子呢？”然而孩子们发自内心的回答中没有一个是说有洋房、有汽车的家是完美的，能让他们吃好、喝好的家就是完美的，而是一个温暖的家才是完美的。比如父母的鼓励、民主的讨论、与父母一起玩耍等，在孩子们的回答中，家与家人的关爱胜于物质和娱乐。所以在男孩幼小的心灵中家的概念不一定是富丽堂皇，但一定要温馨。父母很少吵架，充满欢歌笑语的家庭氛围是他们的向往。在家庭生活中，不一定每天都有好吃的零食，但只要全家人一起吃饭，聊聊天，开开玩笑，就是幸福的。由于家庭是男孩的第一所学校，健康和谐的家庭环境，是男孩身心健康发展的前提条件。那么父母具体要怎么做呢？

教子秘诀一：父母要为男孩创造学习氛围浓厚的家庭环境

当代社会是竞争日益激烈的社会，望子成龙是每一位父母的夙愿，这就要求男孩们不仅要学习好，还要有广阔的视野，能够适应快速发展的社会的需要，所以父母要为男孩树立学习的榜样，创造学习氛围浓厚的家庭环境。

可想而知，如果在一个父母从来不学习，甚至一说话就脏话连篇的环境下成长，男孩又怎么会学习好，所以为人父母要想把自己的儿子培养成博览群书的“文士”，首先要以身作则，把家里布置成书屋，让它充满书香气，这就为男孩的学习做了良好的铺垫。当男孩无聊的时候，伸手就能拿到书，从而会自由自在地在书海中遨游。

教子秘诀二：父母要帮助男孩营造民主的家庭氛围

在生活上父母会努力地为男孩提供最好的生活环境，可算得上是温馨的，但是男孩在家里却是很难得到民主。一个家庭即使再温馨如果缺少了民主的气氛，也会让男孩在家庭中感到压抑。特别是对于处于青春期的男孩来说，因为这是他们个性形成的时期，如果父母动不动就会对男孩说：“这样那样”、“不要这样做，不要做那个，”这在无形中就会挫伤男孩的创造力，让男孩变成名副其实的“书呆子”。这样的男孩看上去是中规中矩的好孩子，当他们步入社会的时候，就会变得没有灵性，缺乏自主的行为，其实追根溯源就是因为父母没有对男孩从小创建民主的家庭氛围的结果，使男孩独立自主的能力比较差。所以，父母千万不要忽略家庭民主氛围的创建，其实这也不必要经天纬地的刻意去准备，这完全在生活的小事中就可以体现，例如：父母常常高高在上，像“我是老子，你是儿子”“你就必须按我说的做”之类的话不要挂在嘴边，否则只会疏远男孩与父母之间的距离。父母不要总以为男孩没有长大还不懂事，如果以这样的心态跟男孩交流沟通，只会使男孩变得越来越压抑。因为男孩虽小但是仍然有着自己的想法，如果父母过分的压抑男孩心中的感受，就会使男孩变得越来越孤独，所以父母与男孩之间一定要建立平等的关系，不要

因为年龄小而“另眼看待。”

教子秘诀三：父母要为男孩营造和谐的家庭氛围

心理学家研究表明，男孩从小生活在紧张的环境中，无论是身体上还是心理上的发育都要比同龄的男孩迟一些。甚至有的男孩因为处于过度的紧张状态中，常常会拒绝与人交往，更严重的还会出现自闭现象；相反，一个生活在温馨和睦的家庭中的男孩，身心的发育则会比较健康。所以作为父母一定要努力的为男孩创造良好的家庭氛围，如；可以经常带着男孩外出散散步、逛逛公园等，这样不仅会增进父母与男孩之间的亲密程度，还能潜移默化地传授给男孩一些知识，从而使男孩更加地热爱学习。

家庭是男孩成长的摇篮，父母的言行在男孩的成长中起着至关重要的作用。如果父母经常争吵，则会使男孩的心理变得脆弱，留下很大的阴影。

教子秘诀四：父母要为男孩营造快乐的家庭氛围

快乐的生活会使男孩的智商和情商的发育都比较全面，快乐的家庭氛围能减轻男孩在学习和生活中的压力，而且还会促使男孩大脑细胞的发育，并有利于培养他们的交际能力。

社会是一个错综复杂的大网，家庭也是一样。难免会有这样那样的不愉快，会有这样那样的烦恼，但是父母要是把这些烦恼都带回家，就会使男孩的幼小心灵蒙上一层阴影，家则成了一个乌云密布、危机四伏的危险境地；但是如果父母每天都把欢乐带回家，在充满欢歌笑语的环境中生活，那么男孩也会变得活泼开朗、心态健康。

父母如何为男孩创造良好的家庭氛围？

第一，父母要为男孩创造学习氛围浓厚的家庭环境；

第二，父母要帮助男孩营造民主的家庭氛围；

第三，父母要为男孩营造和谐的家庭氛围；

第四，父母要为男孩营造快乐的家庭氛围。

秘籍79.父亲是男孩成为男子汉的“导航家”

有人说过：“让一个男孩和一个合适的男人在一起，这个男孩就永远不会走上邪路。”而这个“合适的男人”就是男孩的父亲。在生活中，常常会发现与父亲接触多的男孩往往表现出性格开朗、头脑灵活、身体健壮、充满活力等优点；而和母亲过多接触的男孩，则往往会表现出心思细腻、懦弱胆小，甚至还会有“娘娘腔”的特性，所以父亲的教育对男孩培养男子汉的气概是非常重要的。

其实男孩在成长过程中，榜样作用是很重要的。如果男孩把父亲当成自己的榜样，就会很注意模仿父亲的一言一行，一举一动，甚至连父亲的一个眼神、一句话都会深深的看在眼里，烙在心上。特别是在男孩的成长过程中，父亲的教育作用更是艰巨的。例如，当男孩遇到困难时，父亲要及时做男孩的精神支柱，这样会增强男孩的自信，使他变得坚强。但是很多父亲都把时间牺牲在事业上，他们认为只有把事业做好才会给男孩创造最优越的物质生活，也就是给男孩最大的爱，其实并不是这样。男孩的内心是脆弱的，特别是在他们遇到困难时，如果父亲经常缺席，就会使男孩的性格变得自卑、孤僻、没有男子汉气概。

英国文学家哈伯特说：“一个父亲胜过一百个校长。”作为男孩成长阶段接触最早、接触时间最长的成年男性——父亲，在男孩的教育过程中有着不可替代的位置。那么父亲具体怎样做才会培养男孩的英雄气概呢？

教子秘诀一：父亲要为男孩制定一些规矩

在家庭中，父亲一般都具有权威性，男孩有的时候不听母亲的管教，但是当严厉的父亲出现时，只需要一句严厉的话，男孩往往就会很少有借口，承认错误。

光明是一个很邋遢的小男孩，每次到家都会把妈妈辛勤的劳动

成果破坏掉，尽管妈妈每次都不停地唠叨，但还是没有改掉他的坏习惯。一天，爸爸下班回家，正赶上妈妈唠叨光明，结果爸爸的一句话："自己的东西怎么能随便乱放，没有一个好习惯。"光明看着一向不太爱说话的父亲，脸红了，马上收拾好了自己的衣物，从此邋遢的行为也收敛了很多。

其实男孩是一个"规则性动物"，他们喜欢按规矩行事，而且男孩的年龄还小，自制力还很差，所以，父亲要为男孩制定一些规矩。因为父亲的权威性，会对男孩更具有约束力。如吃饭时尽量少说话，清扫房间、整理衣物时要彻底；学习上要认真等。当然，制定的规矩一定要人性化，不要让男孩有负担；对男孩接受不了的规定，要适当做修改，让男孩在既宽松，又有约束的氛围中学习生活，对男孩的成长是很有必要的。

教子秘诀二：父亲要让男孩感到父亲的慈爱

父亲在男孩眼里扮演着严父的形象，但是不能让男孩对你有一种恐惧感，感到害怕，这样会让男孩对你敬而远之，真正成了无法沟通的严父了。其实，没有哪个父亲是不爱自己的孩子的，只是为了男孩更好地成长，表现的方式不同罢了。所以父亲要在严中表现出慈的一面，这样才有利于培养男孩的男子汉气概。生活的小细节千万不要忽略，它也可以使父子关系升温，如：周末带儿子外出放一会儿风筝，踢踢足球，爬爬山等。

教子秘诀三：父亲要把你的男子汉气概传输给男孩

父亲的性格不会像母亲的那样细腻，对男孩的生活照顾的无微不至。但在父亲身上会透着一股十足的男子汉硬派作风。如果父亲能把这种气质参与到男孩的教育中来，就会增强男孩的男子汉气概。只有对男孩注入了阳刚之气，才会使男孩慢慢向男人蜕变，使男孩的性格不具备缺陷。

所以，父亲只有首先做一个顶天立地的男子汉 才会把自己所具备的男子汉气概传输给自己的男孩。试想，如果连父亲都不具备健康的男子汉气概，又怎么能给男孩做出榜样呢.！阳刚之气需要在平时的生活中积累历练，才会得到精华。

家教有方

父亲怎样做才能拉近与男孩之间的距离呢?

第一，父亲应该多多亲近儿子，同他建立默契的情感;

第二，父亲要把自己的男子汉气概灌输给儿子，培养男孩成为真正的男人;

第三，父亲要成为男孩眼中集法律、约束力、威严、权力于一身的超人，树立自己在男孩心中的形象。

秘籍80.正确对待男孩的爱好和特长

在家庭教育中，培养男孩的爱好和特长是家庭教育中一个重要的环节，也是父母对男孩情感教育的一堂必修课。因为男孩的兴趣和爱好基本上是发自内心的心理状态。父母支持男孩的兴趣和爱好就是对男孩的尊重，这样也很有利于男孩的健康成长，将来走向社会也会使男孩更具有竞争力。

但是在生活中，父母只是过分地关注男孩物质生活的优越，学习成绩的好坏，往往忽略了对男孩特长的培养，使男孩在被动的遵循着父母的意愿，压抑了自己的爱好和特长，其实这样对男孩的成长是很不利的。

李想从小就对跳舞特别感兴趣，当一名舞蹈家是他的理想，但是父母认为跳舞会耽误学习，不让李想发展自己的兴趣和爱好。李想想要报一个舞蹈补习班，结果被父母拒绝，理由还是怕耽误学习；于是李想和几个舞蹈爱好者组成了一个团队，主要是练习街舞，被妈妈知道后，结果大发雷霆，怒斥李想“不听话，跳舞将来考不上大学，怎么就业？”无奈之下，李想放弃了自己的特长，每天都是埋在书山题海之中，但是他真的很不快乐。

事实上，每个男孩都具有很多种潜能，只是由于发展的程度不

同而已，有的潜能就在萌芽中被扼杀了。如果父母能在早期就发现男孩的长处，并对其进行正确的引导，就能够提升他的个人潜能，这在男孩以后发展上是很有好处的。如果父母过分地遏制男孩特长和爱好的发挥，不但会影响男孩的心理健康，还会与父母之间形成代沟。所以，父母应注重引导男孩开发自身的潜能，让他感受到自己的主体地位，使男孩对某些事情产生兴趣，并逐渐发展为自己的爱好和特长。

教子秘诀一：父母要有一双善于发现男孩特长的眼睛

一个人不可能全能，但是一定会有一两个方面的潜能。其实每个男孩的身上都存在着特长的闪光点，关键在于父母能否发现男孩的特长。很多时候，男孩可能在学习方面不强，但是他是个绘画的天才；有的男孩在钢琴面前笨手笨脚，但在体育上却是特别的棒，所以父母要有一双善于发现男孩特长的慧眼。

其实只要父母在平时的生活中注意观察就可以发现。不要总是把目光都放在男孩的成绩上，除此之外，还要多观察男孩的气质、性格、脾气等。当你确定了男孩在某些方面具有特长，就应马上为男孩制订出相应的计划，激发男孩的兴趣，只有把男孩的特长与奋斗目标统一起来，才能把男孩培养成一个卓越的人才。

教子秘诀二：父母要尊重男孩的兴趣和爱好

男孩的兴趣和爱好不代表是父母的兴趣。有的父母把自己未实现的理想驾驭在男孩身上，在男孩的身上实现对自己的满足，可是，男孩也有自己的兴趣和爱好，也想要有自己的人生，父母的这种做法其实是对男孩的不尊重。

跃然很喜欢做各种工艺品，生活中的废弃物在他的手中都会成为美轮美奂的工艺品。但是妈妈对他的爱好很是反对，认为跃然是不务正业，而是希望他能在音乐方面有所发展，经常给跃然报各种音乐方面的学习班，可是跃然并不喜欢音乐，整天闷闷不乐，学习只是一种任务和负担。后来才知道他的妈妈当年就是一个文艺爱好者。

所以父母在生活中不能用自己的爱好来评判男孩的兴趣和爱好，而是应该按照男孩的意愿，尊重男孩的兴趣爱好。否则，就会抑制男孩个性的发展。

教子秘诀三：父母要帮助男孩维持兴趣的持久性和稳定性

男孩的好奇心很强，但是自制力却很差，往往对一件事情很难投入过多的时间和精力，常常是“三分钟热度”，当新鲜感一过，就会对先前着迷的事失去兴趣，如此没有持久性是很难能把兴趣转变为特长的。所以父母一定要注重保持男孩对兴趣的持久性和稳定性。当男孩对兴趣变得索然无味时，父母就应该想方设法地鼓励下去，而不是让男孩对自己的兴趣轻易地放弃。

总之，培养男孩的爱好和特长的方法很多，虽然不能一概而论，但是有一点是共通的，那就是要根据男孩的自身性格和实际情况因材施教，这样才会帮助男孩发现自身的优势和特长。心理学家研究发现，塑造男孩的习惯、性格以及品行，一定要趁早，从小抓起，因为等男孩超过了12岁，他们的习惯、性格以及品行就基本定型了，也就很难再改变了。

父母具体怎么做来尊重男孩的爱好和特长？

第一，父母要尊重男孩的兴趣和爱好；

第二，父母不要对男孩管得过细；

第三，父母要给男孩空间，让男孩在体验中成长。

第九章

远离误区——“问题男孩”冲关的攻略

苏霍姆林斯基说，“如果不去加强并发展儿童的个人自尊感，就不能形成他的道德面貌。……教育技巧的全部诀窍就在于抓住儿童的这种上进心，这种道德上的自勉。”所以，教育要趁早，切莫让男孩走进误区的鸿沟。

秘籍81.男儿有泪也要弹

在家教方面，男孩有时是很可怜的。因为是男孩，他们常常被剥夺了哭的权力。“男儿有泪不轻弹”，因为男孩被赋予了坚强、勇敢的标签，所以男孩的情绪往往被父母忽视……有人说，做男人是可悲的，即使在他还是小孩子的时候，就要承担比女孩大得多的压力。

的确如此，对于男孩来说，由于种种原因，他们的情绪常常不会发泄出来。情绪不能正常发泄时，人便会感觉到很大的压力。因此，有儿童心理学家说："在孩提时代，男孩比女孩更容易抑郁。"

但是很多父母对这一意见甚至持一种怀疑的态度，他们认为自己的男孩在很健康的成长呀。

其实哭是人的一种情绪，是人类情感的一种表达，在很多时候，正是因为这种特殊的情感表达方式，人类才会健康。例如，哭泣可以帮助人们发泄内心的消极情绪；眼泪还可以帮助代谢杂质……所以人们需要“哭”这种情感的表达方式，当然男孩也不例外，所以从男孩健康成长的角度来讲，父母不但不应该阻止男孩哭泣，相反应该引导男孩通过哭泣这种方式来表达自己的情绪。

父母认为，太爱哭泣的男孩身上常常会缺少一种男子汉气概，而且眼泪也常常会影响男孩勇敢特质的表现。那么父母应该如何做才能让男孩既不影响正常情绪的表达，又能让他变得越来越勇敢呢?

父母始终认为男儿有泪不轻弹，所以一看到儿子哭，就会特别生气，就会不问缘由地对儿子吼叫说：“不许哭！把眼泪擦干净！男孩不可以哭！”

男孩总是被父母的威严吓住，他越害怕，就越想哭。而在哭还是不哭的选择中，男孩每次都会选择大声地哭出来，而父母就会更加生气，就会越阻止，男孩哭得也会越大声。

男孩不顾父母的阻止把情绪发泄出来了，但是，也有很多男孩在父母的阻止下，就会把哭的欲望憋回去，强迫自己不哭。而如果这个强大的情绪始终没有找到出口时，就会使男孩憋出病来，比如出现感冒、发烧、上火等症状。

所以，无论男孩为什么哭泣，我们都不要强行阻止，而是要让他痛痛快快地哭出来。他哭够了，自然就不哭了，强行阻止只会给男孩的身心造成伤害。对此，一位妈妈想到了一个两全其美的办法——先让他发泄情绪，再对他进行“勇敢教育”。

一次，刘建因为小伙伴的误解而伤心地哭泣。见此情形，妈妈并没有阻止他哭泣，而是抚摸着他的头亲切地对他说：“好朋友误解你，这令你很伤心、很难过是吗？”

刘建委屈地看着妈妈，哭得越发伤心了。过了一会儿，妈妈轻轻地拍着他的肩膀，并用鼓励的眼神看着他。他渐渐地停止了哭泣，想了想对妈妈说：“其实哭也是没用的，我应该再继续去跟他解释。”接着，刘建跟妈妈聊了聊“如何跟小伙伴解释才更有效果”之类的问题。

就这样，随着刘建年龄的增长，再遇到令他伤心、难过的问题时，他已经不再哭泣了，而是通过与妈妈聊天的方式发泄自己的情绪。

刘建的妈妈是个开明的家长，她用科学的方式教育男孩发泄自己的情绪。所以不管是教育男孩还是教育女孩，父母都必须坚信这样的真理：当孩子带有负面情绪或消极情绪时，你所讲的任何大道理对于他们来说都是耳旁风。所以，当男孩把内心的消极情绪顺利地发泄出来时，他就更能接受家长要他“勇敢地去面对与小伙伴之间的矛盾”之类的建议了。

男孩是不会轻易表达自己的情感的，但当他们为某事而流眼泪时，说明这件事一定对他触动非常大。在这种情况下，父母阻止男孩流眼泪实际上就是阻止男孩表达消极情绪，长久下去，这只会影响男孩的身体及心理健康。

如此说来，男孩真是一种奇怪的动物。他们表面看起来大大咧咧，其实内心深处也有很多秘密；他们表面看起来坚强，其实内心也很容易受伤。

教子秘诀一：父母要倾听男孩的心声

男孩也会遇到困难，也有情绪低落、伤心的时候，这时，他们需要发泄自己的情绪，因此他们大多需要一个倾听者。如果他们把

不开心的事情憋在心里，就会憋出更严重的病来。然而，他们如果能够顺利地把这些事情说出来，过后他们就会马上忘记那些不高兴的事情。

另外，父母也应注意，如果男孩的诉说内容有偏激的倾向，切记不要在当时就指出男孩的错误，这样会让他们感到更加无助，甚至会加重他的反叛心理。遇到这种情况，可以等男孩平静后，在他高兴的时候，再帮他分析他的观点，并提出改正的建议。

教子秘诀二：体谅男孩的特殊表达方式

男孩对父母、老师不满意，或者自己的心情不好时，就会大声喊叫、发脾气，甚至砸东西。这时，如果父母训斥他，男孩发怒的劲头往往会越来越大。

一次，明明的数学成绩没有及格，回家之后，他就把自己关在屋里，用拳头狠狠地击墙，他的手为此也受了伤。后来，爸爸给他做了一个沙袋，于是以后明明在不高兴的时候，就会把自己想象成一个出色的拳击手，用沙袋来发泄自己的情绪。

明明爸爸的做法真是一个一举两得的好办法，给儿子一个沙袋，既能防止他受伤，又能使他的不良情绪顺利发泄出来。当然，条件不允许的父母，可以为男孩准备一个沙发垫、枕头等，让他捶打发泄情绪。

但是，仅仅让男孩发泄情绪并不是教育的最终目的，当男孩的情绪稍微稳定后，父母应告诉他，什么才是更好的表达方式；并告诉你的小男子汉，他有能力、有责任也有时间去调整自己的情绪。

教子秘诀三：允许你的小男子汉哭泣

哭，对于男孩来讲是正常的行为。男孩比女孩哭的少，是因为男孩不愿意，或者说不会表达自己的情绪。但是，当男孩哭的时候，往往也是他情感最脆弱、最需要安慰的时候。这时，父母错误地做法就是呵斥男孩：“你哭什么哭，哪里还像个男子汉？完全是个小姑娘！”让男孩受伤的心灵得不到抚慰。

父母应如何正确帮助男孩疏导情绪？

第一，告诉男孩，男儿有泪也可弹，让男孩正视哭不是一件可耻的事；

第二，闲暇时间，父母要跟男孩多谈心，把自己的人生经历讲给男孩听；

第三，尊重男孩，不要痛斥男孩，应当分析男孩哭的原因，并及时帮助疏导。

秘籍82.对男孩进行性别教育

中国自古以来男尊女卑的思想就根深蒂固，就当代的教育而言，性别教育同样是不可缺失的一部分。我们都知道，男孩和女孩在行为和性格上存在很大的差异，就连玩耍的方式也不同--男孩喜欢汽车、手枪；女孩则钟情于洋娃娃、小餐具，喜欢玩过家家。也有一些父母认为，男孩的性格是与生俱来的，不需要后天培养，男孩长大以后自然就是顶天立地的男子汉了，事实真的是这样吗？

男孩小小的爸爸妈妈一直想生一个女孩，把孩子打扮得漂漂亮亮是夫妻两的梦想，可是事与愿违，小小的降生着实让他们失望了很多。于是他们常常把小小当成女孩来养，给他梳小辫、让他穿小花裙……就这样，在不知不觉中，小小养成了一些女孩的习性，如说话细声细气、走路扭屁股等。

小小上学后，常常被同学们嘲笑，男同学都不跟他玩，上初中后，同学们不仅仅是嘲笑他，而且还在众人面前戏弄他，连班上的女生也不喜欢他。小小因为受不了环境和同学们的嘲笑，家里只能几次给他转学，但是情况依然没有改变，小小本来成绩还挺好，但现在已经一落千丈了，他甚至有不想再走进校园的想法。

小小处于如此尴尬的境地，完全是由他的父母错误的性别教育导致的。虽然在妈妈受孕之日起，“Y”染色体已经决定了男孩的性别，虽然体内过多的睾丸素使男孩有着不同于女孩的行为特征，但父母后天对男孩的性别教育，却使小小长大之后成了“娘娘腔”。

父母就是男孩的领路者，所以父母给男孩什么样的教育，就会直接影响男孩将来的成长，父母对男孩进行错误的性别教育对男孩来讲，简直就是噩梦。在这种教育中长大的男孩，会对自己产生错误的性别定位，这种定位不仅会使男孩变成“娘娘腔”，即便是男孩成人结婚后，他也会因为这种错误的性别定位而缺少能力、责任感、使命感等男人应该具备的品质。而且这样的男孩心理变态的几率要比正常男孩多很多。由此可见，错误的性别教育对一个男孩的伤害将会有多大。

生活中，父母对于男孩错误的性别教育并不普遍，家庭中父亲基本上都是一家之主，整日奔波于生活与事业之间，自然对男孩的爱没有母亲付出得多，在家庭中，整天围着男孩转的都是一些女性，如妈妈、女保姆、奶奶、姥姥等，这同样也是男孩产生性别错位的一个主要原因。所以造成“性别缺失”的现象很严重。

据研究，一天与父亲接触至少两个小时的男孩，和一周与父亲接触不到6小时的男孩相比，前者不仅更聪明，而且人际关系也会处理得更融洽。所以父母要对男孩进行正确的性别教育不要让他们变成“弱势群体”，变成任人宰割的"娘娘腔"，一定要对男孩的性别教育给予足够重视。

教子秘诀一：对男孩的性别教育宜早不宜迟

现在越来越多的父母重视男孩的教育，但是在性别教育上还是很滞后的，很多父母甚至没有这个意识。正确的性别教育应该在男孩3岁以后，而真正形成性别角色意识是在青春期之后。6~12岁的小学阶段，男孩的注意力转移到学习社会知识和兴趣的培养上，这个阶段属于他们性别意识的潜伏期。对男孩性别观念的培养，爸爸要注意给孩子树立性别榜样，用自己的行动告诉男孩，什么是真正的男子汉，男子汉应该具备宽广的胸襟和容人的气量。

因此，对男孩的教育来说，在3岁以后，爸爸要扮演更多的角色，妈妈则应从旁协助，只有父母配合，各自发挥自己的优势，做到阴阳互补、阴阳平衡，才能防止男孩出现阴盛阳衰的现象。所以，在男孩3～6岁时对其进行性别教育，有利于他们形成健康的人格，为他们进入青春期后正确处理两性关系打下牢固的基础。

教子秘诀二：爸爸的男子汉榜样至关重要

父爱如山，母爱如海。父亲用自己的爱让男孩明白，什么是宽阔的胸怀；父亲用自己的行动告诉男孩，什么是真正的男子汉。因此，对于男孩的教育来说，只有父母配合，各自发挥自己的优势，才能防止男孩出现阴盛阳衰的现象。

据权威机构调查表明：如果有一个好的父亲，男孩在数学和阅读理解方面的能力就会比较高，在人际关系上会有安全感，自尊心也比较强。因此，父亲必须“亲临”教育第一线，为你的男子汉做出“性别”“榜样”，这将有利于培养男孩的人格魅力和自主能力，使你的小男子汉更好地适应现实世界和未来社会的需要。

教子秘诀三：家务分工，引导男孩形成正确的“性别定位”

受之前“男尊女卑”思想的影响，在大多数家庭中，男性都是这样为自己定位的：男人是一家之主，家里的大事归男人管，像那些鸡毛蒜皮的家务事都归女人打理。在这种定位的影响下，男人不但很少关注家务事，而且还常常“理所应当”地等待女人的照顾，女人也常常心甘情愿地承担着做家务及照顾全家人生活的重任。如果男孩生活在这样的家庭中，他们很自然就会形成“事事等待妈妈照顾”的性别偏见。所以父母必须先要引导男孩形成正确的性别定位。

有儿童心理学家说过这样一句话，男孩是最信任“规则”的动物。如果家庭中有家务分工的“规则”，那男孩很快就会总结出这样的结论：男女是平等的，自己不能总是等着妈妈去照顾。在这种结论的影响下，男孩的独立性很容易就会形成。

因此，帮助男孩形成正确的性别定位，父母也需要有一定的“分工”：爸爸在家庭中承担一定的家务；妈妈要放弃“包办”，让丈夫和儿子都参与到家务中来。

父母应该如何引导男孩正是“性别观念”？

第一，不要让男孩在女人堆里长大，多让男孩参加男孩应参加的活动或聚会；

第二，鼓励男孩要有冒险精神，锻炼男孩的勇敢和胆量；

第三，可以让男孩多看一些英雄主义的影视剧及书籍，让男孩在心灵上得到净化。

秘籍83.进行科学的性教育

男孩进入青春后，生理和心理上都会发生很大变化，当男孩处于情窦初开的年纪，就自然对性问题比较敏感，对性知识也极度好奇。这种生理愿望也会随着年龄变得极端强烈，控制或者影响了青春期少年的许多思想和行为，所以对男孩进行性教育是父母不可回避的。

由于青春期少男的身体开始发育，已经趋于成年人的水平，有正常的生理需要，尽管少男解决生理方式可能不尽相同，但这是青春期恋情的一个很重要的原因。特别是在男孩第一次遗精的时候，父亲对男孩的性教育就更重要了。

教子秘诀一：父母要对男孩进行健康的性教育

父亲要告诉男孩第一次遗精时会经历怎样的过程。每个男人到了一定的年龄都会有精液产生，精液会从尿道流出来。这样的交流会让男孩有心理准备，一旦有遗精现象也不会感觉难堪和不知所措。其次，要告诉男孩遗精后的卫生常识。遗精后要换内裤，并要清洗生殖器，这样才能够保持生殖器卫生，如果不换内裤也不清洗，细菌很容易在精液上滋生，使生殖器受到感染。

教子秘诀二：父母要注意男孩心理上的特征

男孩出现了青春期症状之后，就要在心理上进行正确的疏导，让他们明白遗精是正常的生理现象。如果身体自然感到有性的压力而出现的遗精，是顺应了身体自然节律的遗精，只要不影响到生活、学习和工作，这都是正常的。每个男孩的身体发育状况不同，所以每个男孩遗精的频率也不一样。不要给男孩带来心理压力。父亲可以从自己的经验来谈当身体有了性压力时的感受是什么，让男孩更清楚地了解这种压力给自己带来的身体感受，帮助男孩接纳自己的这种性压力感受，这是男孩自我认知发展的重要环节。

首先，让男孩明白什么情况下的遗精对身心健康是不利的。如通过看色情小说、色情视频、色情图片等方式来刺激身体的性冲动而引发遗精，这是违反身心节律的性行为，会对身心健康不利。还有大多数流行歌曲的歌词都极端粗俗，它们大多数都充满赤裸裸的性暗示，并贬低女性的人格。还有很多娱乐节目将女性当成了性玩物，如果男孩过多的关注这样的节目，同样会使男孩产生不健康的性冲动。

其次，责任感教育是遗精知识教育的升华。父亲要明白地告诉男孩，遗精意味着你身体开始有了生殖细胞，如果与女性发生生殖器的接触，你就可能会使女孩怀孕，让男孩知道性行为的后果，他就会思考行为的责任，这是强明的父亲对他的青春期教育的经验总结。

儿子强明是初中一年级的学生。看着儿子快速发育的身体，父亲还是先给儿子单独谈了青春期身体和心理的变化。想让儿子在这个阶段不要因为生理发育而带来任何的心理压力。这让父子之间搭建了一个交流的平台，因为对男孩的性教育问题不是一堂课和一本书就完全能够解决的，父子间谈青春期的问题是最合适不过的了。

有一天早上起床时，你如果发现内裤上有一些黏黏的液体，这就是身体里流出的精液，医学上叫做‘遗精’，这是每个男人长大的标志，是非常正常的生理反应。你有这个变化了吗？如果已经有了，爸爸要祝贺你长大成人了，如果现在还没有，总有一天你也会像爸爸一样。”强明爸爸就是选择了一个儿子心境平和的夜晚，与儿子到公园散步时说的这件事。

青春期男孩还会常常有手淫的问题，这时父亲一定要将技巧告诉男孩，让他能够很容易接受。比如，可以这样说：“每个人到了青春

期，都会感觉到身体有性的冲动，我们会用手或其他物品去摩擦生殖器官，获得一种快感，这可以使身体和心理感到放松，爸爸在你这么大的时候有过这样的感觉，也曾通过手淫获得身体和心理的放松，这是很正常的，你有吗？”随后就能够进入与儿子的交流阶段。在和男孩谈到手淫的问题时，一定要将这样的观点告诉他们：“当身体积聚了性能量，有了性压力和性冲动，通过手淫可以释放性压力，宣泄性能量，这样的手淫对身心健康是有利的；如果没有性压力和性冲动，而是通过手淫刺激身体产生性兴奋，这样的手淫会带来身心伤害。”

不过中国的父母对于性方面是比较避讳的，甚至认为是一件很可耻的事，其实不然，这是很健康的行为，刻意的避讳只会适得其反。所以父母一定要注意自己的言行，对男孩进行正确的疏导才会让男孩对“性”有正确的认识。

父母如何让男孩正确对待性知识？

第一，父母对男孩教育性知识时要自然；

第二，给男孩提供有关性方面的书籍，让男孩正确对待性知识；

第三，父母对男孩在青春期出现的“性困扰”要及时的予以解决。

秘籍84.让网络成为“绿洲”

网络现在已渗透到人们生活的每一个角落。通过它，人们可以和朋友保持联系、浏览信息、听音乐、结识新朋友等等，可以说网络已经改变了生活，这是不可争辩的事实。万事都有他的两面性，网络也不例外，在它给人们带来方便、迅捷的同时，也暴漏了它的一些弊端，例如它能使青少年网络成瘾。

网络成瘾，作为一种心理症状困扰着成长中的男孩。它诱发了男孩的“情感冷漠症”，使男孩对外界事物失去了兴趣，沉溺于虚拟的网络世界而不能自拔，这样不仅会荒废学业，还会对男孩的身心带来极大地伤害。

男孩在网络成瘾的初期，往往是从上网的乐趣开始的，由兴趣滋生着欲望，使上网时间不断延长，由此会出现记忆 力下降等不良情况。男孩刚开始的时候对网络是精神上的依赖、渴望上网，后来发展为躯体依赖，表现为情绪低落、思维迟缓、头晕眼花、双手颤抖、疲乏无力和食欲不振等，但是上网后就会异常兴奋。专家对青少年迷恋电脑的危害有过这样的调查：长时间使用电脑的人患精神病的机会较常人高出4倍。那些平均每天使用电脑4小时以上的人，容易变得情绪不稳、忧虑及沮丧。“网络成瘾”的男孩常常会表现为情感冷漠，这是对电脑形成心理依赖造成的，是一种严重的心理障碍，由于对别的事物失去兴趣，社交圈缩小，沉溺在虚幻世界中不能自拔。如果从此沉迷下去，就会毁掉他的人生，那么作为父母应该怎样教育男孩正常的使用网络呢？

教子秘诀一：父母要帮助男孩正确看待网络的作用

网络是人们日常生活的一个信息工具，如果运用的恰到好处会使人们的生活方便、快捷。但是如果男孩们把它当成了宣泄情感的工具，陷入其中而不能自拔，则会得不偿失。网络的世界是虚拟的，它不能代替真实的生活，但是很多男孩情愿沉迷其中是因为他们在生活中有一些无法满足和实现的愿望，因此试图在网络中寻找心灵的慰藉，所以父母要矫正男孩的上网理念。

刘畅四年级的时候就在午休时间跟一些大学生一起到网吧上网，玩了几次之后，刘畅渐渐地上瘾了，逃课，甚至放学很晚都不回家。后来，爸爸多次在网吧找到他，爸爸对他打骂、训斥、看管各种手段都用过，可是成效不大。于是他的父母商量了对策，他们认为，既然刘畅对游戏如此感兴趣，那就从他的兴趣入手。

一天，爸爸给刘畅买回一本《科技画报》，里面有介绍美国微软创始人比尔·盖茨发明电脑软件的故事，刘畅果然津津有味地看了起来。爸爸对他说：“网络世界是神奇的，但你是想要成为使用网络的人，还是成为驾驭网络的人？”刘畅听到爸爸的话有些迷惑，爸爸进一步开导

说："你即使把游戏机里的'十八般武艺'全精通了，也不过是被游戏机牵着鼻子跑的'傻瓜'，但是如果你要是一个能设计计算机程序的人，再有科学文化知识作为基础，那你就可以成为驾驭机器的人。"

从那以后，刘畅学习自觉多了，对电脑还产生了浓厚的兴趣，多次在电脑知识竞赛中取得好成绩。

教子秘诀二：沟通是预防男孩网络成瘾的好办法

对网络成瘾的男孩大多有个共通点：性格孤僻内向，不善交际，情感淡薄，有着强烈的逆反心理，所以父母要帮助男孩增加人际交往，培养多方面的兴趣也是避免男孩上网成瘾的一个重要的办法。人际交往的增多和扩大兴趣范围都可以减少男孩对网络的依赖，避免产生不上网就无所事事的感觉。

教子秘诀三：父母让男孩意识到网络成瘾的危害性

长时间上网会对男孩身体造成极大地危害，父母要让男孩意识到这一点，从而提高自我控制意识。医学专家证明：长期进行电脑操作的人会因疲劳而并发"电脑眼病综合症"，具体表现为视觉模糊、视力下降、眼睛干涩、发痒、灼热、疼痛和畏光等。而且长时间作业还会伤害腕关节、颈椎和腰椎，影响消化功能，所以有节制地上网，是会对身心健康很有好处的。因此父母应该让男孩具备这样的常识知识，以便对男孩的上网行为有个规范的作用。

总之，父母要用冷静客观的视角去看待男孩的上网行为，要及时疏导，正确指引，使男孩回到正确的成长路线上。

父母如何引导男孩正常上网？

第一，软件管理，给男孩制订一个上网时间表，如果男孩违反时间，就给他小小惩罚；

第二，硬件管理，为男孩的电脑安装过滤网，自动过滤一些色情网站信息；

第三，注意沟通，培养男孩做任何事情都要学会适度自律。

秘籍85.宽容男孩的追星

青春期男孩都有自己的偶像，其实青少年崇拜偶像是一种很正常的现象，因为明星一般很洒脱，很开放。他们代表了一种生存状态。男孩追星是在寻求心灵的慰藉和自我的缺失。但是很多父母对此并不认同，认为男孩追星就是不学好，会耽误学业，父母如果对男孩的追星严加约束，就会使青春期的男孩变得冷漠，孤僻。所以父母要宽容男孩的追星行为，并利用偶像的力量对男孩因势利导。比如：某明星为了提高自身素质，到国外去进修学习，刻苦练功，这就让男孩看到明星的另一面，这样如果放在自己身上，对男孩提高学习成绩会是一个动力。

所以，父母在男孩追星的问题上不必有太多的限制。当然，追星要控制在一个度的范围内，一旦追星过头，父母就要干预指导了。处在青春期的男孩因为心智不成熟，又极其好冲动，常常会把某个女明星看做是自己的“女朋友”，并且发誓一定要娶对方，所以一听到对方的负面新闻，就会抑郁不安，甚至会有过激的行为，这种情况如果父母不及时对男孩进行疏导，就会让男孩的心理产生障碍。那么，父母该如何正确引导男孩追星的行为呢？

教子秘诀一：父母不妨和男孩一起追星

青春期的男孩大多意志力薄弱，情绪狂躁，难以抵御外来的诱惑力，所以作为父母，要引导男孩理性追星。

振华是一个铁杆球迷，为了看球，甚至可以不吃不喝不睡觉。刚开始，妈妈很不理解儿子的行为，因为在妈妈眼里，足球就是一堆人争夺一个球的无聊游戏。而且还因此常常深更半夜起来，吵醒正在休息的妈妈，尽管他尽量把音量放到最低，但是还是控制不了自己的情绪，在进球时忍不住会欢呼；在失球时，会忍不住的爆出脏话。妈妈看到儿子对足球如痴如醉的程度，暗想难道真的这么有趣吗？于是，

妈妈决定向儿子请教看足球时的快乐，也想尝试一下。

对妈妈的行为，振华真是大吃一惊，他每天都给妈妈讲每个足球明星，讲看球时的规则等，这样在儿子的带动下，妈妈也喜欢上了足球，也跟儿子一起看球赛，也关心贝克汉姆，询问罗纳尔多。也会面红耳赤地给中国队加油，他们感到彼此的心灵第一次如此相通。振华为妈妈能理解自己追星的行为感到很高兴。从此，他虽然对足球的热爱有增无减，但是却并没有影响到自己的学习，追星的行动变得理智了很多。

可见振华 的妈妈可谓“用心良苦”，为了能够更多地理解儿子，她选择主动出击，培养和儿子共同的兴趣爱好，效果果然比被动的约束男孩追星要显著得多。

教子秘诀二：父母要让男孩意识到追星不要受局限

一提起追星，人们头脑中的第一反应就是娱乐明星或者演员，在追星的过程中，男孩不免会染上只追求外表的坏习惯，因为过分的注重对潮流的追求，会对男孩的生活和形象都造成消极影响。在校园中，经常会看见有的男孩才十几岁，就染着各种颜色的头发，穿着非常入时的服装，甚至更叛逆的男孩认为在同学面前叼着烟，戴上耳环等配饰那才叫个“酷”。其实这是追星中最忌讳的。所谓有“追”的价值那就是要学习其好的一面，如果追星是为了养成坏的习惯，那就没有追的必要了。所以父母要及时对男孩的追星行为进行指导，所谓“星”不仅仅指演艺明星，像体育明星，科学明星、文化明星都是男孩可以追求的对象，而且不要只追求表面现象，还要从内在，从品质上吸收精华，去其糟粕。

瑞刚很崇拜某科学家，瑞刚的崇拜不像有的男孩那样，只是外表的崇拜，瑞刚崇拜科学家兢兢业业的工作精神，敬佩科学家勤劳简朴的生活作风，把科学家作为自己的偶像，并在生活和学习中时刻地激励着自己。瑞刚把理想也定为要做一位像某科学家一样优秀的人，为社会做出贡献。

可见，偶像的膜拜作用是任何言语都无法取代的，所以父母一定要为男孩把好关，真正发挥偶像的作用。

父母如何正确引导男孩的追星行为？

第一，父母不要粗暴干涉男孩追星；

第二，父母要注意男孩错误的选择偶像，甚至过分沉湎是十分有害的；

第三，父母以名著中的人物感染男孩，为他选择正确的榜样人物；

第四，父母要强化偶像的精神作用。

秘籍86.不要偷看男孩的日记、短信

进入青春期的男孩总是会有一些小秘密，一些父母为了更好地了解男孩的内心世界，想尽一切办法探寻男孩的秘密，甚至玩起了“猫捉老鼠”的游戏。父母最惯用的手段就是翻看男孩的日记和短信。其实父母的这种行为是很不可取的，每个人都有自己的秘密和隐私，都应该有自己的个人空间，父母不要以为男孩是自己的附属品，掌控着男孩的人生，或者认为男孩还小，看看也没有什么的错误想法，那么，父母应该如何对待男孩的隐私呢？

教子秘诀一：父母要信任和尊重男孩

父母爱男孩首先就应该尊重男孩，信任男孩，尊重和信任是教育的第一原则。尊重和信任就意味着保护男孩的善良美好的心灵。隐私是一个人的自我空间，所以父母尊重男孩的最主要的表现就是要尊重男孩的隐私权，像男孩的随笔、日记、信件、短信，未经允许不要随便翻看。同时，还要尊重男孩的正当交往需要，特别是与异性同学交往。

其实，很多父母也想成为男孩的知心朋友，但是父母们说，“现

在的男孩真是让人搞不懂，与他们沟通起来很困难”。于是父母就做起了侦探，千方百计地去发掘男孩的隐私，如翻抽屉看日记、拆信件、查短信，甚至打骂训斥，认为这样就会了解男孩的内心世界，其实恰恰相反，父母的行为只会伤害男孩的自尊心，造成男孩沉重的精神压力，甚至产生敌意和反抗的情绪，还会导致父母与男孩之间的关系恶化。所以理智的父母的做法就是尊重男孩的隐私，给他们一个自由的空间。但是自由并不等于放任自流。对男孩的隐私要给予充分的关注和积极的引导。

首先，父母要主动以平等的态度与男孩交谈，使自己成为男孩可以信赖的朋友。长此以往，男孩就会愿意把自己心中的秘密告诉父母，这样才能了解和掌握男孩的隐私，给男孩必要的指点和教育。

其次，要培养男孩的自我教育能力。当父母发现男孩有些越轨和不良因素时，也不要大惊失色、殴打辱骂，而是要与男孩一起讨论理想、事业、道德、人生观、价值观等问题，引导男孩自己悟出为人处世的道理，这样会提高男孩调整自己行为的能力，有了这种自我教育能力，一些隐私中的危险倾向，都有可能得到自我解决。

教子秘诀二：父母要保护男孩的隐私

“隐私”的概念，宽泛地说，就是不想让人知道的事。但是落实到个体上是有差别的，对未成年人而言，学习成绩、名次、家庭情况、身体状况、心理情绪等都属于隐私。而且，同一件事对甲是隐私，对乙可能就不是隐私。男孩处于青春期后，就有了个人隐私。

但是提起隐私，人们往往就会想到是大人的事与孩子无关。这是一种误解，每个人都有自己的隐私，大人有，孩子也不例外，所以父母要尊重和保护男孩的隐私，这是一种义务。

当男孩有了隐私的那一刻，便有了自我意识，其实这是心智成熟的表现。也许年幼的他不知道这属于隐私，但是在他的内心深处有着独享这份忧伤与快乐的强烈愿望。父母如果非常好奇男孩的一言一行，也不能急于求成，要有足够的耐心和恰当的方式与男孩互动交流，在取得男孩的信任后，你才会一步步地走进他的内心世界里，所以父母想要窥探男孩的隐私的最大前提就是对男孩的尊重与信任，给男孩足够的空间。

教子秘诀三：父母保护男孩的隐私其实就是尊重男孩的人格

现在很多父母常常抱怨，“孩子越大越不听话，不像小时候那样什么事都和父母讲”。父母们会发现，青春期的男孩行为会越来越让人琢磨不透，常常背着自己把与同学之间的书信和日记锁在抽屉里，对男孩的这种行为，父母会感到不安，怕男孩会染上不良习惯，于是做起了监督的工作，常常偷看日记、偷听电话等侵犯自己隐私权的。尊重男孩的隐私，教育男孩保护好个人的隐私，是父母的重要职责。如果父母伤害了男孩的隐私权，不但会形成两代人之间的隔阂，而且容易使男孩产生过激的行为。尤其是男孩进入青春期后，他们的隐私内容也随之发生了变化。父母关心男孩的心情是可以理解的，但过度保护、干涉，不允许男孩保护自己隐私的做法是不妥的，父母要知道保护男孩的隐私就是尊重他们的人格。

男孩长大要有自己的个人空间，此时父母应该怎么做呢？

第一，别做特工，不要偷看男孩的日记，而是应该多与男孩进行沟通；

第二，爱男孩，就要从尊重开始；

第三，不要指责男孩有个人空间的行为，因为这并没有错。

秘籍87.男孩性格逆反怎么办

逆反心理是一种固执偏激的思维习惯，它使男孩不但无法客观地、准确地认识事物的本来面目，反而会采取错误的方法和途径去解决所面临的问题。逆反心理是一种消极的心理品质，不但对男孩的学习是非常有害的，而且对他们身心健康的发展也是极为不利的。

男孩特别是进入青春期以后会经常出现逆反心理，父母对待逆反的男孩不要一味地压制，而是要尊重和理解男孩，通过交谈消除男孩

的逆反心理。

广智是初中一年级的学生，而且是班长，无论成绩还是能力都很强，是父母的骄傲。可是广智最近的表现让妈妈很伤心。因为她发现广智“越来越不听话”了，主意多得很，经常故意跟爸爸妈妈“对着干”，而且不肯认错和服输。

一次，班级的一位女同学过生日，广智组织了班级很多同学要一起去庆祝，但是遭到了父母的反对。因为广智处于青春期，父母对广智和异性交往方面管的很严，害怕广智会有早恋的行为，所以坚决不让他参加那位女同学的生日聚会。当时广智真的很生气，很不理解妈妈的行为。虽然最终广智仍没有参加那位同学的聚会，但心里却一直耿耿于怀，从此很少与妈妈说话，而且妈妈说什么也都不予理会，好像有一种要斗争到底的决心。

因为广智正处于 性格逆反期，所以才会有这些表现。这时，父母一定不要用长辈的身份压迫男孩屈服，这样只会适得其反。

其实每个男孩在成长过程中都会出现逆反心理，这是男孩成长的重要标志。逆反心理其实是男孩不成熟的表现，是男孩的一种偏激思想，如果得不到及时纠正，就会让男孩形成狭隘心理，听不进父母的忠告，严重的还会导致心理疾病。极端的“逆反心理”，会导致青少年产生对人和事多疑、偏执、冷漠、不合群等病态性格，常常会使人信念动摇、理想泯灭、意志衰退、工作消极、学习被动、生活萎靡等，甚至会走向犯罪心理和病态心理。逆反心理是每个男孩成长道路上必然要经历的情绪反应，但是程度较深的逆反心理会给男孩的身心发展带来极大的危害，因此，父母要用正确的方式来化解男孩的逆反心理。

教子秘诀一：父母要尊重和理解男孩

男孩出现逆反心理说明他们的意识开始独立，希望父母用平等的态度来对待他们，甩掉“小孩”的帽子，他们想拥有独立思考和决策的权利，这就要求父母学会尊重和理解男孩和男孩建立一种平等关系。

父母要尊重和理解男孩，首先要做的就是不要按照自己的理想来塑造男孩，如果采取此办法，就会激起男孩的逆反心理，这是教育反被教育伤。同时，父母还要注意和男孩说话时的语气和动作，应该以平等的态度来征求男孩的意见。

教子秘诀二：父母要满足男孩的好奇心和求知欲

由于男孩还没有形成成熟的世界观、人生观，所以对事物总有一种好奇的心理，父母不要对男孩的好奇心理进行扼杀，这样会使男孩出现逆反的表现。

景涛是一个爱钻研的小男孩，他特别喜欢打羽毛球，觉得羽毛球能给他带来快乐，于是突发奇想，想要探索其中的奥秘。可是，妈妈认为那是没有必要的行为，而且还会耽误学习，于是狠狠地说了景涛一顿，并没收了球拍，景涛不知道妈妈为什么不支持自己的想法，于是对妈妈心存怨恨，不好好学习，不好好写作业，不好好听妈妈的话，他正是用“三不”思想跟妈妈抗议。

生活中，常常会出现父母出于对男孩的保护而不被男孩理解的行为，常常表现为对他们的想法或作法视而不见，甚至加以阻止，这些都会压抑男孩的好奇心和求知欲。所以，父母要适度放手，允许男孩有自主的行为。

教子秘诀三：父母要善于放大男孩的闪光点

一般来讲，存在逆反心理的男孩的个性都比较强，对自己的期望过高，总是希望得到他人对自己的肯定。所以父母要抓住男孩的这个心理，放大男孩的闪光点，用表扬的力量来化解男孩的逆反心理。

6岁的博文是一个很固执地的男孩，不过特别爱听表扬的话，在他不听话的时候，妈妈常常会使出这个杀手锏，让文博体会到自己的闪光点，从而变得冷静而听话。一次，博文跟妈妈到商场非要站在玩具区不走，于是妈妈用出了“夸奖战术”，博文果然束手就擒，不再任性的要玩具了。

虽然严厉的怒斥会让男孩意识到自己的错误，但是那样也会激起男孩对父母的怨恨情绪，进而更加逆反，而表扬和鼓励则会满足男孩小小的虚荣心，从而摆脱逆反心理。

父母如何排解男孩的叛逆情绪?

第一，平等沟通。许多时候，爸爸妈妈要站在第三者的立场分析男孩叛逆的原因；

第二，以身作则。身教胜于言传；

第三，艺术地批评。爸爸妈妈先对男孩的优点给予肯定和表扬，再指出错误之处，男孩的自尊心得到了满足就乐意接受；

第四，循循善诱。如早恋，父母应对男孩进行有情、有理、有据的说服、劝导，尊重男孩的感情和人格。

秘籍88.让抑郁的情绪远离青春期男孩

抑郁是一种情绪状态，它是一种忧愁和伤感的情绪体验。抑郁是男孩的一种不良情绪，一般表现为情绪低落，心情悲观，郁郁寡欢，闷闷不乐，思维迟缓，反应迟钝等，这种不良情绪能够造成男孩悲伤或痛苦，消磨男孩的才华与斗志。

专家研究表明，大约1/4的人一生中曾有过抑郁。男孩抑郁症的高发期主要是步入青春期之后，而青春期又是心理学家公认的危险或动荡期。处于青春期的男孩心理还不成熟和不稳定，所以还不具备能力和技巧去面对挫折，因此，抑郁情绪成了这个时期男孩生长和发育的不良情绪。男孩的抑郁情绪主要是两方面原因：一是男孩与父母之间的代沟；二是男孩在初入社会时需要面对各种压力。所以父母为了男孩能够健康的顺利的成长，一定要密切关注男孩的情绪和心理发展，决不能让抑郁成为男孩健康成长和发展的暗礁。

教子秘诀一：父母要注意多与男孩进行沟通

沟通是化解男孩抑郁的最好办法，但是父母与男孩进行沟通的时候，一定要注意方式和语气，父母在与男孩沟通的时候其实是心与心的碰撞，只有在尊重男孩的基础上进行沟通才会效果更加明显，尊重男孩他们才会把心中的想法说出来，这样会有利于帮助男孩找到产生抑郁的根源，也能及时帮助男孩疏泄抑郁的不良情绪。

还有一点父母必须要谨记：一定不要涉及男孩的隐私问题，在男孩不愿意说的情况下，千万不要用逼问、怒斥的手段，这样只会适得其反，而是应该正确的引导，否则，很可能会导致男孩拒绝与父母沟通的状况。

教子秘诀二：父母要引导男孩转移情绪

当男孩出现抑郁情绪的时候，父母千万不要再火上浇油，而是要积极疏导男孩这种不良情绪。转移男孩的注意力是一种很有效的方法。所谓 转移就是根据自己的要求，有意识地把自己已有的情绪转移到另一方面上，使消极情绪得以缓解，所以父母在男孩情绪出现低落的时候，要努力为男孩寻找一些令他们开心或是振奋的事情，如：带男孩去打打球，或者全家一起去郊游，或者父母给男孩讲讲笑话等。总之，寻找一些男孩的兴趣点或者感兴趣的事去启发男孩，让愉快的活动占据男孩的时间，让时间的推移来逐步消化他们心里的积郁，用积极的情绪来化解心中的抑郁，抵消消极的情绪，父母不要让男孩一个人闷在抑郁的世界里陷入死胡同，这样只会使男孩抑郁的情绪越来越重。

教子秘诀三：父母要多给男孩一些正面的暗示

暗示是通过语言的刺激来纠正或改变人们的某种行为状态或情绪状态。生活中，当你的男孩出现抑郁的情绪时，父母可以通过自己的积极暗示来减少或是消除男孩的低落情绪。

小新这次考试因为审题不够仔细，漏掉了一道10分的题，最可惜的是这道题明明是会做的。于是垂头丧气地回家了，妈妈问明原因他后，态度很谦和地说："你的学习已经很努力了，我们很高兴，谁也不会是常胜将军，一两次失利也是很正常的，而且这次你还学会了细心，在以后的考试中这种错误就不会再出现了。"听了妈妈的劝导，小新振作起来去学习了。可见，正面的积极暗示对男孩疏导抑郁情绪

是很重要的一个手段。

教子秘诀四：父母要对男孩进行目标激励

当男孩出现抑郁情绪时，常常会做什么都是“没意思”、“真没劲”、“好郁闷”，处于一种没有目标、没有方向的迷茫状态。这时，父母要及时帮助男孩树立一个目标，最好是一个近期目标，使男孩有方向感，不仅会有事可做，而且只要做就会有效果。在为男孩树立激励目标的时候，一定要记住实事求是，切合实际，切勿好高骛远，否则只会适得其反。青春期的男孩是很容易产生抑郁情绪的，但是他们抑郁的时间都不会很久，持续时间不长，所以父母只要给男孩一些正面的暗示，积极的疏导，就会很快使男孩高兴起来。

父母如何引导青春期男孩走出抑郁的情绪？

第一，父母指导男孩理智的调节自己的情绪；

第二，时刻关注男孩的情绪变化，及时了解男孩不愉快心情的诱因，并加以正确的指导，帮助男孩及时释放。

秘籍89.帮助男孩走出早恋“迷宫”

随着青春期的到来，男孩的早恋问题也成了父母很头疼的事。所谓早恋，也叫青春期恋爱，指的是未成年男女建立恋爱关系或对异性感兴趣、痴情或暗恋。在我国，“早恋”一词带有长辈一方的否定性感情色彩，一般指18岁以下的青少年之间发生的爱情，特别以在校的中小学生为多。

男孩在进入青春期之后，由于性的萌动，常常会导致对异性的关注并产生好感，甚至对特定的异性萌生爱慕之情，这是很自然的行为。当男孩出现早恋的迹象，父母应该以朋友的身份与男孩沟通，帮助男孩及时处理情感波动的问题，让男孩自觉地去约束自己的行动和生活。而不要惊慌失措、如临大敌。歌德说过：“英俊少年哪个不钟情，妙龄少女谁个不怀春”，可见这是青春期男孩正常的生理反应，父母要及时帮助男孩明白早恋对身体和生活的危害性。男孩的青春期早恋除了生理原因外，还有心理原因和受影视作品、流行歌曲的影响，随着物质条件的优越，娱乐场所的增多，方便的通讯工具都给男孩创造了早恋的客观因素。

其实，早恋的男孩并不懂得什么是真正的恋爱，具有很大的随意性、盲目性和攀比性，是一种青春的躁动。处于早恋之中的男孩，往往表现出一些反常的现象：如上课注意力不集中、学习成绩突然下降；情绪起伏波动大；开始注意打扮，花钱大手大脚，爱在异性面前表现自己，异性打电话常常聊很长时间，经常保持与同一个异性联系等。那么父母在面对男孩的早恋问题上具体应该怎么做呢？

教子秘诀一：父母要多给男孩一些关注，提早发现男孩的早恋倾向

对于青春期男孩的早恋行为，最好的办法就是要早发现、早提醒、早预防。在日常生活中，多注意男孩的不正常表现以及心理变化。

林鹏平时是一个不太讲究穿衣戴帽的男孩，可是上了六年级之后，妈妈发现林鹏爱打扮了，穿衣服也要名牌了，不像以前，妈妈给买什么就穿什么了，而且在做作业的时候经常走神，不知道在想什么，经常一个人在屋子里照镜子，生怕自己的头型不整齐，也很少与父母进行交流，妈妈为林鹏的表现去咨询心理医生，医生说这是青春期男孩正常的生理表现，并教了妈妈一些方法。回来后，妈妈以朋友的身份与林鹏沟通交流，结果林鹏果真是有了早恋的倾向，但是他很幸运，有一个细心的妈妈，在妈妈的帮助下，林鹏很正确的对待了自己的早恋倾向。

教子秘诀二：父母不要强迫早恋的男孩

青春期的男孩都是比较叛逆的，当青春期的男孩出现早恋倾向时，父母绝对不能用讥讽、责骂甚至惩罚的方式来对待男孩，更不能

弄得满城风雨，最好的办法就是理解男孩，体贴男孩，并加以引导，耐心地倾听男孩的诉说，要教男孩自尊自爱，区分友谊与爱情的关系，并向男孩进行正确的性教育和爱情观教育。

一天，怀银的妈妈在街上看到儿子在与一个女孩子牵手走过，妈妈想一定是儿子早恋了，气的鼓鼓的。怀银回到家里，摸不着头脑地就被妈妈打了一顿，然后妈妈问怀银是不是早恋了，性格比较叛逆的怀银供认不讳，而且没有一点承认错误的意思。结果妈妈到学校找到那个女生给那个女孩也是一顿的数落。还找到了怀银的老师，让老师也插手进来，闹得满城风雨，怀银对妈妈产生了怨恨的情绪，甚至连学都不上了，和那个女孩玩起了失踪，这时妈妈傻了眼。可见，怀银的妈妈就是对儿子的早恋行为用了逼迫的方法，结果非但没有解决问题，还赔了夫人又折兵。

教子秘诀三：要加强父亲的教育分量

进入青春期的男孩已经把自己当成男子汉了，所以在有些问题上是不愿意与母亲交流的，相反，他们更愿意与父亲分享心中的秘密。作为父亲要告诉男孩“爱情”的定位，不要把青春期的早恋和爱情混淆起来，而且还要告诉男孩早恋对学业的影响，让男孩理性的对待自己的早恋行为。

此外，父亲还可以教男孩用“暗恋”、“单恋”的方式来疏导心中的情感。父亲可以说他年少时也曾暗恋过班里的漂亮女生，但只是简单地想，既没有影响对方，也没有影响自己，走过那段年少懵懂的时光后，一切都烟消云散了。

父母应当如何引导男孩正确的面对早恋？

第一，切忌大惊小怪，早恋并不是一件什么惊天动地的大事，应该让男孩以平常心代之；

第二，父母要多向男孩灌输一些情感教育，让男孩在早恋与爱情之间自己有个准确的定位。

秘籍90.让男孩接受“生命教育”

青春期的男孩正处于从小男孩向大男人的过度时期，也是他人生的真正开始，将来要独自去面对人生的压力和挫折，当男孩在将来的道路上遇到不顺心的事，或者当理想与现实相差甚远时，有的脆弱的男孩就会冒出轻生的念头，甚至会发生一幕幕悲惨的闹剧。近些年来，各大媒体频频爆出：很多中学生，甚至大学生无故自杀等骇人听闻的报道。问其原因也没有什么大不了的事，可是就轻易地用结束自己生命的办法来寻求解脱。追根溯源是现在的男孩缺乏生命教育的结果。

所谓“生命教育”，简单地说就是关于生命的教育。主要是帮助男孩认识并珍爱自己的生命，尊重他人的生命，并在此基础上珍惜其它动植物的生命，与自然和谐相处。由于在溺爱中长大的男孩，没有经受过大风大浪的侵袭，当生活受到挫折时，就会手足无措，胆小、懦弱，让他们无路可走，于是就结束生命。现在父母对男孩的生命教育处在盲点的位置，正因为生命教育的缺失，男孩才不知道生命的可贵，也不知道爱惜自己的生命和尊重他人的生命。所以，父母应该把生命教育当成是教育的一部分，及早的对男孩进行生命教育。

教子秘诀一：父母要引导男孩认识生命的价值

每一个人能来到这个世界上应该都是幸运的，懂得珍惜才会知道其中的可贵。在顺境中长大的男孩进入青春期之后，就会接触到人际关系的复杂化，学习的压力变大，生活的责任加剧，生活变了，他们不再生活在一个与世无争的世界里，而且在充满竞争与斗争的环境中，父母首先要做的就是给男孩一颗强大的心，坚强的心，以此来告诉男孩生命的意义与价值。

程浩一家围在电视前看电视，当时电视正在直播有关动车事故的新闻。看到了悲惨的画面，看到了上百人遇难的惨剧，程浩不禁问妈

妈："为什么有那么多灾难，有那么多不幸，人为什么还要活着？"听到儿子的提问，妈妈说："这个问题比较好，人因为有爱，有责任，所以即使在灾难面前，他们也会选择生的渴望。因为他们还有很多牵挂，还有很多人需要他付出爱。所以做为一个小男孩汉，一定要坚强的活着。"听到妈妈的讲解，程浩感觉到人活着的真正含义，一个人不能为自己而活，而是要懂得付出与给予。

如果你的男孩进入青春期，问你生命的意义时，就证明他的人生轨迹开始出现了转换，所以作为父母要及时而灵活的给出答案，告诉他们为了理想、责任、目标而活，这样即使男孩在遇到挫折时，也会对生命的意义有个准确的定位。

教子秘诀二：父母要对男孩提倡身体力行

当男孩进入青春期之后，父母要提供机会，让男孩身体力行，自己去体会生命的意义。当然，生命的意义不要局限在人的生命范围内，自然万物都是具有生命的，所以，父母要让男孩从爱护一切生命开始。比如，在家里鼓励男孩多看课外书、电视、上网，多听新闻，让他们亲身感受生命的意义和价值。父母还可以带男孩到大自然中去体验，如动物园、公园、花鸟市场或是郊外。还可以通过自己养一些花草、小动物，来培养男孩的责任心和爱心，教会男孩与动物和大自然和谐相处。对男孩提倡身体力行，在实践的过程中学会珍惜，懂得爱，懂得生命存在的意义。

教子秘诀三：父母要让男孩理性看待生与死

现实生活中，男孩也难免会面对死亡。如自己心爱的宠物因为生病死了，喜欢的花枯萎了，特别是自己的亲人和尊敬的长辈与世长辞，都会令男孩无法接受，甚至消极，心理受到创伤。这时，父母一定要及时疏导，告诉男孩生老病死是正常的自然规律，世界万物都逃离不了这个规律。只有让男孩能正视生老病死，才能让男孩承受住生离死别的痛苦，也才能使男孩更加珍爱自己的生命。

父母如何对男孩进行生命教育？

第一，父母要强化男孩对生命价值的认识，一个人无法正视生命的价值，就很难寻找到生命的意义，从而就会轻易地产生轻生的念头；

第二，父母要强化男孩对死亡的认识，死亡是每个人都要经历的一个过程，只有教会男孩正确的面对死亡，才会更加珍惜生命。